Ex **Hogg** Libris

L'OBSESSION
ANTI-AMÉRICAINE

DU MÊME AUTEUR

Histoire de Flore, roman, Julliard, 1957.
Pourquoi des philosophes ?, Julliard, 1957, prix Fénéon. Laffont,
coll. Bouquins, 1997.
Pour l'Italie, Julliard, 1958. Laffont, coll. Bouquins, 1997.
Le Style du Général, Julliard, 1959. Complexe, 1988.
Sur Proust, Julliard, 1960. Laffont, coll. Bouquins, 1997.
La Cabale des dévots, Julliard, 1962. Laffont, coll. Bouquins, 1997.
En France, Julliard, 1965.
Contrecensures, Jean-Jacques Pauvert, 1966. Laffont, coll. Bouquins,
1997.
Lettre ouverte à la droite, Albin Michel, 1968.
Ni Marx ni Jésus, Laffont, 1970. Laffont, coll. Bouquins, 1986.
Idées de notre temps, Laffont, 1972.
La Tentation totalitaire, Laffont, 1976. Laffont, coll. Bouquins, 1986.
Descartes inutile et incertain, Stock, 1976. Laffont, coll. Bouquins,
1997.
La Nouvelle Censure, Laffont, 1977.
Un festin en paroles, Jean-Jacques Pauvert, 1979. Plon, 1995.
La Grâce de l'État, Grasset, 1981. Laffont, coll. Bouquins, 1986.
Comment les démocraties finissent, Grasset, 1983, prix Aujourd'hui,
1983, prix Konrad-Adenauer, 1986. Laffont, coll. Bouquins, 1986.
Le Rejet de l'État, Grasset, 1984.
Une anthologie de la poésie française, Laffont, coll. Bouquins, 1984.
Le Terrorisme contre la démocratie, Hachette, Pluriel, 1987.
La Connaissance inutile, Grasset, 1988, prix Chateaubriand, prix
Jean-Jacques Rousseau. Hachette, Pluriel, 1990.
Le Regain démocratique, Fayard, 1992. Grand prix littéraire de la
Ville d'Ajaccio et du Mémorial. Hachette, Pluriel, 1993.
L'Absolutisme inefficace ou contre le présidentialisme à la française,
Plon, 1992. Pocket, 1993.
Histoire de la philosophie occidentale de Thalès à Kant, Nil Éditions,
1994. Plon, Pocket, 1996.
Le Voleur dans la maison vide, mémoires, Plon, 1997. Pocket, 1998.
Le Moine et le Philosophe (avec Matthieu Ricard), Nil Éditions, 1997.
Plon, Pocket, 1998.
L'Œil et la Connaissance, écrits sur l'art, Plon, 1998.
*Fin du siècle des ombres, chroniques politiques et littéraires, 1980-
2000*, Fayard, 1999. Pocket, 2002.
La Grande Parade, Plon, 2000. Pocket, 2001.
Les Plats de saison, Plon-Éditions du Seuil, 2001.

JEAN-FRANÇOIS REVEL
de l'Académie française

L'OBSESSION
ANTI-AMÉRICAINE

Son fonctionnement, ses causes,
ses inconséquences

PLON

À Olivier Orban,
instigateur de ce livre,
en gratitude et amitié.

CHAPITRE PREMIER

EXPOSÉ DES MOTIFS

Les éditeurs sont les meilleurs amis des auteurs. Comme je n'avais publié qu'un ou deux livres par an depuis un bon bout de temps, mon ami Olivier Orban se mit à craindre de me voir m'enfoncer toujours plus profond dans la paresse. Il redouta pour moi les effets ravageurs de l'oisiveté. Foulant aux pieds la Déclaration universelle des droits de l'homme, qui interdit la torture, il me suggéra donc, en l'an 2000, de « fêter », si j'ose cette antiphrase, le trentième anniversaire de mon livre *Ni Marx ni Jésus*, consacré en partie aux États-Unis, en m'attelant à un second livre qui serait la suite du premier et où je ferais le point sur l'évolution de ce pays depuis 1970.

Dans l'instant, l'idée ne me parut pas folle. Entre 1970 et 1990 surtout, par la suite un peu moins, j'avais très souvent voyagé à travers les États-Unis. J'y avais même fait parfois d'assez longs séjours. J'avais notamment été, je crois, un observateur attentif de l'élargissement du rôle des États-Unis dans le monde, vu du dedans comme du dehors, après la disparition de l'Union soviétique et durant la poursuite de la lente décomposition du communisme chinois. Je pense m'être en outre tenu, par la lecture aussi, passablement au courant des travaux et reportages consacrés tant à l'évolution intérieure de la société américaine qu'à la métamorphose des relations internationales après l'accession des États-Unis au rang inédit de première et seule « superpuissance » mondiale, pour employer le terme politologiquement correct.

Néanmoins, très vite, je fus amené à reconsidérer ma réaction initiale et à réfréner l'enthousiasme avec lequel j'avais accepté la tâche où m'avait engagé l'allégresse communicative d'Olivier. À mesure que mon travail avançait, ou plutôt, n'avançait guère, l'entreprise m'apparaissait d'une difficulté et d'une complexité sans cesse plus accablantes. J'avais de plus en plus de mal à me frayer un chemin « à travers les épines et les ronces de la dialectique », comme dit Taine, et surtout dans la broussaille de l'observation et de la synthèse.

Avant d'expliquer pourquoi, et afin de pouvoir le faire, je demande au lecteur l'autorisation de commencer par raconter dans quelles circonstances et mû par quelles expériences je fus amené, je dirai presque aspiré, en 1970, à écrire *Ni Marx ni Jésus*.

Ce fut un livre que, faute d'un meilleur adjectif, je peux qualifier d'involontaire ou d'accidentel. À le relire, ce que je n'avais plus fait depuis une quinzaine d'années (il s'agissait alors d'en préparer la réédition dans la collection « Bouquins » en 1986), je suis, en le redécouvrant, frappé par son rythme haletant. Je l'avais, il est vrai, écrit d'une traite. Ç'avait été un précipité plus qu'une élaboration. La raison pour laquelle eut lieu le séjour aux États-Unis qui servit de déclencheur à mon livre eut elle-même un caractère fortuit.

En 1969, l'hebdomadaire américain bien connu

Time conçut le projet de produire une édition en français. La difficulté consistait à trouver dans la langue française l'équivalent de l'anglais concis, ramassé, je dirai presque comprimé, cette succession de phrases courtes, sans délayage ni cheville, qui caractérise le style de *Time*, lequel, depuis la fondation de cet hebdomadaire, dans les années vingt, a servi de modèle aux journalistes de nombreuses publications périodiques. Cette façon d'écrire, qui doit allier la brièveté à la clarté, est plus aisée à pratiquer en anglais qu'en français ou dans les autres langues latines. L'anglais juxtapose, le français subordonne. L'anglais peut fréquemment se passer de prépositions entre les mots, voire de conjonctions de coordination entre les propositions alors que le français, héritier de la syntaxe latine, ne saurait s'en dispenser. Pour raconter une *story*, le journaliste américain énonce, le journaliste latin disserte. Les traducteurs d'anglais en français ne l'ignorent pas. Leur version française, quels que soient leurs efforts pour rester près du texte, est toujours plus longue que l'original anglais.

On peut toutefois, en français aussi, approcher la densité de la rédaction journalistique moderne si l'on s'en donne la peine. Françoise Giroud a fait école sur ce point à *L'Express*, non seulement dans ses propres articles, mais en resserrant ceux de ses collaborateurs trop prolixes. Car la concision est particulièrement nécessaire dans un newsmagazine, où la place est restreinte, et dont le lecteur répugne à devoir apprendre en dix lignes ce qui aurait pu se dire en quatre, qu'il s'agisse d'un reportage ou d'un éditorial, de faits ou d'idées.

Je connaissais bien le chef de poste et les correspondants permanents du bureau de *Time* à Paris, d'abord en tant que confrère, ensuite parce que *Time* était alors l'actionnaire principal de Robert Laffont, dont j'étais l'un des conseillers littéraires. Apparemment, ils jugèrent la facture de mes articles dans *L'Express* compatible avec leur conception de l'efficacité journalistique, puisqu'ils suggérèrent à leur maison mère de me demander si j'accepterais de tenter l'expérience d'une transposition en français de l'anglais de *Time*. J'irais, me dirent-ils, m'installer quelques semaines à New York et je m'évertuerais à recomposer dans ma langue maternelle quelques numéros du magazine, selon les normes requises. Si le résultat se révélait convaincant, les responsables du célèbre hebdomadaire donneraient alors suite à leur projet d'édition en français.

Tout alla très vite. Mes « employeurs » éphémères m'avaient réservé une chambre dans un hôtel new-yorkais. J'avais mon visa et mon billet d'avion. C'est à ce moment tardif que je fus envahi par un doute et tourmenté par un scrupule soudains : bien évidemment, un *Time* en français serait appelé à devenir le concurrent de *L'Express*, auquel me liait un contrat et de profondes amitiés. Il était donc hors de question que j'accepte définitivement la proposition américaine sans avoir au préalable l'autorisation de l'auteur du *Défi américain*, Jean-Jacques Servan-Schreiber, mon directeur. Celui-ci n'hésita pas une demi-seconde avant de m'exprimer son opposition complète à ma participation aux préparatifs du projet. Françoise Giroud, directrice de la rédaction, naturellement présente à notre entretien, l'approuva vigoureusement et m'incita elle aussi sans circonlocution à me retirer illico de l'opération. Il ne fut pas pour moi question de résister un instant à leurs objurgations, car mes bons rapports avec eux et mon travail à *L'Express* m'étaient beaucoup plus précieux que l'amusante, mais marginale, aventure américaine éventuelle.

Penaud, j'allai aussitôt voir Prendergast, le chef du bureau parisien de *Time*, pour lui faire part du veto de mes patrons et le prier d'excuser mon étourderie. Car, lui dis-je, j'aurais dû songer à les consulter avant de lui donner mon accord. Par ma faute, j'avais commis une incorrection vis-à-vis de lui et de ses dirigeants à New York. Prendergast était un homme cordial et bienveillant. Quoique visiblement contrarié, il ne me fit aucun reproche. Au demeurant, après cet épisode, je n'entendis plus jamais parler du projet d'un *Time* français magazine, qui resta mort-né.

Mais, à quelques jours de là, une autre idée me vint à l'esprit, de nouveau avec un certain retard. Puisque *L'Express* m'avait obligé, à bon droit sans doute mais obligé quand même, à me désister, le journal me devait une compensation sous la forme d'un voyage aux États-Unis. J'invitai Françoise Giroud à déjeuner, chez Taillevent je me rappelle, et lui exposai mes souhaits en faveur de ce que je considérais comme un juste dédommagement. Elle ne barguigna même pas le temps d'un battement de cils et, dès son arrivée au bureau, donna les instructions nécessaires pour qu'on me préparât tous les billets d'avion et toutes les avances sur frais que je demanderais.

Je n'étais pas retourné aux États-Unis depuis l'automne de 1952, moment où, revenant de Mexico après trois ans d'appartenance à la mission universitaire française, je m'arrêtai longuement à New York (comme je l'avais fait à l'aller) avant d'y prendre le bateau pour Le Havre. Durant ces trois années au Mexique, j'avais eu maintes occasions de me rendre aux États-Unis, surtout dans le Sud, naturellement. De 1953 à 1969, pendant les années qui suivirent mon retour, vivant en Italie puis en France, j'avais perçu l'Amérique et m'étais fait une opinion sur elle exclusivement à partir de l'Europe et à travers la presse européenne. C'est dire que cette opinion ne pouvait être que mauvaise. L'Amérique alors, pour les Européens, c'était le maccarthysme, l'exécution des époux Rosenberg, nécessairement innocents, c'était le racisme, la guerre de Corée, qui avait pris fin précisément en 1953, la mainmise sur l'Europe elle-même – l'« occupation américaine en France » comme disaient Simone de Beauvoir ou le parti communiste. Durant la décennie suivante, la guerre du Vietnam fournit la principale raison de haïr les États-Unis.

Depuis l'écroulement de l'Union soviétique, entraînant la libération de ses satellites d'Europe centrale, la fin de la guerre froide et du monde bipolaire, on conte volontiers que « le cri universel d'antiaméricanisme », *the universal shout of antiamericanism*, comme dit Alexander Pope, provient de ce qu'à la suite de ces bouleversements les États-Unis sont devenus l'unique superpuissance mondiale, ou encore « hyperpuissance », selon le terme mis à la mode par un ministre français des Affaires étrangères, Hubert Védrine. Cette interprétation présuppose que la prépondérance américaine paraissait auparavant plus justifiée, d'abord parce qu'elle s'exerçait sur un nombre plus restreint de nations, ensuite parce qu'elle répondait au besoin de protéger ces nations contre l'impérialisme soviétique. Or, il n'en est rien : l'antiaméricanisme était presque aussi virulent à l'époque du danger totalitaire qu'il l'est resté après que celui-ci eut disparu, du moins dans sa version soviétique.

Au sein des pays démocratiques, ou de certains

d'entre eux, une fraction de la population, des partis politiques et la majorité des intellectuels adhéraient au communisme, ou du moins donnaient une forme de soutien aux idées proches du communisme. De leur part, l'antiaméricanisme était donc rationnel, puisque l'Amérique s'identifiait au capitalisme, et le capitalisme au mal. Certes, ce qui était moins rationnel, c'est que, pour préserver leur croyance, ces communistes et l'immense troupeau des compagnons de route avalaient les mensonges les plus flagrants et les plus stupides sur la société ou la diplomatie américaines et fuyaient avec soin toute information exacte sur la réalité des systèmes communistes. A vrai dire, l'antiaméricanisme irrationnel et le refus de l'information vraie et vérifiable sur les États-Unis et sur les ennemis de la démocratie étaient encore plus paradoxaux dans les secteurs de l'opinion occidentale, à vrai dire majoritaires, qui redoutaient et rejetaient le communisme. Ils y triomphaient pourtant et y triomphent encore au début du XXIᵉ siècle. Toutefois, l'antiaméricanisme de droite et même d'extrême droite, aussi aveuglément passionnel quoique différent par ses motifs de l'antiaméricanisme de gauche, est une caractéristique surtout française.

L'antiaméricanisme de droite en Europe provient de ce que ce continent a perdu au XXᵉ siècle le rôle qui était le sien depuis le XVᵉ siècle d'être le principal centre d'initiative – et de conquête – de la planète, son foyer artistique et scientifique majeur, et quasiment le maître de l'organisation politico-stratégique et de l'activité économique du monde. C'était tantôt un des pays européens tantôt un autre qui prenait la tête de cette mondialisation avant la lettre, mais tous y participèrent peu ou prou, simultanément ou tour à tour. Or aujourd'hui non seulement l'Europe a perdu cette capacité d'agir seule à l'échelle mondiale, mais elle est elle-même, à des degrés divers selon les problèmes mais toujours à quelque degré, placée dans le sillage de la capacité d'action des États-Unis et contrainte de recourir à leur concours. C'est en France que la perte du statut – réel ou imaginaire – de grande puissance cause l'amertume la plus aiguë. Quant à l'antiaméricanisme d'extrême droite, il a pour moteur, comme celui d'extrême gauche, simplement la haine de la démocratie et de l'économie libérale qui en est la condition[1].

Au fil des années soixante, j'avais commencé à être envahi de doutes sur le bien-fondé de cet antiaméricanisme mécanique, qui flétrissait pêle-mêle et en totalité à la fois la politique étrangère américaine, l'« impérialisme » – celui des Soviétiques n'était que de la philanthropie – et la société américaine dans son fonctionnement interne. Mais, lors de la tournée de quelques semaines que j'effectuai en Amérique au début de l'hiver 1969, et qui me conduisit de la côte Est à la côte Ouest, en passant par un séjour à Chicago, je fus foudroyé par l'évidence de la fausseté de tout ce que l'on racontait sur ce pays en Europe. Là où on me dépeignait une société conformiste, je trouvai une société agitée par l'effervescence de la « contestation » et la remise en cause de toutes ses habitudes sociales

---

1. On en trouvera un échantillon, entre autres publications de même origine, dans le numéro 23 (juillet, août, septembre 1996) de la « Revue d'Études nationales » *Identité*. Le titre de couverture en est : « L'Amérique adversaire des peuples ». Un article nous affirme qu'elle procède à la « vassalisation du monde » par le moyen, notamment, de l'Otan et de l'Organisation mondiale du commerce (OMC). Ici encore, la similitude avec les thèmes gauchistes des antimondialistes de Seattle ou de Gênes est saisissante. Pour le Front national aussi, le prétendu état de droit américain est en fait un totalitarisme (p. 22). On le voit, lepénisme et gauchisme ou maoïsme réchauffés communient dans l'antiaméricanisme.

et des bases de sa culture. Les Français se figuraient et se figurent toujours avoir été les inventeurs, en mai 68, de cette contestation qui enflammait les universités et les minorités américaines depuis plusieurs années déjà. Non seulement leurs contestataires à eux avaient pris leur élan bien avant les nôtres, mais les contestés, c'est-à-dire les dirigeants et les élus, se comportaient de façon beaucoup plus démocratique que les nôtres. De plus la contestation américaine, quoique non exempte de sottises, conserva néanmoins son originalité, sans s'efforcer de copier des précédents anciens, tandis que la contestation européenne perdit vite sa fraîcheur pour se fondre dans l'ennui de vieux moules idéologiques, notamment le maoïsme, en attendant de verser dans un terrorisme sanguinaire et borné, surtout en Allemagne et en Italie. Je fus également frappé en 1969 aux États-Unis par l'étendue de l'abîme qui séparait nos informations télévisées, contrôlées par l'État, guindées, bavardes et monotones, vouées à la version officielle de l'actualité, et les pétillantes, agressives *Evening news* de NBC ou CBS, dont la vivacité débordait d'informations et d'images inattendues, sans ménagement ni pour les tares sociales ou politiques de l'Amérique ni pour son action au-dehors. La guerre du Vietnam constituait bien entendu leur cible principale. Elle était alors de plus en plus combattue, il faut le dire, dans des secteurs de plus en plus vastes de l'opinion publique, et les médias n'y étaient pas pour peu de chose. Et c'était cette société que les Européens, du haut de leur morgue ignare, décrivaient comme une société de censure ! Une autre expérience qui m'étonna, je suis tenté de dire me reposa, fut celle des conversations que j'eus avec tout un éventail d'Américains, personnalités politiques, journalistes, hommes d'affaires, professeurs

17

d'université, républicains, démocrates, libéraux ou radicaux, simples passants ou voisins de siège en avion, nombreux étudiants, peintres, chanteurs, acteurs, fonctionnaires et ouvriers (*blue collars*). Là où en France, je connaissais d'avance à peu près les propos que chacun allait me tenir en fonction de sa catégorie ou famille socio-politico-intellectuelle, ce que j'entendais en Amérique était pour moi beaucoup plus varié et, le plus souvent, imprévu. En clair, cela signifiait que beaucoup plus d'Américains que d'Européens avaient ce qu'on appelle banalement une opinion personnelle – intelligente ou idiote, c'est une autre question – au lieu de se borner à répéter l'opinion reçue dans le cercle où ils évoluaient. Bref, l'Amérique que je découvrais contrastait du tout au tout avec la peinture conventionnelle qui en était couramment proposée et acceptée en Europe. C'est de ce choc entre l'image que j'apportais de France avec moi et la réalité qui s'étalait brusquement sous mes yeux que jaillit *Ni Marx ni Jésus*.

Même sans quitter la France, il ne fallait d'ailleurs pas se livrer à un surhumain travail d'investigation pour démontrer la fausseté de certains arguments particulièrement grossiers de la vulgate antiaméricaine. Ainsi, quelque odieux qu'aient été le maccarthysme et McCarthy, pourquoi omettre de constater que c'étaient les Américains eux-mêmes, républicains en tête, qui avaient déboulonné en moins de quatre ans l'encombrant sénateur ? En outre, c'est un fait que l'espionnage soviétique permit à Moscou de gagner plusieurs années dans la construction de sa bombe atomique[1]. Il

---

1. Parmi les nombreux ouvrages qui ont fait la lumière sur ce point, je me bornerai à citer l'un des plus récents, fondé sur l'exploration des archives soviétiques devenues accessibles après 1991 : Vladimir Tchikov

a été surabondamment confirmé aujourd'hui, et on avait déjà prouvé en 1970, que les époux Rosenberg étaient effectivement des agents du Komintern et que leur rôle fut des plus néfastes ; ou que Alger Hiss, un des collaborateurs les plus proches du président Franklin Roosevelt, notamment à la conférence de Yalta, travaillait lui aussi pour les services de l'Est et renseignait Staline. Longtemps travestis en martyrs de l'hystérie anticommuniste, ces agents et bien d'autres ont désormais trouvé leur juste place dans l'histoire, du moins aux yeux de ceux qui respectent la vérité en histoire[1].

Ou encore, si stupéfiante que cette énormité puisse paraître un demi-siècle plus tard, la propagande soviétique, grâce à ses nombreux relais dans le monde « libre » (mais naïf), avait réussi pendant des années à faire croire à des millions de personnes qui n'étaient pas toutes de mauvaise foi que c'était la Corée du Sud qui avait attaqué la Corée du Nord en 1950 et non l'inverse. Picasso lui-même s'était enrôlé dans cette cohorte de l'arnaque idéologique en peignant ses *Massacres en Corée*, où l'on voit une escouade de soldats américains ouvrant le feu sur un groupe de femmes et d'enfants nus. Il montrait par là que l'on peut être à la fois un génie pictural et un larbin moral. Lesdits massacres ne pouvaient être, bien entendu, que ceux perpétrés par les Américains, puisque Joseph Staline et Kim Il-Sung, c'était notoire, répugnaient depuis toujours à tout acte de nature à porter atteinte à la vie humaine. Je ne mentionne que pour mémoire l'immense blague de la « guerre bactériologique »

---

et Gary Kern, *Comment Staline a volé la bombe atomique aux Américains*, tr. fr. Robert Laffont, 1996.

1. Outre Alger Hiss, un autre agent soviétique, Joseph Lash, était l'amant de l'épouse du président, Eleanor Roosevelt.

américaine en Corée, forgée sur place par un agent soviétique, le journaliste australien Wilfred Burchett[1] Pierre Daix, alors rédacteur en chef du quotidien communiste *Ce soir*, a raconté plus tard, en 1976, dans *J'ai cru au matin*, comment fut montée cette escroquerie journalistique. L'étonnant n'est pas que les communistes l'aient montée, c'est qu'elle ait obtenu à l'époque un certain crédit, hors des cercles communistes, dans des pays où la presse était libre et les recoupements faciles. Le mystère de l'antiaméricanisme n'est pas la désinformation – l'information sur les États-Unis est très facile à se procurer – c'est la volonté d'être désinformé.

En déployant cet antiaméricanisme, inspiré ou plutôt décuplé en 1969 par la guerre du Vietnam, les Européens et surtout les Français, de façon plus remarquablement injustifiée, oubliaient ou feignaient d'oublier que la guerre américaine du Vietnam était le rejeton direct de l'expansion coloniale européenne en général et de la guerre française d'Indochine en particulier. C'est parce que la France aveugle avait refusé toute décolonisation après 1945 ; c'est parce qu'elle s'était inconsidérément fourvoyée dans une guerre lointaine et interminable durant laquelle elle avait d'ailleurs maintes fois imploré et parfois obtenu l'aide américaine ; c'est parce que la France battue à Diên Biên Phû avait dû signer en 1954 les désastreux accords de Genève, livrant la moitié nord du Vietnam à un régime communiste qui s'était aussitôt empressé de violer lesdits accords ; c'est donc indubitablement à la suite d'une longue suite d'erreurs politiques et d'échecs mili-

---

1. Voir sa biographie dans mon livre *La Nouvelle Censure*, Robert Laffont, 1977.

taires *de la France* que les États-Unis furent amenés plus tard à intervenir.

Ainsi se déroulait un scénario que l'on retrouve fréquemment à la base des relations géostratégiques et psychologiques entre l'Europe et l'Amérique. Dans un premier temps, les Européens ou tel pays européen supplient une Amérique réticente de voler à leur secours, de devenir acteur et, en général, commanditaire et opérateur d'une intervention destinée à les sortir d'un danger qu'ils se sont eux-mêmes créé. Dans un deuxième temps, les États-Unis sont transformés en unique instigateur de toute l'affaire. Néanmoins, si celle-ci tourne bien, comme dans le cas de la guerre froide, on ne leur en a aucune reconnaissance. En revanche, si elle tourne mal, comme dans le cas de la guerre du Vietnam, c'est sur eux que se concentre tout l'opprobre.

Dans *Ni Marx ni Jésus*[1], j'avais déjà eu l'occasion d'étaler de nombreux échantillons du caractère intrinsèquement contradictoire de l'antiaméricanisme passionnel. Je vais devoir ici allonger cette liste, tant les mentalités ont peu changé en trente ans. Cet illogisme consiste à reprocher aux États-Unis tour à tour ou simultanément une chose et son contraire. C'est là un signe probant que l'on est en présence non pas d'une analyse mais d'une obsession. Les échantillons que j'ai mentionnés, extraits de la période des années soixante, mais dont on peut aisément trouver des ancêtres bien antérieurs et des rejetons bien postérieurs, révèlent une habitude profondément ancrée. Elle ne s'est nullement modifiée aujourd'hui, je viens de le dire, malgré les leçons que l'on pourrait tirer des événements du der-

---

1. Voir le chapitre « L'antiaméricanisme et la révolution américaine ».

nier tiers du XXe siècle, qui n'ont pas précisément donné tort aux États-Unis. Avant d'en traiter plus longuement, je voudrais en servir en hors-d'œuvre l'une des manifestations les plus flagrantes, parce qu'elle survient à l'heure où j'écris ces lignes (début septembre 2001). Jusqu'en mai 2001 environ, et depuis plusieurs années, le grief principal formulé contre l'Amérique était celui d'« unilatéralisme » propre à une « hyperpuissance » qui se mêlait de tout en se prenant pour le « gendarme du monde ». Puis, au cours de l'été 2001, il apparut que l'administration de George W. Bush était moins encline que les précédentes à s'imposer comme secouriste universel dans les crises de la planète, notamment dans la crise israélo-palestinienne en voie d'alarmante aggravation. Dès lors le reproche contre les États-Unis se mua soudain en celui d'« isolationnisme » d'un grand pays manquant à tous ses devoirs et se souciant, au prix d'un monstrueux égocentrisme, de ses seuls intérêts nationaux... Avec un illogisme admirable, la même hargne inspirait le premier et le deuxième réquisitoire, quoiqu'ils fussent spectaculairement antithétiques. Cet illogisme me rappela celui d'un raisonnement du général de Gaulle qui, pour expliquer en 1966 le retrait de la France du commandement intégré de l'Otan, argua que, par deux fois, en 1914 et en 1940, alors que la France se trouvait en détresse, les États-Unis avaient tardé plusieurs années avant de venir à notre secours. Or, justement, à quoi servait, dans sa conception même, l'Organisation du traité de l'Atlantique Nord, sinon, en fonction des expériences passées, à rendre automatique et immédiate l'intervention militaire américaine (et celle des autres signataires) en cas d'agression contre l'un des États membres ? La passion peut aveugler un grand homme au point de lui faire proférer des énormités. Ainsi, Alain Peyrefitte rapporte dans *C'était de Gaulle*[1] ce propos du Général : « En 1944, les Américains ne se souciaient pas plus de libérer la France que les Russes de libérer la Pologne. » Quand on sait la façon dont les Russes ont traité la Pologne, d'abord pendant la dernière phase des opérations de la Deuxième Guerre mondiale (retardant l'avance de l'Armée rouge pour laisser aux Allemands le temps de massacrer les habitants de Varsovie), ensuite quand ils ont satellisé le pays, le lecteur ne peut que rester médusé devant l'audace d'un tel parallèle, établi par ou en dépit d'une telle intelligence.

Mais un tiers de siècle plus tard, on a vu bien pire. Après la destruction terroriste du bas de Manhattan, à New York, et d'une partie du Pentagone à Washington, le mardi 11 septembre 2001, rares furent les Français qui refusèrent de s'associer aux trois minutes de silence observées dans tout le pays en hommage à la mémoire des milliers de tués. Parmi les récalcitrants se trouvèrent les délégués et les militants de la CGT, à la fête de *L'Humanité* qui eut lieu durant le week-end des 15 et 16 septembre. Puis, durant le week-end suivant, ce fut le tour des adeptes du Front national de Jean-Marie Le Pen, à la traditionnelle fête des Bleu-Blanc-Rouge. C'était bien la première fois que la CGT désobéissait de façon aussi publique au parti communiste ! On retrouvait donc réunis sous la bannière de l'antiaméricanisme, dans le même camp, quelles que fussent leurs ritournelles idéologiques propres et même quand elles étaient en apparence antagonistes, tous les xénophobes, tous les partisans des régimes régressifs et

1. Tome II, De Fallois-Fayard éditions, 1997.

répressifs, sans oublier les antimondialistes et nos pseudo-Verts.

Dans le domaine de l'antiaméricanisme, le tréfonds de la déchéance intellectuelle – je ne mentionne même pas l'ignominie morale, sur laquelle on est blasé, je ne parle que de l'incohérence des idées – a été atteint en septembre 2001, après les attentats contre les villes de New York et de Washington. Passé l'instant de la première émotion et de condoléances souvent de pure forme, on se mit à dépeindre ces actes terroristes comme une juste réplique au mal que feraient les États-Unis dans le monde. Cette réaction fut d'abord celle de la plupart des pays musulmans, mais aussi de dirigeants et journalistes de certains pays de l'Afrique subsaharienne qui ne sont pas tous à majorité musulmane. Il s'agissait là de l'échappatoire habituelle de sociétés en faillite chronique, qui ont complètement raté leur évolution vers la démocratie et la croissance, et qui, au lieu d'en rechercher la cause dans leur propre incompétence et leur propre corruption ont l'habitude d'imputer leur échec à l'Occident de façon générale et aux États-Unis en particulier. Mais, au-delà de ces classiques de l'aveuglement volontaire sur soi-même, la théorie de la culpabilité américaine affleura au bout de quelques jours dans la presse européenne aussi, surtout française naturellement, chez les intellectuels et quelques politiques, non seulement de gauche mais de droite.

Ne fallait-il pas s'interroger sur les causes profondes, les « racines » du mal qui avait poussé les terroristes à leur action destructrice ? Les États-Unis ne portaient-ils pas une part de responsabilité dans leur propre malheur ? Ne fallait-il pas prendre en considération les souffrances des pays pauvres et le contraste de leur misère avec l'opulence américaine ?

Cette argumentation ne fut pas formulée uniquement dans les pays dont la population exaltée par le djihad acclama, dès les premiers jours, la catastrophe de New York, à ses yeux châtiment bien mérité. Elle se fraya aussi un chemin dans les démocraties européennes, où, assez vite, on laissa entendre çà et là que le devoir de pleurer les morts ne devait pas occulter le droit d'analyser les motifs.

On reconnaît en l'occurrence le raisonnement marxiste rudimentaire, repris par les adversaires de la mondialisation, selon lequel les riches deviennent de plus en plus riches et les pauvres de plus en plus pauvres, et selon lequel la richesse des uns est la cause de la pauvreté des autres. Marx avait cru pouvoir prédire que, dans les pays industrialisés qu'il étudiait, le capital se concentrerait entre les mains d'un groupe de plus en plus restreint de propriétaires toujours plus opulents qui feraient face à des hordes de plus en plus nombreuses de prolétaires de plus en plus misérables.

À l'épreuve de l'histoire, cette théorie s'est révélée aussi fausse concernant les relations entre classes sociales à l'intérieur des sociétés développées que les relations entre les sociétés développées et celles dites en voie de développement. Mais la fausseté n'a jamais empêché une vue de l'esprit de prospérer quand elle est soutenue par l'idéologie et protégée par l'ignorance. L'erreur fuit les faits lorsqu'elle satisfait un besoin.

Un pas supplémentaire fut rapidement fait dans la direction de cette déchéance intellectuelle que je signalais, lorsque se mirent à fleurir les déclarations sommant les États-Unis de ne pas déclencher une guerre dont toute la planète souffrirait. Ainsi donc, des fanatiques suicidaires, endoctrinés, entraînés et financés par une puissante et riche organisation terroriste multi-nationale, assassinaient au moins trois mille personnes en un quart d'heure en Amérique, et c'était cette Amérique même qui devenait l'agresseur ! Pourquoi ? Parce qu'elle entreprenait de se défendre et d'éradi-quer le terrorisme. Obnubilés par leur haine, et vautrés dans leur illogisme, ces inconscients oubliaient en outre que, ce faisant, les États-Unis travaillaient non seule-ment dans leur intérêt mais dans le nôtre, à nous Euro-péens, et dans celui de bien d'autres pays menacés ou déjà subvertis et ruinés par la terreur.

Ainsi donc, aujourd'hui comme naguère et naguère comme jadis, un livre sur les États-Unis est en quelque manière condamné à être un livre consacré à la désin-formation sur les États-Unis. Tâche redoutable et inter-minable, sans cesse et vainement recommencée, puisque cette désinformation résulte non pas d'erreurs toujours possibles, pardonnables et rectifiables, mais d'un besoin psychologique profond chez les désinfor-mateurs et chez ceux qui les croient. Le mécanisme du « mensonge déconcertant[1] » qui entoure l'Amérique et du rejet de tout ce qui pourrait le dissiper évoque le mensonge symétrique et généralisé qui jouait depuis 1917 dans le sens inverse, non pas au détriment, mais en faveur des pays communistes. Là encore, une sorte de chasse-mouches mental écartait toute information exacte, du moins chez ceux, fort nombreux, qui se nourrissaient politiquement de l'image falsifiée et idéa-lisée du « socialisme réel ».

---

1. La formule est celle du titre d'un livre connu de Anton Ciliga sur l'Union soviétique, 1949.

Outre la collision entre le portrait des États-Unis que traçait la routine européenne et ce qu'était effectivement le pays que je redécouvrais en 1969 – collision d'autant plus saisissante que ce pays était secoué d'une métamorphose accélérée – j'identifiai ce que je crus pouvoir baptiser une révolution.

Ce mot peut prêter à contestation. On entend le plus souvent par révolution, au sens étroit et technique, le remplacement d'un régime politique par un autre, généralement au moyen d'un coup d'État violent secondé par des insurrections et suivi de proscriptions, épurations, arrestations, éventuellement exécutions. Mais c'est confondre la substance avec le scénario. Beaucoup de « révolutions » conformes à ce schéma scolaire ont en fait débouché sur des régressions et des dictatures. Je précisai à plusieurs reprises, dans *Ni Marx ni Jésus*, que j'entendais par révolution américaine moins un épiphénomène politique sur les cimes visibles du pouvoir qu'une série de transformations survenant spontanément dans les profondeurs de la société. Ces transformations radicales étaient nées, avaient grandi, se poursuivaient et se poursuivraient indépendamment des alternances de majorité qui s'étaient produites ou se produiraient encore à l'étage fédéral. On peut changer de régime sans changer la société, et on peut changer la société sans changer de régime. Le *Free Movement* américain jaillit et persévéra aussi bien sous des présidences démocrates que sous des présidences républicaines. C'est qu'il n'est jamais ou très rarement retombé, comme ses répliques européennes, dans les idéologies arriérées du XIXe siècle et les carcans théoriques des pseudo-révolutions marxistes du XXe. Qui dit révolution, plaidais-je, dit par définition événement n'ayant encore jamais eu lieu, survenant selon des voies autres que les canaux historiques connus. Qui dit révolution parle de ce que l'on ne peut ni penser ni même percevoir en se servant de concepts anciens. C'était une évidence pour moi : la véritable révolution, elle n'était pas à Cuba, elle était en Californie. Cette évidence frappa également Edgar Morin, au même moment que moi, et il s'en fit le narrateur dans son *Journal de Californie* (1970), sans que nous nous fussions le moins du monde concertés. Nous n'avons échangé quelques idées à ce sujet qu'après la publication de nos ouvrages respectifs, ayant constaté la convergence de nos impressions.

La contre-épreuve à laquelle j'avais procédé, cette confrontation brutale entre ce qui se répétait partout sur les États-Unis et ce que l'on y voyait quand on consentait à les regarder sur place, dans leur vie réelle, m'inspirèrent donc un procès-verbal qui apparemment toucha une corde sensible chez de nombreuses personnes à travers le monde. *Ni Marx ni Jésus* fut un succès de librairie en France et, dans sa version anglaise, aux États-Unis. Un succès qui décolla tout seul de façon prodigieuse avant toute critique et, ensuite, se poursuivit malgré des critiques souvent réservées, voire hostiles. Le livre fut traduit dans une bonne vingtaine de langues. Ce raz de marée mettait en lumière le divorce entre le désir de savoir des « majorités silencieuses » et la volonté d'ignorer des puissances intellectuelles, des maîtres de l'information, non seulement dans les pays sous influence communiste déclarée, comme la France, l'Italie ou la Grèce, mais même dans des pays sociaux-démocrates, opposés en principe au totalitarisme et attachés à la vérité, par exemple la Suède. Mon éditeur suédois, un bon vivant grand amateur d'écrevisses, m'invita pour le lancement du livre à Stockholm. Mais il ne parvint pas à décrocher pour moi une seule émission de télévision, ce qui ne gêna du reste aucunement la vente. En Finlande, je fus confronté à deux délégations d'apparatchiks intello-communistes psycho-rigides, l'une venue de Roumanie, l'autre de Pologne. Ce fut l'écrivain allemand Hans-Magnus Enzensberger qui me prêta une voix secourable pour essayer de maintenir le débat à un niveau décent, bien que ses propres essais fussent des critiques violentes de l'« impérialisme » américain. Mon éditeur grec poussa le masochisme jusqu'à écrire lui-même (sans me consulter ni m'en aviser d'ailleurs) une préface où il demandait pardon à ses compatriotes d'avoir fait traduire et publier dans leur langue un tel tissu d'erreurs et d'imbécillités. Il me traita de sectaire quand j'émis une timide protestation contre ce genre de procédé. Le *Corriere della Sera*, tout en m'honorant d'une approbation mesurée, fit état du tapage indigné (*scalpore*) soulevé en France et en Italie par ma thèse si outrageusement à contre-courant. Mon traducteur italien parsema sa version de notes réprouvant mes idées. Je m'amusai à l'applaudir dans un article que j'intitulai « Il traduttore bollente ». À en juger d'après le succès international de mon livre, il faut néanmoins croire que parfois certaines attaques sont rédigées de telle manière que, loin de mettre en fuite le lecteur, elles ont au contraire la vertu de piquer sa curiosité. Il se dit que de telles convulsions ne se seraient pas produites si l'auteur, sur quelques points au moins, n'avait pas touché juste et qu'il a affaire chez le critique plus à de l'affolement qu'à un raisonnement.

La gauche le voyait bien : il s'agissait, dans ce livre, moins de l'Amérique et de l'antiaméricanisme que du combat du siècle entre socialisme et libéralisme. Elle redoutait que la victoire ne commençât à pencher en faveur de ce dernier. La fonction principale de l'anti-américanisme était, elle est encore aujourd'hui, de noircir le libéralisme dans son incarnation suprême. Travestir les États-Unis en société répressive, injuste, raciste, presque fasciste était un moyen de clamer : voyez ce que donne la mise en œuvre du libéralisme ! Lorsque je décrivais aux États-Unis non seulement un système démocratique classique qui marchait plutôt mieux qu'ailleurs, mais une société en pleine mutation révolutionnaire, bousculant ses valeurs traditionnelles, je perturbais avec brutalité le sommeil dogmatique et le confort idéologique de la plupart des élites à travers le monde. Y compris aux États-Unis mêmes, car l'antiaméricanisme y était, y est encore fort, prospère dans les élites universitaires, journalistiques et litté-raires. Le *Blame America first* (« Commencez par blâ-mer l'Amérique ») à propos de tout problème fut longtemps et reste largement dans ce pays la maxime des maîtres de la culture.

Lorsque Richard Nixon fut réélu président, le 7 novembre 1972, écrasant George McGovern, son adversaire démocrate « libéral » (gauche du parti démocrate, dans le lexique d'outre-Atlantique), je fus la cible en France de divers quolibets. Ce triomphe d'un républicain réputé de droite ne ridiculisait-il pas ma thèse ? Ah ! elle était belle, ma révolution américai-ne ! M'objecter cette élection était ne rien comprendre à ce que j'avais entendu par révolution, dans le cas des États-Unis de cette période. Au cœur de la réalité sociale et culturelle, le *Movement* n'arrêta jamais sa marche en avant, jusqu'à la fin du siècle et au-delà. Gertrude Himmelfarb, dans son livre de 1999, *One*

Nation, Two Cultures, montre bien que la société américaine contemporaine constitue « une seule nation » mais « est composée de deux cultures ». Selon l'auteur, la contre-culture révolutionnaire des années soixante et soixante-dix (à laquelle elle ne trouve pas que des qualités, pas plus que moi, et j'aurai à en reparler) est devenue actuellement la culture dominante. Ce sont les tenants des valeurs morales traditionnelles qui représentent à leur tour, inversement, la culture minoritaire et dissidente. Elle n'a pas cessé de s'enfoncer dans ce statut minoritaire, même durant la « révolution conservatrice[1] » de Ronald Reagan, pour la bonne raison que la révolution reaganienne fut non pas une révolution des mœurs, mais une révolution de l'économie, une révolution libérale, au sens européen de cet adjectif.

Mais – et que l'on veuille bien croire que ce n'est pas un paradoxe – en déréglementant l'économie, en la soustrayant autant que possible à la férule de l'État, en l'ouvrant, aussi, davantage, sur l'ensemble du monde, Reagan ne contrecarrait pas la contre-culture des années soixante et soixante-dix : il l'accomplissait, au contraire. En effet, la thèse qui est au centre de *Ni Marx ni Jésus* est celle-ci : la grande révolution du XXᵉ siècle aura été, en fin de compte, non pas la révolution socialiste, dont il était déjà en 1970 patent qu'elle avait échoué partout, mais la révolution libérale. Une série de chapitres du livre établit le constat de cette faillite du socialisme, aussi bien dans les pays du « socialisme réel » (trop réel hélas !) que dans ceux des pays du tiers monde (trop nombreux hélas !) qui avaient cru trouver dans des recettes socio-dirigistes

---

1. Titre du livre de Guy Sorman, *La Révolution conservatrice américaine*, Fayard, 1983.

la clef du développement, sa faillite enfin dans les démocraties industrielles, où l'étatisation de l'économie n'allait cesser de reculer, sous la pression des réalités, jusqu'à la fin du siècle.

Cette révolution américaine libérale était en train de devenir en outre le centre moteur et propagateur de ce que l'on appellera plus tard mondialisation (en français, car c'est le terme « globalisation », à mon avis moins exact, qui est généralement employé dans la plupart des autres langues pour désigner le même phénomène). Je me permets de rappeler, en effet, que *Ni Marx ni Jésus* est sous-titré : « De la seconde révolution américaine à la seconde révolution mondiale ». Cette mondialisation libérale, qui triomphera de façon éclatante surtout à partir de 1990 après la désintégration des communismes, est ce que Francis Fukuyama nommera, au moment de cette débâcle, « la fin de l'histoire », expression qui lui a été reprochée parce qu'elle a été mal comprise, car tant de gens malheureusement considèrent qu'ils ont lu un livre quand ils en ont lu le titre. Fukuyama veut dire non pas que l'histoire s'est arrêtée, ce qui serait absurde, mais que l'expérience a réfuté la conception hégélienne et marxiste de l'histoire, imaginée comme un processus dialectique qui doit nécessairement aboutir à un modèle final vers lequel l'humanité tendrait, à son insu et indépendamment de son action, depuis l'origine des temps.

Ni Marx ni Jésus était donc non point tant un livre sur les États-Unis en tant que tels qu'un livre sur l'Amérique comme *laboratoire de la mondialisation libérale*. Il existe en effet à chaque époque, du moins à chaque époque de progrès, ce que l'on peut appeler une société-laboratoire, où sont inventées et essayées les solutions de civilisation – pas forcément toutes bonnes, mais qui prévalent irrésistiblement – que d'autres nations transposeront bon gré mal gré chez elles par la suite. Athènes, Rome, l'Italie de la Renaissance, l'Angleterre et la France au XVIIIe siècle, ont été successivement une de ces sociétés-laboratoires, non pas du fait d'un quelconque « processus » mais du fait de l'action des hommes. Au XXe siècle, ce fut le tour des États-Unis de le devenir. Ce n'est donc pas sans motif, même si c'est au prix d'une exagération manifeste, que, pour des milliards d'êtres humains, au début du XXIe siècle, mondialisation libérale est synonyme d'américanisation. C'est là l'évolution dont j'avais tenté de décrire l'envol dans *Ni Marx ni Jésus*. Dans quelle mesure doit-on l'attribuer à la seule Amérique et à son « hyperpuissance » ? Les États-Unis ont-ils assumé volontairement ou involontairement cette fonction de laboratoire ? Est-elle due à leur « impérialisme », à leur « unilatéralisme », ou à la vigueur de leur capacité d'innovation ? Le modèle américain n'est-il pas la créature au moins autant que le créateur d'un besoin mondial ? C'est à cette question que je tente de répondre dans le présent livre.

CHAPITRE DEUXIÈME

DE QUELQUES CONTRADICTIONS
DE L'ANTIAMÉRICANISME

C'est un paradoxe : les États-Unis sont parfois plus détestés et désapprouvés, même par leurs propres alliés, depuis la fin de la guerre froide qu'ils ne l'étaient durant celle-ci par les partisans avoués ou inavoués du communisme. Regardons l'empressement avec lequel des autorités démocratiques ou religieuses ont pris avec constance le parti de Fidel Castro, pour la seule raison qu'il est en butte à l'embargo américain, d'ailleurs mensongèrement rebaptisé « blocus » pour les besoins de la cause. Or Cuba n'a cessé de commercer avec le monde entier, sauf avec les États-Unis ; et le bas niveau de vie des Cubains provient avant tout du régime socialiste. Durant l'hiver 1997-1998, l'annonce par Bill Clinton d'une éventuelle intervention militaire en Irak, pour forcer Saddam Hussein à respecter ses engagements de 1991, fit monter aussi de plusieurs degrés en Europe le sentiment hostile envers les États-Unis. Seul le gouvernement britannique prit position en leur faveur.

Le problème était pourtant clair. Depuis plusieurs années, Saddam refusait d'anéantir ses stocks d'armes de destruction massive, empêchait les inspecteurs des Nations unies de les contrôler, violant ainsi l'une des principales conditions acceptées par lui lors de la paix consécutive à sa défaite de 1991. Étant donné ce dont le personnage est capable, on ne pouvait nier la menace pour la sécurité internationale que représentait l'accumulation entre ses mains d'armes chimiques et biologiques. Mais, là encore, le principal scandale que trouvait à dénoncer une large part de l'opinion internationale, c'était l'embargo infligé à l'Irak. Comme si le vrai coupable des privations subies par le peuple irakien n'était pas Saddam lui-même, qui avait ruiné son pays en se lançant dans une guerre contre l'Iran en 1981, puis contre le Koweït en 1990, enfin en s'opposant aux résolutions de l'Onu sur ses armements. Saddam vendait d'ailleurs au-dehors beaucoup plus de pétrole que son contingent « pétrole contre nourriture » ne l'y autorisait, mais il ne se servait pas de l'argent pour nourrir son peuple. Il préférait acheter des armes. Le soutien néanmoins apporté par haine des États-Unis à un dictateur sanguinaire venait aussi bien de l'extrême droite que de l'extrême gauche (Front national et parti communiste en France) ou des socialistes de gauche (l'hebdomadaire *The New Statesman* en Grande-Bretagne ou Jean-Pierre Chevènement, alors ministre de l'Intérieur, en France), de la Russie que d'une partie de l'Union européenne. Il s'agit donc d'un commun dénominateur antiaméricain passionnel plus que d'un raisonnement stratégique partagé.

Beaucoup de pays, dont la France, ne niaient pas la menace représentée par les armements irakiens, mais déclaraient préférer à l'intervention militaire la « solution diplomatique ». Or la solution diplomatique était rejetée depuis sept ans par Saddam, qui avait maintes fois mis à la porte les représentants de l'Onu. Quant à la Russie, elle clama que l'usage de la force contre Saddam mettrait en péril ses propres « intérêts vitaux ». On ne voit pas en quoi. La vérité est que la Russie ne perdait pas une occasion de manifester sa rancœur de ne plus être la deuxième superpuissance mondiale, ce qu'elle était ou croyait être du temps de l'Union soviétique. Mais l'Union soviétique est morte de ses propres vices dont la Russie supporte toujours les conséquences.

Il y a eu dans le passé des empires et des puissances d'échelle internationale, avant les États-Unis de cette fin du xxᵉ siècle. Mais il n'y en avait jamais eu aucun qui atteignît à une prépondérance planétaire. C'est ce que souligne Zbigniew Brzezinski, l'ancien conseiller à la Sécurité du président Jimmy Carter, dans son livre, *Le Grand Échiquier*[1]. Pour mériter le titre de super-puissance mondiale, un pays doit occuper le premier rang dans quatre domaines : économique, techno-logique, militaire et culturel. L'Amérique est actuelle-ment le seul pays – et le premier dans l'histoire – qui remplisse ces quatre conditions à la fois à l'échelle pla-nétaire et non plus seulement continentale. En écono-mie, depuis la reprise de 1983 jusqu'à l'amorce de récession en 2001, elle se détache, en réunissant la croissance, le plein emploi, l'équilibre du budget (pour la première fois depuis trente ans) et l'absence d'infla-tion. En technologie, notamment depuis le développe-ment foudroyant qu'elle a imprimé aux instruments de communication de pointe, elle jouit d'un quasi-monopole. Au point de vue militaire, elle est la seule puissance capable d'intervenir à tout moment sur n'im-porte quel point du globe.

---

1. Trad. fr. Bayard éditions, 1997.

Quant à la supériorité culturelle, elle est plus discutable. Il s'agit de savoir si l'on entend « culture » au sens restreint ou au sens large. Dans le premier sens, c'est-à-dire celui des hautes manifestations créatrices, dans les domaines de la littérature, de la peinture, de la musique ou de l'architecture, la civilisation américaine est certes brillante, mais elle n'est pas la seule, ni toujours la meilleure. On ne saurait, à ce niveau prestigieux, comparer son rayonnement à ce que furent ceux de la Grèce antique, de Rome, de la Chine. On pourrait même dire que la culture artistique et littéraire américaine a tendance à se provincialiser, dans la mesure où, en raison de la domination de l'anglais, de moins en moins d'Américains, même cultivés, lisent les langues étrangères. Lorsque les universitaires ou les critiques américains s'ouvrent à une école de pensée étrangère, c'est parfois plus par un conformisme de mode qu'à la suite d'un jugement original.

En revanche, Brzezinski a raison en ce qui concerne la culture au sens large, la culture de masse. La presse et les médias américains parviennent dans le monde entier. Les manières de vivre américaines – vêtements, musique populaire, alimentation, distractions – séduisent partout la jeunesse. Le cinéma et les feuilletons télévisés américains attirent, sur tous les continents, des millions de spectateurs, au point que certains pays, dont la France, cherchent à établir un protectionnisme au nom de l'« exception culturelle ». L'anglais s'impose *de facto* comme la langue de l'internet et se trouve être, depuis longtemps, la principale langue de communication scientifique. Une bonne part des élites politiques, technologiques et scientifiques des nations les plus diverses sont diplômées des universités américaines.

Plus décisif sans doute encore a été, n'en déplaise

aux socialistes passés et présents, la victoire globale du modèle libéral, du fait de l'effondrement du communisme. De même, la démocratie fédéraliste à l'américaine tend à être imitée ailleurs, et par l'Union européenne pour commencer. Elle sert de principe organisateur à maints systèmes d'alliances, dont l'Otan, ainsi qu'à l'Onu. Il ne s'agit pas ici de nier les défauts du système américain, ses hypocrisies ni ses écarts. Il n'en reste pas moins que ni l'Asie, ni l'Afrique, ni l'Amérique latine n'ont beaucoup de leçons de démocratie à lui donner. Quant à l'Europe, c'est elle qui a inventé les grandes idéologies criminelles du siècle. C'est même pour cela que les États-Unis ont dû par deux fois intervenir sur notre continent, lors des deux guerres mondiales. Et c'est cette défaillance européenne qui est à l'origine de leur actuelle situation d'unique superpuissance.

Car la prépondérance de l'Amérique est venue, sans doute, de ses qualités propres, mais aussi des fautes commises par les autres, en particulier par l'Europe. Récemment encore, la France a reproché aux États-Unis de vouloir lui ravir son influence en Afrique. Or, la France porte une lourde responsabilité dans la genèse du génocide rwandais de 1994 et dans la décomposition du Zaïre qui a suivi. Elle s'est donc discréditée toute seule, et c'est ce discrédit qui a creusé le vide rempli ensuite par une présence croissante des États-Unis. L'Union européenne elle-même n'avance guère vers la réalisation d'un centre unique de décision diplomatique et militaire. C'est un chœur dont chaque membre se prend pour un soliste. Comment, sans unité, pourrait-elle faire contrepoids à l'efficacité de la politique étrangère américaine, alors que, pour esquisser la moindre action, elle doit, au préalable, faire l'unanimité de ses quinze membres ? Et que sera-ce quand ils seront vingt-sept, et plus disparates encore qu'aujourd'hui ?

La superpuissance américaine résulte pour une part seulement de la volonté et de la créativité des Américains ; pour une autre part, elle est due aux défaillances cumulées du reste du monde : la faillite du communisme, le naufrage de l'Afrique, les divisions européennes, les retards démocratiques de l'Amérique latine et de l'Asie.

Le mot superpuissance lui paraissant trop faible et trop banal, Hubert Védrine, ministre des Affaires étrangères français dans le gouvernement de la « gauche plurielle », y substitua en 1998 le néologisme d'« hyperpuissance », plus fort et convenant mieux, selon lui, à l'hégémonie actuelle des États-Unis dans le monde. On ne voit pas très bien en quoi, puisque le préfixe grec « hyper » a exactement le même sens que le préfixe latin « super ». Il définit, selon M. Védrine, la position d'un pays qui est dominant ou prédominant dans toutes les catégories, y compris « les attitudes, les concepts, la langue, les modes de vie ». Le préfixe « hyper », commenta le ministre, est considéré par les médias américains comme agressif, mais n'a cependant rien de péjoratif. Simplement, « nous ne pouvons accepter un monde politiquement unipolaire et culturellement uniforme, pas plus que l'unilatéralisme d'une seule hyperpuissance ». Argumentation contradictoire, car si le mot hyperpuissance n'est pas péjoratif, pourquoi la réalité qu'il désigne est-elle inacceptable ? Qu'elle le soit ou non, le fait est là : elle existe. Et ce qui manque à la réflexion européenne, qui est loin d'être la seule dans ce cas, c'est de se demander pour quelles raisons elle s'est instaurée. Ce n'est qu'en identifiant et en interprétant correctement ces raisons que nous aurons une chance d'induire les moyens de contrebalancer la prépondérance américaine.

Les Européens tout particulièrement devraient s'astreindre à s'interroger sur leurs propres responsabilités dans la genèse de cette prépondérance.

Ce sont les Européens, que je sache, qui ont fait du XXᵉ siècle le siècle le plus noir de l'histoire – dans les domaines politique et moral, s'entend. Ce sont eux qui ont provoqué les deux cataclysmes d'une ampleur sans précédent que furent les deux guerres mondiales ; ce sont eux qui ont inventé et réalisé les deux régimes les plus criminels jamais infligés à l'espèce humaine. Et ces sommets dans le mal et l'imbécillité, nous autres Européens les avons atteints en moins de trente ans ! Quand je dis que ces fléaux ne peuvent être comparés à aucun autre dans le passé, je me réfère naturellement aux seuls désastres créés par l'homme, à l'exclusion des catastrophes naturelles et des épidémies. Si, à la déchéance européenne engendrée par les deux guerres mondiales et les deux totalitarismes, on ajoute les casse-tête résultant dans le tiers monde des séquelles de la colonisation, là encore, c'est en Europe qu'il faut chercher les responsables, au moins partiels, des impasses et des convulsions du sous-développement. C'est l'Europe, ce sont l'Angleterre, la Belgique, l'Espagne, la France, la Hollande, plus tardivement et à un moindre degré l'Allemagne et l'Italie qui ont conquis ou voulu s'approprier les autres continents. En vain l'on objectera l'extermination des Indiens et l'esclavage des Noirs aux États-Unis. Car enfin, qui étaient les occupants des futurs États-Unis, sinon des colonisateurs blancs venus d'Europe ? Et à qui ces colons européens achetaient-ils leurs esclaves, sinon à des négriers européens ?

À la situation créée par les tentatives de suicide européennes que constituèrent les deux guerres mondiales et à la propension des Européens à engendrer des régimes totalitaires, eux aussi intrinsèquement suicidaires, est venue s'ajouter, à partir de 1990, l'obligation d'aménager le champ de ruines laissé par le communisme après son effondrement. Là encore, l'Europe n'avait guère de solution à proposer. Ses dirigeants politiques, médiatiques et culturels n'ayant, pour la plupart, jamais rien compris au communisme (songeons aux louanges dont, même à droite, fut couvert Mao dans les pires moments de son fanatisme destructeur), ils étaient mal équipés intellectuellement pour comprendre la sortie du communisme et pour l'accompagner[1]. Devant ce problème supplémentaire et inédit, l'« hyperpuissance » américaine actuelle n'est que la conséquence directe de l'impuissance européenne ancienne et contemporaine. Elle comble un vide dû aux insuffisances non point de nos forces mais de notre pensée et de notre volonté d'agir. Songeons à la perplexité d'un citoyen du Montana ou du Tennessee apprenant l'intervention américaine dans l'ex-Yougoslavie. Il peut se demander à bon droit quel intérêt ont les États-Unis à se plonger dans le bourbier sanglant des Balkans, chef-d'œuvre multiséculaire de l'inégalable ingéniosité européenne. Mais ce chaos meurtrier que l'Europe a confectionné de ses propres mains, elle est incapable d'y mettre toute seule bon ordre. Il faut, pour faire cesser ou diminuer les massacres balka-

---

1. Je renvoie sur ce point à un livre précédent, *Le Regain démocratique*, Fayard, 1992. Livre de poche Hachette-Pluriel, 1993.

niques, que les États-Unis se chargent de l'opération, successivement en Bosnie, au Kosovo et en Macédoine. Les Européens les remercient ensuite en les traitant d'impérialistes, tout en tremblant de frousse et en les qualifiant de lâches isolationnistes dès qu'ils parlent de retirer leurs troupes.

Certaines critiques infondées révèlent plus les faiblesses ou les fantasmes de ceux qui les formulent que les torts ou les crimes de ceux qu'elles visent. Certes, comme toutes les sociétés, même démocratiques, la société américaine a beaucoup de défauts et elle mérite de nombreuses critiques. Mais, pour exprimer autre chose que les phobies de ses détracteurs, encore faudrait-il que ces critiques fussent justifiées et que ces défauts fussent les vrais défauts. Or, les ricanements apitoyés dont l'Amérique est la tête de Turc rituelle dans les médias européens émanent pour la plupart d'une absence d'information si profonde qu'elle finit par paraître intentionnelle. Pour s'en tenir à la seule période d'émergence des États-Unis comme unique superpuissance, des dizaines de livres et des centaines d'articles sérieux ont paru sur l'Amérique, dus à des auteurs américains et européens. Ils contrastent avec le tout-venant de la littérature et du journalisme purement obsessionnels. Ils apportent à qui veut bien en prendre connaissance une information exacte, équilibrée et nuancée, sur le fonctionnement interne et externe de la société américaine, sur ses réussites et ses échecs, ses bienfaits et ses méfaits, ses lucidités et ses aveuglements. La paresse n'expliquant pas tout, l'ignorance de cette documentation par la masse des conducteurs d'opinion européens ne peut, le plus souvent, être que volontaire et s'expliquer que par les idées fixes de ceux qui s'y confinent. Non pas que l'on ne puisse tirer de ces inventaires scrupuleux des conclusions sur bien des points fort sévères. Du moins ne sont-elles pas dictées par l'incompétence.

Le refus intentionnel de l'information, qui est le cas le plus fréquent, concerne d'abord les questions sociales aux États-Unis, la prétendue absence de protection et de solidarité, le fameux « seuil de pauvreté » (expression employée à tort et à travers par des gens qui n'en connaissent visiblement pas le sens technique, comme si cet indicateur avait la même valeur chiffrée au Canada et au Zimbabwe) ou encore le taux de chômage. Que celui-ci, depuis 1984, soit tombé au-dessous de 5 %, quand le nôtre s'envolait autour de 12 %, ne voulait rien dire de bon pour l'Amérique, selon nos commentateurs, puisque les emplois n'y étaient que de « petits boulots ». Ah ! le mythe des petits boulots, comme il nous a consolés ! Lors du ralentissement économique du premier semestre 2001, le chômage américain remonte de 4,4 % de la population active à... 5,5 %. Aussitôt, et ce n'est qu'un exemple, le quotidien économique français *La Tribune* (7 mai 2001) titre sur toute sa première page : « Le plein emploi touche à sa fin aux États-Unis. » Or, au même moment, le gouvernement français s'ovationnait lui-même frénétiquement pour avoir ramené notre chômage à... 8,7 %, soit près du double du chômage américain (sans compter les dizaines de milliers de chômeurs effectifs qui sont en France artificiellement maintenus hors des statistiques). En septembre 2001, le chômage français était déjà remonté au-dessus de 9 %. *Le Monde* (15 février 2001) publie un article intitulé « La fin du rêve économique américain ». Ainsi, une croissance quasiment ininterrompue durant dix-sept ans (1983-2000), une révolution technologique sans précédent depuis le

XIXe siècle, la création de dizaines de millions d'emplois nouveaux, un chômage tombé à 4 %, un bond aussi énorme qu'imprévu de la population (passée de 248 à 281 [1] millions d'habitants entre 1990 et 2000), tout cela n'était qu'un « rêve ». Quel dommage que la France n'ait pas fait ce rêve ! L'auteur de l'article, il est vrai, enfourchant lui aussi le dada des « petits boulots », déplore que la France se soit américanisée parfois jusqu'à « copier le triste exemple des *working poors* », seul exemple, évidemment, que donne l'économie américaine, dont il n'y aurait aucune autre leçon à tirer. La France s'est mieux portée, sans doute, en restant fidèle à son modèle des *not working poors*.

Nous aurons l'occasion de revenir sur le catalogue désolant que les accusateurs publics dressent de la civilisation américaine. Je me suis borné dans ce bref aperçu à signaler le caractère intrinsèquement contradictoire de leurs diatribes. Car enfin, si, selon le tableau qu'ils en peignent, cette civilisation n'était qu'un entassement de calamités économiques, politiques, sociales et culturelles, comment se fait-il que le reste du monde s'inquiète à ce point de sa richesse, de sa primauté scientifique et technologique, de l'omniprésence de ses modèles de culture ? Cette malheureuse Amérique devrait faire plus pitié qu'envie et susciter moins l'animosité que la commisération. Quelle énigme que cette réussite du peuple américain, sortie tout entière de son abyssale nullité, et jamais, selon nous, de ses propres mérites !

Après les questions sociales, c'est le fonctionnement des institutions américaines qui est mal compris ou que l'on ne veut pas comprendre. J'en citerai un seul

---

1. Exactement 281 421 906.

exemple pour l'instant : les réactions à la fois joyeuses et méprisantes qui ont accueilli dans le monde entier et en Europe tout spécialement la longue incertitude quant à l'issue de l'élection présidentielle américaine de novembre 2000.

Il y a bien des années, au théâtre de variétés *El Salón México* (immortalisé par la composition pour orchestre de Aaron Copland qui porte ce titre) je regardais un numéro comique : c'était une discussion entre un *peón* (homme du peuple) mexicain et un touriste américain. Le touriste vantait les prouesses de son pays en donnant cet exemple : « Chez nous aux États-Unis, nous connaissons le nom du nouveau président trois minutes après la clôture du scrutin. » À quoi le *peón* répliquait : « Mon bon monsieur chez nous, on le connaît six mois avant. » En effet, à cette époque, et pour longtemps encore, le Parti révolutionnaire institutionnel (PRI) accaparait au Mexique tous les pouvoirs et fabriquait toutes les élections. Chaque président désignait en pratique son successeur.

Que les temps sont changés ! En l'an 2000, pour la première fois, le candidat d'un parti d'opposition mexicain a conquis la présidence grâce à des élections honnêtes dont le résultat n'était pas connu d'avance. Et il a fallu en revanche des semaines aux États-Unis pour savoir à qui elle reviendrait. La démocratie a donc incontestablement progressé au Mexique. Est-ce à dire qu'elle a reculé aux États-Unis ? C'est l'interprétation que bien des commentateurs étrangers ont cru pouvoir donner de la longue incertitude qui a suivi l'élection du 7 novembre 2000.

Or c'est là un grossier contresens. Rappelons d'abord cette vérité élémentaire qu'un scrutin très serré, obligeant même à recompter les bulletins, est plutôt la marque de la démocratie que de son contraire. C'est dans les dictatures, fussent-elles déguisées en présidences, que le vainqueur l'emporte avec des marges colossales. Ensuite, le système des grands électeurs, que l'on s'est avisé de qualifier d'antidémocratique, ne l'est nullement. C'est une machine à convertir le scrutin proportionnel en scrutin majoritaire, par élimination des petits candidats et « prime » au candidat arrivé en tête, État par État.

Il existe plusieurs méthodes pour obliger les électeurs à voter utile. La France a la méthode des deux tours : seuls peuvent participer au second tour de la présidentielle les deux candidats arrivés en tête au premier. La méthode anglaise du scrutin majoritaire à un seul tour pour les élections à la Chambre des communes est encore plus brutale quand les postulants à un même siège sont nombreux. Un candidat peut alors gagner le siège avec un quart ou un tiers des voix, du moment qu'il arrive en tête.

Par comparaison, le système américain des grands électeurs semble notablement plus juste. Leur nombre est en effet proportionnel à la population de chaque État. Le candidat qui dépasse 50 % des suffrages populaires dans un État acquiert la totalité de ses grands électeurs, tout comme en France un candidat acquiert la totalité du pouvoir présidentiel au second tour, même si 49,9 % des électeurs ont voté contre lui. Personne ne conteste sa légitimité. Alors pourquoi parler d'« élitisme » à propos du système américain des grands électeurs ? Ceux-ci, selon la tradition sinon dans la Constitution, ont un mandat impératif dans 30 États sur 50. Dans 19 autres États, ainsi que dans le *District of Columbia*, ils peuvent en théorie ne pas entériner le scrutin populaire et choisir le candidat minoritaire. Mais ce n'est jamais arrivé depuis le début du XIXe siècle.

On mesure donc la mauvaise foi de certains dirigeants ou intellectuels de pays peu ou pas du tout démocratiques, lorsqu'ils traitent les États-Unis de « République bananière ». Venant d'un Muammar Kadhafi ou d'un Robert Mugabe, fossoyeurs patentés de toute démocratie chez eux, cette appréciation est comique. De la part des Russes, chez qui la restauration du suffrage universel fut certes encourageante mais non exempte de quelques ombres, elle est hypocrite. Et comment ne pas sourire lorsqu'on lit sous la plume du romancier Salman Rushdie que « l'Inde fait mieux que les États-Unis grâce à son système d'élection au suffrage universel direct » ? Rushdie semble être le seul à ignorer que l'Inde bat tous les records de fraude électorale. Nous feignons de ne pas le voir, car nous sommes trop heureux qu'elle reste, tant bien que mal, une démocratie.

Ce que notre presse européenne a tout du long appelé avec condescendance le « feuilleton » américain a donc été un processus parfaitement conforme à la Constitution. Celle-ci a prévu le cas éventuel d'une partie nulle : on en sort en faisant élire le futur président par la Chambre des représentants, si nécessaire.

On a également commenté avec quelque dédain, en Europe et ailleurs, le recours aux tribunaux, appelés à se prononcer sur le droit des candidats à faire recompter ou non les bulletins de vote en Floride. S'agissant de pourvoir le poste mondial le plus en vue, cette chicane a paru d'un niveau déplorable.

Objectons d'abord que l'arbitrage des juges est de toute manière préférable à celui de la rue. Or, pendant toute la période critique, malgré l'intensité de la polémique, il n'y a pas eu aux États-Unis la moindre violence ni l'ombre d'une bagarre, malgré une confusion qui eût poussé maints autres pays au coup d'État, à la guerre civile, voire à quelques massacres.

Ensuite, les remarques ironiques sur les juges américains traduisent une incompréhension de la place du pouvoir judiciaire aux États-Unis et de son action sur le pouvoir politique. Déjà en 1835, Tocqueville écrivait (*De la démocratie en Amérique*, Première partie, chapitre VIe) : « Ce qu'un étranger comprend avec le plus de peine, aux États-Unis, c'est l'organisation judiciaire. Il n'y a pour ainsi dire pas d'événement politique dans lequel il n'entende invoquer l'autorité du juge. »

Du fait que des questions politiques se transforment ainsi en affaires judiciaires, l'étranger encore aujourd'hui déduit souvent que les juges usurpent le pouvoir politique. Tocqueville montre clairement pourquoi c'est faux. En effet la justice, aux États-unis, reste toujours dans les limites classiques de son fonctionnement propre. Pour trois raisons : elle sert toujours et uniquement d'arbitre ; elle ne se prononce que sur des cas particuliers et non sur des principes généraux ; elle ne peut agir que quand on fait appel à elle, jamais quand elle n'est pas saisie.

Il est donc erroné de parler d'un « gouvernement des juges ». Les juges ne peuvent se substituer ni au pouvoir exécutif ni au pouvoir législatif. Ce qui est vrai, c'est que, dans les institutions comme dans les mentalités américaines, le droit prime l'État. Ce n'est que par le biais de l'interprétation du droit que le pouvoir judiciaire a une incidence politique, et seulement si quelqu'un sollicite de lui cette interprétation.

Enfin on a critiqué, non sans fondement, la complexité des bulletins de vote, que certains électeurs déchiffrent avec difficulté, et les incertitudes (suppo-sées) de leur lecture par les machines électroniques. Et, en effet, on vote aux États-Unis, le même jour, non seulement pour le président mais pour les représen-tants, des sénateurs, des gouverneurs d'État, des maires, des shérifs ou... des juges. On peut certes cher-cher à rendre ces procédures plus simples et plus sûres. Mais c'est là conjurer un inconvénient technique, non une menace pour la démocratie.

La démocratie dans l'Union européenne fonctionne en fait beaucoup moins bien que dans l'Union des États américains. Le poids respectif de chacun des pays européens au Parlement et à la Commission n'a que de lointains rapports avec leur poids démographique réel. Dans l'Europe des Quinze, les dix pays les moins peuplés ont ensemble une population équivalente à celle de l'Allemagne. Mais au Conseil des ministres, ils ont trente-neuf voix et l'Allemagne seulement dix. Au Parlement, l'Allemagne a un euro-député pour un mil-lion deux cent mille habitants et le Luxembourg un pour soixante-sept mille habitants. Le sommet de Nice, en décembre 2000, n'a fait qu'effleurer la correction de ces déséquilibres. Les Européens ont donc trouvé moins équitablement que les Américains le compromis qui consiste à donner aux États les plus petits une représentation et des pouvoirs minimaux tout en res-pectant une certaine proportionnalité dans la représen-tation entre le poids démographique et les pouvoirs politiques des États les plus grands.

Les descriptions falsifiées des relations sociales et du niveau de vie aux États-Unis ont pour fonction ultime, tout en satisfaisant la passion antiaméricaine, de déni-grer l'économie libérale. De même, la méconnaissance ou la caricature des institutions américaines répandent l'idée que les États-Unis ne sont pas vraiment une démocratie et, en extrapolant, que les démocraties libérales ne sont démocratiques qu'en apparence. Mais c'est évidemment sur le terrain des relations internationales que l'« hyperpuissance » se voit vitupérée avec toute l'exécration que méritent les monstres. Je le précise à nouveau : la politique étrangère américaine mérite sûrement, à bien des égards, qu'on la critique. La presse américaine, au tout premier rang, ne se prive pas de le faire. Ces critiques, même lorsqu'elles ne sont pas entièrement convaincantes, sont légitimes et utiles, à condition de reposer sur un minimum d'argumentation rationnelle. Mais lorsque Vladimir Poutine affirme avec une assurance admirable que ce sont les « crimes » de l'Otan, c'est-à-dire selon lui de l'Amérique, au Kosovo, en 1999, et la comparution de Slobodan Milosevic devant le Tribunal pénal international en 2001 qui ont « déstabilisé » la Yougoslavie – laquelle s'est « déstabilisée » toute seule dès 1991 – l'on est en présence, non d'une critique rationnelle, mais d'un mensonge délibéré ou d'une hallucination intrinsèquement contradictoire. Ne consiste-t-elle pas à prendre l'effet pour la cause ? Sa seule fin est psychologique : flatter je ne sais quel amour-propre slave. Son utilité politique, pour l'intéressé lui-même et pour les Serbes, est nulle. Si c'est en recourant à des fables de cet acabit que Poutine espère restaurer le statut de « grande puissance » de la Russie, il risque de constater assez vite que l'on ne saurait agir efficacement à partir d'analyses erronées. Si la Russie n'est pas, au début du XXIe siècle, une superpuissance, c'est parce qu'elle s'est engagée, en 1917, dans l'expérience absurde du communisme, qui a fait d'elle une société beaucoup plus arriérée qu'elle ne l'était avant cette expérience. C'est en partant du constat de cette réalité que la Russie pourra surmonter cette arriération et non pas en faisant à tout propos le procès des États-Unis.

L'Union européenne et par extension toute la « communauté internationale » (comme on dit par antiphrase) se sont ruées elles aussi avec impétuosité vers ce mélange d'autodésinformation consolatrice et d'inconséquence narcissique dans leur façon d'accueillir les premières initiatives du président George W. Bush en politique étrangère, durant les semaines qui suivirent le début effectif de son mandat. Contentons-nous provisoirement d'un seul exemple : les réactions internationales au refus de Bush de confirmer les engagements, purement platoniques d'ailleurs, de son prédécesseur en matière d'environnement.

On sait qu'en 1997, sous l'égide de l'Onu, les délégués de cent soixante-huit pays réunis à Kyoto ont signé un protocole[1] de réduction des émissions de gaz à effet de serre. Or, peu après son entrée en fonctions, en janvier 2001, Bush a retiré l'adhésion américaine à ce protocole de Kyoto. Aussitôt, l'indignation et même les insultes fusèrent, venues principalement d'Europe. Bush, clamait-on, sacrifiait cyniquement l'avenir de la planète au profit capitaliste et, en particulier, aux compagnies pétrolières, dont il est, nous assurait-on, le laquais notoire. Les auteurs de cette fine analyse négligeaient malheureusement quelques faits sur lesquels ils auraient pourtant pu facilement se renseigner. D'abord, dès 1997, Clinton étant président, le Sénat des États-Unis avait d'ores et déjà repoussé le protocole de Kyoto par 95 voix contre 0. À tort ou à raison,

---

1. En langage diplomatique, le terme de protocole est synonyme de convention, traité, engagement.

c'est un autre problème. Toujours est-il que Bush n'y était pour rien. Puis, Bill Clinton, juste avant de transmettre ses pouvoirs à son successeur, avait signé un *executive order* (décret-loi) rétablissant le soutien américain au fameux protocole. La bienséance démocratique veut que les *executive orders* d'un président en fin de mandat ne portent jamais sur des questions de haute importance engageant l'avenir politique du pays. En l'occurrence, l'intention évidente de Clinton était de jouer un sale tour à Bush en lui léguant une couronne d'épines. S'il l'acceptait, le nouveau président affronterait l'énorme difficulté de réduire de 5,2 % les émissions de gaz sans amputer pour autant trop douloureusement et trop précipitamment la production industrielle et la consommation d'énergie des particuliers, gageure insoutenable. S'il la rejetait, il déchaînerait les vociférations du monde entier contre lui, ce qui ne manqua pas à la fête. Vociférations d'autant plus hypocrites que ceux qui criaient le plus fort et mettaient les États-Unis au ban de l'humanité au nom de la morale écologique se gardaient bien de s'appliquer à eux-mêmes les critères de cette morale. En effet, au milieu de l'année 2001, quatre ans après la conférence de Kyoto, *pas un seul* des cent soixante-sept autres signataires et en particulier aucun des pays européens n'avait encore ratifié le protocole !

Je laisse provisoirement de côté la question de savoir si le protocole de Kyoto était réaliste, voire si le réchauffement de l'atmosphère est scientifiquement vérifié. Bornons-nous à constater que l'Union européenne, ainsi que certains pays très grands pollueurs – le Brésil, la Chine, l'Inde –, exigent des États-Unis qu'ils appliquent des restrictions qu'eux-mêmes ne se sentent pas tenus d'observer. Dans un rapport publié le

29 mai 2001, l'Agence européenne de l'environnement notait une aggravation en Europe de la pollution, surtout parce que « le transport est en constante augmentation, en particulier les modes les moins respectueux de l'environnement (routier et aérien) ». L'Agence note également un accroissement de la pollution par le chauffage domestique et de la pollution des eaux par le nitrate. Les donneurs de leçons ne sont pas donneurs d'exemples.

De là à penser qu'il existe une psychopathologie antiaméricaine, consistant à transformer les États-Unis en bouc émissaire chargé de tous les péchés que commet l'ensemble du monde, il y a un tout petit pas que l'on est tenté de franchir. Les écologistes répondront que c'est faux ; que l'Amérique, tout en ne totalisant qu'environ 5 % de la population mondiale, produit 25 % de la pollution industrielle de la planète. Peut-être est-ce exact. Mais il faudrait alors ajouter qu'elle produit également 25 % des biens et services de cette même planète. Et que les cent soixante-sept autres signataires de Kyoto n'avaient absolument rien fait, encore au milieu de l'année 2001, pour commencer à réduire collectivement et chacun pour sa part leurs 75 % de pollution. Nous nagions donc en pleine incohérence. Il est vrai qu'il s'agissait moins de dépolluer que d'excommunier.

Quels que soient les reproches que mérite ou ne mérite pas la politique américaine de l'environnement, il faut en effet bien voir que le cœur du débat ne se situe pas du tout là. L'objectif des écologistes occidentaux est de faire des États-Unis, c'est-à-dire du capitalisme, le coupable suprême, voire le coupable seul et unique, de la pollution de la planète et du réchauffement supposé de l'atmosphère. Car nos écologistes ne sont nullement des écologistes : ce sont des gauchistes. Ils ne s'intéressent à l'environnement que dans la mesure où, en feignant de le défendre, ils s'en servent pour attaquer la société libérale. Durant les années soixante-dix et quatre-vingt, ils ne dénoncèrent jamais la pollution dans les pays communistes, mille fois plus atroce qu'à l'Ouest. Ce n'était pas une pollution capitaliste. Ils furent silencieux au moment de Tchernobyl, comme ils le sont maintenant au sujet des centrales nucléaires délabrées qui parsèment aujourd'hui encore les territoires anciennement communistes. Ils restent muets à propos des centaines de sous-marins ex-soviétiques gorgés d'armes atomiques que les Russes ont coulés tels quels dans la mer de Barents. Exiger qu'on débarrasse l'humanité de ce péril mortel qui va planer sur elle pendant des millénaires serait, de leur point de vue socialiste, sans utilité. Car cette entreprise fatigante ne renforcerait en rien leur croisade contre le fléau à leurs yeux bien plus redoutable qu'est la mondialisation libérale. Il y a eu jadis un écologisme sincère, apparu durant les années soixante, aux États-Unis, précisément ! Mais il a été depuis longtemps récupéré et retourné par un écologisme mensonger, devenu le masque de vieilleries marxistes coloriées en vert. Cet écologisme idéologique ne voit la nature menacée que dans les nations où règne peu ou prou la liberté économique et avant tout, bien sûr, dans la plus prospère d'entre elles.

Si les partis Verts visaient honnêtement des résultats pratiques, ils commenceraient par s'efforcer de faire adopter chacun dans son propre pays les 5,20 % draconiens de réduction de la consommation d'énergie qui furent convenus à Kyoto. À eux, et notamment à ceux qui participent à des gouvernements, la tâche de faire accepter une limitation de vitesse diminuée de moitié sur les autoroutes et un chauffage domestique réduit d'un tiers dans les logements, sans parler des inévitables majorations de facturation d'électricité au-delà d'un certain plafond de consommation. Mais recommander sans ambiguïté un programme aussi drastique et, encore plus, l'appliquer en un court délai exposerait les Verts et leurs alliés à de cuisants revers électoraux C'est pourquoi vouer les États-Unis aux flammes de l'enfer leur tient lieu d'action.

Ainsi, la France, qui a eu des ministres Verts de 1997 à 2002, pendant les cinq années du gouvernement Jospin, n'a, au cours de cette longue période, adopté aucune des mesures de protection de l'environnement qui eût demandé du courage : entre autres, ni l'interdiction des nitrates, qui eût permis de revenir à une eau plus pure, mais aurait provoqué une révolte des paysans, ni l'écotaxe, qui aurait mis en fuite les voix de nombreux contribuables déjà impitoyablement dévalisés par l'État. Les autorités françaises ne cherchent même pas à faire respecter les limitations de vitesse pourtant peu sévères telles qu'elles sont actuellement définies. Comment pourraient-elles entreprendre de les réduire encore ? Est-ce l'Amérique qui a empêché le gouvernement français de commencer à esquisser le processus de Kyoto, prévoyant une baisse de la consommation d'énergie de 5,2 % au-dessous du niveau de 1990 d'ici à 2012 ? Certes, le 31 mai 2002, les quinze membres de l'Union européenne ont fini par ratifier, avec cinq ans de retard, le protocole de Kyoto signé en 1997. Nous verrons bien si cette ratification sera suivie d'application dans les délais prévus...

Ce comportement contradictoire est grandement facilité, comme je l'ai dit, par le refus de l'information, voire par la fabrication sans scrupule d'une fausse information. En voici une illustration. Au début de juin 2001, l'Académie nationale des sciences des États-Unis rend public un rapport, fruit de plusieurs années d'observations, sur le changement de climat. Ce texte est aussitôt présenté par les médias comme un cri d'alarme confirmant les pires inquiétudes des écolo-gauchistes sur le réchauffement de l'atmosphère. Le premier, CNN, proclame que le rapport est l'aboutissement « d'une décision unanime de l'Académie, d'où il ressort que le réchauffement global est réel, ne fait qu'empirer, et qu'il est dû à l'homme. Il n'est plus possible de barguigner à ce sujet[1] ». Cette version de la thèse des savants est reprise par une grande partie de la presse, des deux côtés de l'Atlantique. Au point que l'Académie américaine des sciences s'émeut de cette grossière falsification et publie (voir le communiqué dans le *Wall Street Journal* du 12 juin) un rectificatif où elle précise exactement ce qu'elle a dit et ce qu'elle n'a pas dit. Elle soulignait notamment dans le rapport que vingt ans est une période d'observation trop courte pour permettre l'évaluation des tendances sur le long terme. Ce qu'elle pouvait affirmer avec certitude, poursuit-elle, est : 1) que l'élévation globale de la température moyenne a été de *un demi-degré* durant le *siècle* écoulé ; 2) que le niveau de dioxyde de carbone dans l'atmosphère a augmenté durant les *deux* siècles passés ; 3) que ce dioxyde de carbone engendre bien un effet de serre, mais moins important que celui produit par la vapeur d'eau et les nuages.

Surtout, conclut l'Académie, rien ne permet d'attri-

---

1. « A unanimous decision that global warning is real, is getting worse, and is due to man. There is no wiggle room. » Cité par le *Wall Street Journal*, 12 juin 2001.

buer avec certitude au dioxyde de carbone un changement de climat ni même de prévoir ce que sera le
climat dans l'avenir. Il y a trente ans, rappelle-t-elle,
c'était le *refroidissement* de la planète qui constituait le
souci majeur des climatologues !

Cette mise au point resta délibérément ignorée. Un
hebdomadaire mondialement estimé pour son sérieux,
The Economist, publiait avec une superbe tranquillité
après le communiqué, dans son numéro du 16 juin, un
article intitulé « Burning Bush » où, malgré le démenti
déjà paru, était repris le mensonge selon lequel « un
récent rapport de l'Académie nationale des sciences
des États-Unis confirme la réalité du réchauffement
global »[1].

Ainsi les États-Unis ont toujours tort et, en même
temps, leur intervention financière ou militaire est universellement souhaitée. Par exemple, les dirigeants africains, lors de la réunion de l'Organisation de l'unité
africaine, en juin 2001, à Lusaka, en Zambie, appellent
de leurs vœux « un plan Marshall pour l'Afrique ».
« Plan Marshall » évoque évidemment un précédent
historique d'origine américaine, une initiative qui a tiré
l'Europe des ruines dues à la Deuxième Guerre mondiale. Or la quasi-totalité des chefs quémandeurs qui
« gouvernent » (si on peut dire !) l'Afrique professent
un antiaméricanisme d'ordinaire frénétique Ils ac-
cusent les États-Unis d'être coupables de la pauvreté
du continent ou de l'épidémie de sida. L'antiaméricanisme fonctionne donc comme un agent de dérespon-

---

1. Pour une synthèse de l'État des questions au point de vue scientifique, selon les climatologues, voir Guy Sorman, *Le Progrès et ses ennemis*, Fayard, 2001. Et aussi Bjorn Lomborg, *The Skeptical
Environmentalist*, 2001, Cambridge University Press.

sabilisation. Car les aides internationales reçues par l'Afrique depuis les indépendances équivalent à quatre ou cinq plans Marshall, dont le montant a été gaspillé, dilapidé ou détourné, quand il n'était pas englouti dans d'incessantes guerres ou annihilé par des réformes agraires stupides, copiées sur l'étouffoir collectiviste soviétique ou chinois. Mais il est commode de rejeter sur l'Amérique la responsabilité des erreurs que l'on a soi-même commises, tout en l'appelant à la rescousse. L'Europe elle-même n'est pas exempte de cette fission intellectuelle. Au moment où elle bénéficiait pour son propre compte du plan Marshall, les partis de gauche y étaient hostiles, considérant ce plan comme un moyen pour l'Amérique de placer sous sa coupe l'Europe de l'Ouest. C'était une manœuvre néocolonialiste et impérialiste. Simple application du dogme marxiste. Mais de leur côté, les partis socialistes ou du centre droit démocrate-chrétien qui exerçaient alors le pouvoir dans la plupart des pays européens alliés aux États-Unis se défendaient de tout sentiment de gratitude, estimant que l'Amérique, par la générosité dont elle faisait preuve, allait dans le sens de ses propres intérêts. Parce que, en plus, il aurait fallu qu'elle aille contre ses intérêts ! Avoir compris qu'elle avait elle-même avantage à aider l'Europe à se relever économiquement n'était nullement porté au crédit de son intelligence politique. Au surplus, toujours conformément à l'habituelle structure contradictoire du raisonnement antiaméricain, nous accusions et accusons toujours les États-Unis d'être défavorables à une Europe forte. Donc, ils la renforcent parce que en réalité ils veulent l'affaiblir ! La pensée européenne concernant les États-Unis est décidément un modèle de cohérence.

Le monde entier doit bien constater que l'Amérique

est, pour le moment du moins, la seule puissance capable à la fois de sauver le Mexique de la faillite économique et financière (en 1995), de dissuader la Chine communiste d'attaquer militairement Taiwan, de tenter une médiation entre l'Inde et le Pakistan à propos du Cachemire, de faire pression efficacement sur le gouvernement serbe pour qu'il accepte d'envoyer Slobodan Milosevic à La Haye comparaître devant le Tribunal pénal international ou qui soit en mesure d'œuvrer avec quelque chance de réussite à la réunification des deux Corées au sein d'un même régime démocratique. L'Union européenne a bien essayé de se mêler de ce dernier problème en expédiant à Pyongyang, en mai 2001, une délégation dirigée par le Premier ministre suédois. Mais cette délégation n'a rien trouvé de mieux que de se vautrer aux pieds de Kim Jong-Il, chef criminel d'une des ultimes geôles totalitaires de la planète. La « solution » européenne, si l'on comprend bien, serait que le régime de la Corée du Sud s'alignât sur celui de la Corée du Nord et non l'inverse. Si c'est avec des trouvailles de cette espèce que les Européens croient pouvoir mettre fin à l'« unilatéralisme » des États-Unis, ce primat diplomatique américain risque de durer encore longtemps.

Cet unilatéralisme est en effet la résultante mécanique de la défaillance des autres puissances, défaillance souvent plus intellectuelle que matérielle, c'est-à-dire tenant plus à des erreurs d'analyse (comme dans le cas de la Corée) qu'à l'insuffisance des moyens économiques, politiques ou stratégiques. Rien n'obligeait, par exemple, les Européens à laisser les États-Unis aller seuls au secours des résistants afghans en lutte contre l'envahisseur soviétique durant les années quatre-vingt. Ce n'est pas faute de moyens que l'Europe s'est abstenue d'aider les Afghans. C'est par obséquiosité à l'égard de l'Union soviétique, et à la suite d'une analyse lamentablement erronée, avec l'illusion ou l'excuse de « sauvegarder la détente », laquelle était alors bel et bien morte, si elle avait jamais existé ailleurs que dans l'optimisme occidental.

La même confusion règne dans les esprits à propos des réalités économiques. D'une part, les étrangers reprochent aux Américains de vouloir « imposer à autrui leur modèle économique et social ». D'autre part, dès que se produit un ralentissement aux États-Unis, les autres pays en pâtissent à plus ou moins brève échéance. Tous alors guettent la « reprise » américaine, escomptant que la leur propre s'y accrochera. Dès lors on est perplexe : comment une économie aussi mauvaise, dont personne, prétendument, ne veut copier les recettes, a-t-elle la capacité de servir de locomotive ou de frein aux économies de tant d'autres pays ?

Il n'est pas incompréhensible, dans ces conditions, devant tant d'inconséquences chez les autres, que les États-Unis se considèrent volontiers comme investis d'une sorte de mission universelle. Cette conviction conduit fréquemment leurs porte-parole à se livrer à des déclarations irritantes, frisant la mégalomanie, l'odieux ou le comique. Ces déclarations fâcheuses appellent trois remarques.

La première est que, si outrées soient-elles, elles trouvent leur origine dans une indiscutable situation de fait, expérimentalement vérifiée.

La deuxième est qu'on peut découvrir des milliers de déclarations tout aussi grotesques dans la bouche de Français célébrant au cours des siècles le « rayonnement universel » de la France, « patrie des droits de l'homme », chargée de répandre dans le monde entier la liberté, l'égalité et la fraternité. L'Union soviétique aussi se tenait pour investie de la mission de transformer l'univers par la révolution. Les musulmans veulent obliger même les pays non musulmans à respecter la charia.

La troisième est que le principe de la raison d'État, indifférent à la morale comme aux intérêts des autres, a fait faillite en politique internationale dès la guerre de 1914-1918. Il a été remplacé par le principe de la sécurité collective, apporté des États-Unis en Europe par Woodrow Wilson en 1919 et réaffirmé avec force par Franklin Roosevelt et Harry Truman en 1945[1]. La politique internationale inspirée par ce principe est d'invention américaine et fonctionne depuis 1945 sous direction américaine. On n'en voit guère d'autre qui puisse nous acheminer vers un monde moins inacceptable. Pour que cette politique internationale de sécurité collective (incluant naturellement la lutte contre le terrorisme) ne donnât point lieu à une « hyperpuissance » américaine, il faudrait que de nombreux autres pays eussent l'intelligence de s'associer à son élaboration et à sa mise en œuvre, au lieu d'en dénigrer les promoteurs.

---

1. Sur ce changement, voir évidemment le classique *Diplomacy* de Henry Kissinger, 1996 ; tr. fr. *Diplomatie*, Fayard, 1996.

CHAPITRE TROISIÈME

ANTIMONDIALISME
ET ANTIAMÉRICANISME

Comment comprendre la guerre contre la mondialisation qui sévit depuis 1999 et qui ne cesse de croître en virulence ? Guerre au sens propre et non au sens figuré, guerre physique et non théorique, combat de rues et non combat d'idées, puisque les manifestants qui en constituent les troupes de choc, encadrées par des Organisations non gouvernementales (elles-mêmes subventionnées par les gouvernements), font le siège des locaux et mettent à sac les villes où se tiennent des réunions internationales.

Derrière la lutte contre la mondialisation, c'est-à-dire contre la liberté de circulation des personnes et des marchandises, à laquelle il est bien difficile d'être par principe hostile, se cache une lutte plus fondamentale et plus ancienne contre le libéralisme et donc contre les États-Unis, son principal représentant et son plus puissant véhicule planétaire. Dans le « carnaval anti-mondialisation » qui s'est déroulé à Montpellier le 16 février 2001, le clou de la parade était un personnage déguisé en oncle Sam à barbichette, avec un costume et un chapeau haut de forme aux couleurs du drapeau américain. On n'aurait pas pu désigner plus clairement le bouc émissaire suprême. Selon la vieille tradition socialiste, l'antilibéralisme et l'antiaméricanisme se rejoignent. Et ce sont bien les soldats licenciés de l'armée communiste vaincue ou leurs héritiers politiques qui se regroupent en bandes décidées à mener, faute d'une guerre frontale en rase campagne qui n'est plus à leur portée, une guérilla de harcèlement que la liberté de circuler due à la mondialisation leur permet de livrer sur n'importe quel point de la planète démocratique. La mondialisation, concept vague s'il en fut, leur sert de nouvelle cible, à travers laquelle ils visent leurs éternels ennemis. Je simplifie ? J'exagère ? Non point. Au cours d'une manifestation antimondialiste, à Londres, le 30 novembre 1999, en soutien à celle de Seattle qui avait lieu au même moment contre l'Organisation mondiale du commerce, on pouvait lire sur une des bannières : « La privatisation tue ; le capitalisme tue ». Qu'affirment d'autre *Le Monde diplomatique* ou Pierre Bourdieu ? Selon eux et leurs fidèles, la mondialisation engendrerait sur la planète une pauvreté croissante, au profit d'une minorité de riches devenant toujours plus riches. C'est, redisons-le, ce qu'au milieu du XIXᵉ siècle prévoyait Karl Marx pour l'avenir des pays industrialisés d'Europe occidentale et d'Amérique du Nord : une plongée de plus en plus rapide de masses de plus en plus nombreuses dans une misère de plus en plus noire, face à une poignée de plus en plus réduite de capitalistes de plus en plus riches. On sait la confirmation que la suite de l'histoire a apportée à cette géniale prophétie. On se rappelle que, encore à la fin des années cinquante, le Parti communiste français avait pris comme thème de propagande la « paupérisation absolue » de la classe ouvrière, en pleine période des « Trente glorieuses », où le niveau de vie général montait à vue d'œil. Ah ! le socialisme scientifique !

Lionel Jospin a salué chez les antimondialistes de Gênes, Göteborg, Nice ou Seattle « l'émergence planétaire d'un mouvement citoyen ». Or il s'agit plutôt de la résurgence minoritaire d'une violence antidémocratique. En effet, la démocratie accorde à tous le droit de manifester pacifiquement, c'est-à-dire de défiler en énonçant par la voix et sur des pancartes des opinions et des revendications. Mais les antimondialistes, dès Seattle, sont allés bien au-delà de la simple manifestation. Dans tous les lieux où ils surgirent, leur but fut dès le début d'*empêcher* des réunions de chefs d'État et de gouvernement élus au suffrage universel ou de responsables, régulièrement désignés, d'organismes internationaux, ou encore, comme à Davos, de personnalités diverses réunies en colloque pour échanger des points de vue, sans détenir pour autant le moindre pouvoir de décision. Dans la mentalité des totalitaires, il est vrai, exprimer des idées contraires à leurs slogans est déjà un crime. Partout, donc, où ils sont allés dans le monde, ces antimondialistes très mondialisés ont pris d'assaut les locaux où devaient se tenir les réunions, avec l'intention d'en chasser par la force les participants ou de les réduire au silence. C'est pourquoi la distinction entre le gros des manifestants dits pacifiques et la minorité d'anarchistes violents qui – nous raconte-t-on – infiltreraient les premiers n'est que mensonge et hypocrisie. Vouloir rendre impossible par la contrainte physique la tenue d'une réunion, cela ne peut pas se faire paisiblement, c'est substituer la violence à la contestation. Ces procédés sont les mêmes que ceux mis au point jadis par les chemises noires ou brunes et par les gros bras communistes. De surcroît, si les anarchistes violents étaient vraiment minoritaires dans les *raves* parties dévastatrices des antimondialistes, comment expliquer que la majorité prétendument pacifique ne parvienne pas à les neutraliser ? Comment cent, deux cent mille idéalistes épris de paix sont-ils impuissants à contenir quelques centaines de terroristes venus pour saccager, briser, casser, incendier, piller ? On peut se laisser déborder une fois, mais pas six, sept, dix fois. Or, loin de diminuer entre Seattle, en 1999, et Gênes en 2001, la sauvagerie violente abritée ou pratiquée par les « paisibles » antimondialistes n'a pas cessé de croître en intensité.

Que la police italienne, à Gênes, ait dépassé les limites d'un maintien de l'ordre démocratique, au point qu'un policier de vingt ans a tué un manifestant de vingt-trois ans, est certes révoltant. Il faut toutefois noter que, si la presse et l'opposition, en Italie, ont stigmatisé avec véhémence la police et le gouvernement, la mort du jeune homme ne fut guère l'objet de polémiques, tant les images démontraient que le carabinier était en état de légitime défense[1]. Déjà la police suédoise, à Göteborg, ville dont le centre avait été « pacifiquement » détruit, avait usé d'une répression répliquant moins à une manifestation qu'à une guérilla. Elle aussi avait tiré à balles réelles, ne faisant par bonheur que des blessés. Et d'ailleurs, ne s'agissait-il pas effectivement d'une guérilla ? La ruse de ces pseudo-manifestants, en réalité des émeutiers, est de rejeter sur la seule police la responsabilité d'une violence dont ils ont eux-mêmes pris l'initiative. Les émeutiers d'extrême droite

---

1. *Le Point*, 27 juillet 2001, article de D. Dunglas, correspondant du *Point* en Italie.

qui, le 6 février 1934, à Paris, se dirigeaient vers le Palais-Bourbon dans le dessein d'en forcer l'entrée et d'en chasser les députés – exactement ce que font les antimondialistes aujourd'hui à l'échelle internationale contre les « sommets » – imputèrent ensuite à la réaction de la police, et uniquement à elle, les victimes dues à une répression que la défense de la République avait, par leur faute, rendue indispensable. La police n'avait sans doute pas été entièrement innocente, mais les émeutiers encore moins. Dans les deux exemples, la violence des policiers a été l'effet, non la cause, de la violence des émeutiers. Faut-il rappeler qu'*avant* même l'ouverture du sommet de Gênes, des postes de police avaient reçu des colis piégés ? Un fonctionnaire, ouvrant l'un de ces paquets, avait perdu un œil, tandis que les manifestants « pacifiques » jouaient déjà préventivement du cocktail Molotov dans les rues de la ville[1].

Ce qui montre que la violence fut recherchée pour elle-même, c'est qu'elle était superflue, puisque les manifestants antimondialistes sont quasiment tous des ressortissants de pays démocratiques. Ils jouissent donc de la liberté d'expression, ils ont le droit de vote, ils peuvent eux-mêmes, s'ils le veulent, former des partis politiques et se présenter aux élections pour tenter de faire prévaloir leurs thèses par les voies de la persuasion et de l'élection. Dans ces conditions, il paraît singulier qu'un Premier ministre les félicite d'emprunter une voie bien différente. C'est contre les dictatures que la violence ou l'obstruction physique sont légitimes, parce qu'elles fournissent l'unique recours pour ceux qui veulent œuvrer au rétablissement ou à l'établisse-

---

1. *International Herald Tribune*, 18 juillet 2001, dépêche Reuters.

ment de la démocratie. Mais les émeutiers de Nice ou de Gênes faisaient l'inverse : ils *attaquaient* la démocratie en vue d'y substituer la force.

Pour les comprendre, il faut se remémorer le vieux fonds culturel qui les rattache à la tradition « révolutionnaire ». *Mimer* une révolution qui se dérobe ou se déshonore depuis un siècle, c'est ce que recherchent ces manifestants. Leur aspiration n'est pas de faire avancer par l'action démocratique un programme antimondialiste qu'ils ont le droit d'avoir mais que justement ils n'ont pas, tant leurs idées sont incohérentes et leurs informations indigentes. L'agitation précède chez eux la pensée et se contente de prolonger la préhistoire politique du monde moderne, comme ces cultes néolithiques qui se perpétuaient jusque dans le sous-sol de la Renaissance. Les antimondialistes martèlent à coups de barre de fer le vieux tambour anticapitaliste et antiaméricain, la légende de l'efficacité miraculeuse de la guérilla urbaine. Ajoutons que l'occasion additionnelle de « s'offrir » le libéral Silvio Berlusconi, président du Conseil, à leurs yeux « fasciste », quoique démocratiquement élu pour la deuxième fois, venait, dans le cas particulier, pimenter encore un peu plus le stérile plaisir de leur antique simulacre.

Les « jeunes » antimondialistes sont en réalité des vieillards idéologiques, des fantômes ressurgis d'un passé de ruines et de sang. En fait de « rajeunissement », on vit d'ailleurs réapparaître à Gênes des drapeaux rouges ornés de la faucille et du marteau (que même le parti des ex-communistes a mis au rancart en Italie dès 1989), des effigies de Che Guevara et le sigle des Brigades rouges. Ce que les manifestants attaquent dans la mondialisation, c'est le capitalisme démocratique, c'est l'Amérique, dans la mesure où elle est, depuis un demi-siècle au moins, la société capitaliste démocratique la plus prospère et la plus créatrice. Ce qu'ils attaquent, c'est le libéralisme ou tout simplement la liberté, dont ils sont pourtant eux-mêmes parmi les premiers bénéficiaires, puisqu'ils se déplacent à tout instant comme ils le veulent. Si l'on exécutait leurs diktats, et donc si l'on rétablissait partout les barrières frontalières, les passeports, les visas, même pour les touristes, il n'y aurait eu ni de Seattle ni de Göteborg.

Ce n'est pas là l'unique contradiction de leur indigent bric-à-brac mental. Par exemple, ils mettent Seattle à feu et à sang au nom de la lutte contre la mondialisation « sauvage », qui « ne profite qu'aux riches ». Or, qui se réunissait à Seattle ? L'Organisation mondiale du commerce, l'OMC, dont le rôle est précisément de soumettre les échanges économiques internationaux à des règles... pour les empêcher d'être « sauvages ». Il n'est pas un seul pays au monde, et les plus pauvres sont les plus empressés, qui n'ait souhaité depuis sa création être admis à l'OMC. Et à Nice ou à Göteborg, qui se réunissait ? Les autorités et les gouvernements de l'Union européenne, laquelle n'a rien de « mondial » puisqu'elle regroupe quinze pays alors qu'il y en a pas loin de deux cents sur l'ensemble de la planète. Qu'est-ce qui se réunissait à Gênes ? Le G8, c'est-à-dire les sept pays les plus industrialisés avec adjonction courtoise de la Russie. Là encore, si leur *influence* est évidemment internationale, ils ne sont pas le monde entier. Ils ne sont pas les Nations unies. S'ils peuvent tenter d'harmoniser leurs politiques, leurs éventuels points d'accord n'ont aucune valeur exécutoire pour les autres États. En prétendant viser la mondialisation, les casseurs de Gênes s'en prennent en réalité au capitalisme en soi (ils avaient d'ailleurs brisé les façades des banques avant même le début de la conférence) et à son incarnation la plus diabolique : l'Amérique. Le prétexte de cette diabolisation est – vieille ritournelle – que les pays riches ne s'occuperaient pas assez des pays pauvres. Nous aurons l'occasion plus loin de mettre en évidence l'inanité de cette légende. Mais – dans le cas présent, contradiction supplémentaire – il se trouve que le sommet du G8 à Gênes avait justement pour but de traiter cette question. Et les Huit y ont effectivement réduit la dette des pays pauvres. Ils ont relancé l'aide publique au développement du Sud, créé un fonds mondial pour financer la campagne médicale contre le sida, le paludisme et la tuberculose, notamment dans l'Afrique subsaharienne.

Car, de surcroît, à Gênes, les membres du G8 avaient pour la première fois invité les dirigeants africains à venir siéger parmi eux et à délibérer avec eux. Le Premier ministre britannique saluait donc, à bon droit, la mise en route de ce qu'il appelait « un ambitieux plan Marshall pour l'Afrique[1] ». L'affreux George W. Bush lui-même avait demandé, avant même le coup d'envoi de la réunion, « davantage de prêts pour la santé et l'éducation dans les pays les plus pauvres ». Il annonçait à cet égard un « changement politique radical » de son administration[2]. Il ajoutait : « Mais ne nous y trompons pas : ceux qui protestent contre la liberté du commerce ne sont pas les amis des pauvres. » Bien que notoirement stupide (à en croire la presse européenne), le président des États-Unis n'avait pas ici tout à fait tort. Ce que demandent les

---

1. *International Herald Tribune*, 23 juillet 2001.
2. *Ibid.*, 18 juillet 2001.

pays pauvres, c'est, en effet, un plus libre accès de leurs produits, en particulier de leurs produits agricoles, au marché des pays riches. Autrement dit, ils demandent *plus* et non pas moins de mondialisation. Et ce qui montre une autre facette de l'incohérence des émeutiers, eux-mêmes riches d'ailleurs, c'est qu'ils subvertissent des sommets dont le but est d'étendre la liberté du commerce, donc d'accroître les capacités exportatrices des pays pauvres vers les zones les plus solvables : ainsi fit la réunion interaméricaine de Québec, où furent jetées les bases d'un marché continental unique destiné entre autres à ouvrir l'Amérique du Nord aux produits agricoles de l'Amérique du Sud. Là encore la ville fut envahie et saccagée, l'assaut donné.

Ainsi, quand on examine d'un peu près le salmigondis qui sert de foin intellectuel aux vociférations antimondialistes (et je pourrais allonger le catalogue), on doit bien constater qu'on ne saurait en extraire un programme susceptible de la moindre application pratique.

L'étalage de ce fouillis inutilisable rend d'autant plus étonnant que même des dirigeants européens réputés libéraux et en principe ne figurant pas au nombre des nostalgiques du paléo-socialisme, se proclament « impressionnés » par les émeutiers antimondialistes et convaincus de la nécessité de « dialoguer » avec eux. Il est normal de voir toute une presse de gauche et une couche politique qui, depuis 1989, avaient balbutié du bout des lèvres une révision déchirante et prétendaient avoir « tiré les leçons » des catastrophes et absurdités socialistes crier victoire en saluant la divine surprise de cette nouvelle croisade contre la mondialisation, synonyme ici de capitalisme.

Il est en revanche plus difficile de saisir la raison

pour laquelle des leaders de droite prennent ou feignent de prendre au sérieux le magma politique des antimondialistes. Pourquoi le président de la République française, Jacques Chirac, a-t-il à Gênes plaidé auprès de ses pairs en faveur d'une « concertation normale et permanente » avec les manifestants ? Pourquoi a-t-il, dans un long article[1], proclamé le moment arrivé d'« humaniser la mondialisation » ? Elle était donc inhumaine ? Une telle formule équivaut à épouser des deux mains le cliché des casseurs et à seconder la stratégie antilibérale des gauchistes recyclés et de la plupart des ONG. À l'instar de Jospin, Chirac salue même une « conscience citoyenne mondiale ». Pourquoi ce jargon socialiste ? Il est vrai qu'il s'agit, dans cet alignement, d'un syndrome de droite plus spécialement français. Les autres gouvernants du G8, même ceux qui sont sociaux-démocrates, n'ont pas suivi Chirac sur ce sentier sans issue. Ils entendent conserver le droit de délibérer entre eux et avec leurs partenaires, sans avoir à en référer à des émeutiers totalement illégitimes. Il est vrai aussi que, si la France possède une grande tradition de penseurs libéraux, sa droite politique ne les a pas lus : elle a toujours été dirigiste, planificatrice, bureaucratique et réglementariste. Il est vrai enfin que la droite française brûle, surtout depuis la fin de la Deuxième Guerre mondiale, d'un désir qui la paralyse d'autant plus qu'il n'est ni couronné de succès, ni payé de retour : plaire à la gauche.

Bernard Kouchner, dont l'action en faveur des pays pauvres avec « Médecins sans frontières » puis « Médecins du monde » commande le respect, perd néanmoins un peu de sa lucidité quand il s'écrie, après les

---

1. *Le Figaro*, 10 juillet 2001.

émeutes contre le G8 à Gênes : « Il s'agit d'un Mai 68 à l'échelle mondiale ! » Décidément, rien ne revendique autant le mondialisme que l'antimondialisme ! De plus, la formule est plaisante mais historiquement peu éclairante. Le mouvement que nous désignons, nous Français, par « Mai 68 », sous prétexte que c'est durant ce mois qu'il éclata en France, avait commencé plusieurs années auparavant aux États-Unis, sous une forme plus originale et moins marxisée, ensuite en Allemagne. Rappelons-le : à côté d'une transformation des mœurs et des mentalités que l'on peut considérer comme bénéfique, le « Mai 68 » européen s'inféoda très vite aux lieux communs du socialisme totalitaire, dans ses versions maoïste ou trotskiste, alors qu'il s'était voulu antitotalitaire au départ. Refusant en même temps de jouer le jeu de la légalité démocratique, acceptée pour la forme par les partis communistes occidentaux, le mouvement dit « Mai 68 » dégénéra en terrorisme sanguinaire durant les vingt années qui suivirent. Alors se constituèrent les Brigades rouges en Italie, la Fraction armée rouge en Allemagne, l'Armée rouge japonaise, les cellules communistes combattantes belges (CCC), et, plus marginale, mais non moins meurtrière, Action directe en France. On doit à ces organisations des hauts faits qu'il ne semble ni judicieux ni opportun de donner en modèle aux générations du début du XXIe siècle. Car les protestataires antimondialistes se sont, eux aussi, quelquefois, trouvés à deux doigts de glisser dans la dégénérescence terroriste. Il leur est même arrivé de franchir le pas, par antiaméricanisme, en plaçant dans un McDonald's une bombe qui tua une jeune femme, en Bretagne, au printemps 2000. Les antimondialistes actuels ont en commun, il est vrai, avec les soixante-huitards une vision marxiste simpliste : le mal absolu, c'est le capitalisme, incarné et dirigé par les États-Unis. Ainsi, comme, après Gênes, on parlait beaucoup d'organiser, à l'avenir, « des G8 plus modestes », l'humoriste Plantu publie, à la une du *Monde*[1], un dessin où l'on voit l'oncle Sam – toujours lui ! – campant sous une tente dont les piquets d'attache, plantés dans l'herbe, sont tout simplement les sept autres partenaires ligotés du G8. On reconnaît parmi ces piquets tout particulièrement Jacques Chirac. La leçon est claire : le seul maître réel du G8 est l'Amérique, dont les autres démocraties sont les domestiques, au service du capitalisme mondial, c'est-à-dire américain. Cette fine analyse satirique n'aurait nullement déparé un numéro de *L'Humanité* vers 1950.

Une autre conviction est commune aux soixante-huitards de jadis et aux antimondialistes actuels : celle que les manifestants des rues sont plus légitimes que les gouvernements élus. On reconnaît là un échantillon parmi les plus moisis des oripeaux accrochés dans le grenier des dogmes marxistes : le soulèvement des « masses » est plus démocratique que la démocratie « formelle ». Pis : d'éminentes personnalités politiques de gauche (en France, François Hollande, Jean-Luc Mélanchon, Noël Mamère, entre autres) ont réclamé, après Gênes, la suppression du G8. Conclusion à tirer de cette démarche : des gouvernements élus au suffrage universel perdent le droit de se concerter dès lors que la rue leur a dénié ce droit.

Il va de soi que l'ampleur d'une ou de plusieurs manifestations peut être révélatrice d'un important courant d'opinion, dont un gouvernement démocra-

---

1. 24 juillet 2001.

tique ou un groupe de gouvernements démocratiques sont toujours bien avisés de tenir compte, ne fût-ce qu'en prévision des prochaines élections. Mais ils se disqualifient s'ils obtempèrent parce que ces manifestations sont violentes au point de paralyser le fonctionnement de la démocratie elle-même. Dans ces cas-là, les démocrates dignes de ce nom se doivent de rappeler énergiquement que, dans leur système politique, le pouvoir se confère en mettant des bulletins dans les urnes et non des pierres dans les vitrines. Il est inquiétant que la gauche, même « républicaine », ne garde pas ce principe davantage présent à l'esprit.

Pourquoi l'oublie-t-elle ? Parce que l'anticapitalisme justifie à ses yeux cette entorse, parce que « l'arrogance » capitaliste c'est l'« arrogance » américaine. Mais n'est-il pas néanmoins curieux que partout où surgissent des difficultés économiques, a fortiori une crise grave, ce soit en priorité l'Amérique dont les pays dits « émergents » sollicitent l'aide ou l'intervention ? C'est vrai en Asie comme en Afrique, en Amérique latine comme en Serbie ou en Russie. Le 30 juillet 2001, le président de l'OMC a poussé un cri d'alarme, se plaignant de ce que la lenteur excessive dans les négociations ou l'application des décisions concernant le commerce international nuisît aux pays les plus pauvres. La cause principale de cette lenteur est, disait-il, la mauvaise volonté des pays riches renâclant à réduire leurs subventions agricoles, forme indirecte de protectionnisme. Cet économiste, bien placé pour observer les faits, disait en somme que l'origine de la pauvreté était non pas l'économie de marché mais l'*insuffisance* de l'économie de marché. Constat qui ne saurait émouvoir les gauchistes antimondialistes. Ils se moquent d'améliorer le sort des sous-développés. Ce qu'ils voudraient, c'est détruire les économies développées, dans la mesure où le développement se confond pour eux avec le capitalisme. Sur ce dernier point, ils ont raison.

La raison couramment invoquée pour condamner la mondialisation est qu'elle accentuerait les inégalités et aggraverait la pauvreté. La raison réelle de vouloir la proscrire, ou tout au moins la contrôler, quand on scrute la pensée de ses adversaires est que, sous sa forme actuelle, elle s'identifie au capitalisme et au marché, lesquels, à leur tour, dans le présent contexte, s'identifient à la prépondérance américaine.

Pour juger de la vérité ou de la fausseté de ces thèses, souvent acceptées, du reste, sans examen critique même par les partisans de l'économie de marché, il convient donc d'essayer de répondre aux trois questions suivantes :

– La mondialisation par le marché est-elle un mal en tant que telle ?

– Est-elle un mal surtout parce que, dans sa version contemporaine, elle offre un champ d'expansion à la superpuissance américaine ? L'humanité d'aujourd'hui s'uniformise-t-elle en s'américanisant ?

– Est-il exact qu'à cause de la mondialisation les riches deviennent toujours plus riches et les pauvres toujours plus pauvres, à l'échelle planétaire comme à l'intérieur de chaque pays ?

Concernant la première question, il importe de retenir, comme je viens de le faire, que c'est uniquement la mondialisation *par le marché* que la gauche repousse. En fait, c'est plus le marché que la mondialisation. La gauche a pour objectif la mondialisation *sans* le marché. La mondialisation lui a toujours paru souhaitable pourvu qu'elle fût idéologique et politique. La France révolutionnaire s'est attribuée la mission d'étendre à l'humanité entière les principes de 1789. Le socialisme se définit, au XIXe et au XXe siècle, comme, par essence, internationaliste. Il fonde les Première, Deuxième, Troisième et Quatrième *Internationales* dont le nom même indique l'ambition planétaire. Malgré des phases transitoires et de consolidation où se prônait le « socialisme dans un seul pays » pour des raisons tactiques et conjoncturelles, les communistes soviétiques et maoïstes se sont toujours senti la vocation d'imposer leurs modèles respectifs à toute l'humanité, au besoin par l'intervention militaire ou la subversion armée. Ils n'ont pas manqué d'y recourir, quand ils le pouvaient, sur les cinq continents. Sans avoir l'intention ni du reste les moyens de procéder à des actions belliqueuses de cette ampleur, les contestataires antimondialistes n'en sont pas moins, eux aussi, à la fois mondiaux et antilibéraux[1]. La presse de gauche, par exemple *Le Nouvel Observateur*[2], saluant le « succès du sommet antilibéral de Porto Alegre », proclame (c'est le titre de l'article) la « Naissance d'une internationale ». Il conclut qu'« une autre mondialisation prend le pas sur Davos ». C'est donc bien le libéralisme et non point la mondialisation qui est pour la gauche l'ennemi. La mondialisation lui semble bonne à condition d'être planifiée et dirigée. Le Premier ministre socialiste, Lionel Jospin, en 2001, après avoir applaudi à Gênes – je l'ai déjà mentionné – « l'émergence *planétaire* (souligné par moi), d'un mouvement

---

1. « Les racines de la contestation mondiale », *L'Express*, 26 juillet 2001.
2. 1er février 2001

citoyen » enchaîne en félicitant les manifestants d'avoir ainsi, selon lui, démontré que « la maîtrise de la mondialisation passe par la réaffirmation du rôle des États[1] ». Le conflit porte donc moins sur la mondialisation même qu'il n'oppose deux conceptions de la mondialisation : l'une fondée sur le marché libre et l'entreprise privée, l'autre sur le dirigisme et l'économie étatisée, une mondialisation imposée et contrôlée par les États. S'il y a eu « victoire[2] », de Seattle à Gênes, cette victoire a consisté à faire prévaloir la deuxième conception sur la première.

L'inconvénient de la deuxième conception et le paradoxe des joies que suscite aujourd'hui sa résurgence, c'est que sa mise en œuvre n'a jamais dans le passé donné d'autres résultats que des régressions économiques, la misère populaire et l'arriération technologique, le plus souvent assorties de tyrannies politiques. Cette constatation vaut pour les socialismes communistes autant que pour le national-socialisme hitlérien qui, lui aussi, ne l'oublions pas, se sentait la vocation de s'étendre à la terre entière et, pour commencer, à toute l'Europe. Le mondialisme dirigiste a toujours été fauteur de catastrophes humaines ou, de toute manière, dans les moins mauvais cas, de naufrages économiques beaucoup plus douloureux pour les peuples que les pires injustices capitalistes.

L'observation de la réalité historique passée et présente nous enseigne que la seule mondialisation dont le bilan, sans être dénué de passif, se soit révélé dans l'ensemble positif, c'est la mondialisation capitaliste, et que, d'ailleurs, elle ne date pas d'aujourd'hui.

---

1. *Le Figaro*, 24 juillet 2001.
2. Le mot est de Jean Daniel : « Gênes, le sens d'une victoire », *Le Nouvel Observateur*, 26 juillet 2001.

La mondialisation a existé bien avant la naissance des États-Unis. Comme le rappelle un économiste et historien, Régis Bénichi, dans une lumineuse synthèse sur le sujet[1], la mondialisation accompagne toute l'histoire du capitalisme. On observe déjà, plus anciennement encore, cet élargissement du commerce dans l'Empire romain et au Moyen Âge, avec ses conséquences bénéfiques : les avantages de réciprocité, de complémentarité engendrant la baisse des coûts. Mais c'est surtout après les grandes découvertes, à la fin du XVe siècle, avec l'essor du commerce transatlantique, que débute la mondialisation au sens moderne du terme. Bénichi distingue trois vagues : l'expansion du capitalisme marchand après les grandes découvertes, puis la période où se généralise la révolution industrielle en Europe et en Amérique du Nord, soit de 1840 environ à 1914 ; enfin la mondialisation actuelle.

Il va de soi que la première vague monte durant tout le XVIe siècle et s'élargit encore au XVIIe. Grâce au trafic maritime, outre les acteurs de premier plan, comme l'Angleterre et l'Espagne, de petits pays comme le Portugal ou la Hollande deviennent de grandes puissances économiques, des têtes de réseaux planétaires, qui s'étendent jusqu'à l'Inde, à l'Asie du Sud-Est, à l'Indonésie, au Pacifique Ouest, à l'Australie, à l'Afrique du Sud. La Compagnie néerlandaise des Indes orientales est un prototype des instruments nouveaux que suscitent les échanges universels[2]. Le XVIIIe siècle a illustré

---

1. Régis Bénichi, « La mondialisation aussi a une histoire », revue *L'Histoire*, n° 254, mai 2001.
2. Sur la puissance économique hollandaise au XVIIe siècle, on se reportera évidemment à l'ouvrage magistral de Simon Schama, *The embarrassment of riches*, New York, 1987. Tr. fr. *L'Embarras de richesses*, Gallimard, 1991.

plus tard par la pratique autant qu'il les explique par l'analyse théorique les bienfaits de la liberté du commerce.

Au cours de ce que Bénichi appelle la deuxième vague de mondialisation, entre 1840 et 1914, le volume du commerce mondial est multiplié par sept. On parle beaucoup aujourd'hui d'« Amérique-monde ». C'est l'expression « Europe-monde » qui convient aux deux premières mondialisations, tant l'Europe répand alors sur tous les continents ses capitaux, ses techniques, ses langues, ses hommes. Surtout, elle sert de moteur central à une circulation planétaire des marchandises, des savoir-faire, des sciences, des techniques et des idées. En revanche, à partir de 1919, après la catastrophe de la Grande Guerre, et malgré le rétablissement de la paix, l'Europe ruinée recule, se replie sur elle-même. C'en est fait de sa suprématie. En outre, elle se morcelle : les pays européens se ferment les uns aux autres. De l'autre côté de l'Atlantique, les États-Unis, l'Argentine, le Brésil, terres immenses traditionnellement ouvertes aux immigrés et aux produits étrangers, se barricadent à leur tour. Le commerce international s'effondre, les capitaux ne peuvent plus circuler, on institue le contrôle des changes, on veut fixer par décret le cours des monnaies. Donc, sur toute la planète, la vie économique se sclérose et se met à ressembler, en somme, à ce que souhaitent pour l'humanité les adversaires actuels de la mondialisation. Le résultat ne se fait pas attendre : c'est la crise de 1929, qui dure dix ans, ce sont les dizaines de millions de chômeurs, c'est, dans certains pays, la montée de régimes dictatoriaux ou totalitaires, partout la chute précipitée du niveau de vie. (La France, par exemple, ne retrouvera qu'au début des années cinquante son revenu moyen par tête de 1914.) Et pour couronner cette brillante série de succès, survient la Deuxième Guerre mondiale, d'où l'Europe sortira non seulement matériellement et économiquement détruite, mais cette fois-ci définitivement déchue du rang des « grandes puissances ».

N'en déplaise aux manifestants « citoyens » de Gênes ou de Davos, il n'est donc pas incompréhensible qu'en 1945 la « communauté internationale », comme on devait l'appeler plus tard, ait, pour une fois, tiré les leçons de ses fautes et se soit avisée de tourner le dos à l'antimondialisation du quart de siècle précédent. Dès 1941, en pleine guerre, les États-Unis avaient inscrit la libération du commerce mondial dans la Charte de l'Atlantique, signée le 14 août 1941 par Churchill et Roosevelt. En 1944, Morgenthau, secrétaire d'État au Trésor (ministre des Finances) de Roosevelt, énonçait ainsi la doctrine qui devait servir de guide dans l'avenir : « Il faut éviter de recourir aux pratiques pernicieuses du passé : la course aux dévaluations, l'élévation des barrières douanières, le contrôle des changes, ces pratiques par lesquelles les gouvernements ont essayé vainement de contenir l'activité économique à l'intérieur de leurs frontières. Ce sont là les procédés qui ont été fauteurs de dépression économique et de guerre. »

Ainsi commençait la « troisième vague » de mondialisation, qui n'a pas cessé depuis la fin de la guerre de s'amplifier et dans laquelle nous nous trouvons encore.

Les traits capitalistes de cette troisième phase se précisent davantage à la suite de l'effondrement des communismes. La mondialisation alors se caractérise par une coloration principalement américaine, puisque, admet-on de manière générale, l'Amérique a émergé de la guerre de 1939-1945 comme la première puissance capitaliste mondiale et de la faillite socialiste de 1980-1990 comme la seule superpuissance économique. Que cette troisième mondialisation ait, par conséquent, un caractère encore plus capitaliste que les deux précédentes, c'est-à-dire soit due encore plus à l'action des entreprises privées et de moins en moins à celle des États, ne doit pas étonner non plus. Car, même dans les pays où le communisme *politique* a essayé de prolonger artificiellement son existence, les gouvernements rescapés ont fait tous les efforts possibles pour se débarrasser du socialisme économique, à coup de privatisations, d'appels aux investissements étrangers, de libération des échanges et d'accords commerciaux transfrontaliers. Seules Cuba et la Corée du Nord se sont cramponnées au collectivisme totalitaire, et ces seuls exemples dispensent de tout commentaire.

Que l'économie de la fin du XXe siècle et du début du XXIe soit à la fois mondialisée, capitaliste et à prépondérance américaine n'est donc pas l'expression d'une quelconque « arrogance ». Ce n'est même pas l'effet d'un choix. C'est la conséquence de la rencontre opérée par le déterminisme historique entre trois séries de faits dûment attestés.

Première série : les cataclysmes économiques et politiques entraînés par l'expérience surtout européenne des économies fermées entre les deux guerres. Deuxième série : la démonstration, amplement et définitivement établie, de l'incapacité du socialisme à faire fonctionner une économie quelle qu'elle soit et si peu que ce soit. Troisième série : l'affaiblissement des Européens, due à leurs propres aberrations, accumulées tout au long de la première moitié du XXe siècle. Cet affaiblissement impliquait, par contraste et de façon pour ainsi dire mécanique, la montée des États-Unis.

Cependant, leur supériorité n'est pas seulement un phénomène relatif, dû à la rétrogradation comparative de l'Europe. Elle provient nécessairement aussi de facteurs intrinsèques, propres à la société américaine elle-même. D'ailleurs, elle se perpétue malgré la remontée économique de l'Europe démocratique depuis la guerre et même depuis la constitution et la consolidation de l'Union européenne. L'Europe unie, virtuellement, devrait être de taille à faire contrepoids aux États-Unis. Si elle n'y parvient pourtant pas encore, c'est sans doute non point faute de ressources matérielles et humaines, mais faute de savoir bien les utiliser. Bref, elle n'a pas assez d'invention, d'efficacité, de sens de l'organisation, de rapidité dans l'adaptation et dans l'innovation. Elle reste trop inhibée par les préjugés idéologiques. C'est pourquoi, en dépit de ses succès, l'Europe continue de vivre sous l'influence américaine. Sa croissance se redresse – avec retard – quand l'économie américaine est en progression ; elle recule avec rapidité quand les États-Unis, comme au début de 2001, entrent en récession.

La mondialisation serait-elle nocive du seul fait qu'elle semble se confondre actuellement avec l'américanisation ? Faut-il refuser de voir cette réussite qu'entre 1948 et 1998, la production mondiale a été multipliée par six et le volume des exportations de marchandises par dix-sept[1] ? Faut-il proscrire les investissements directs à l'étranger, moteur du développement des pays moins avancés, sous prétexte que ces investissements sont en majorité américains ? Ce

---

1. Régis Bénichi, article cité.

dont souffrent les pays moins avancés, je le répète, c'est plutôt une *insuffisance* de mondialisation, puisque celle-ci reste en pratique très partielle, la grosse majorité des échanges et des investissements s'opérant aujourd'hui entre l'Union européenne, l'Amérique du Nord et l'Asie du Pacifique Ouest.

Les contestataires antimondialistes ont beau tout casser à Seattle ou à Nice, on ne voit guère quelle solution ils pourraient substituer à la mondialisation libérale en cours. Ou alors veulent-ils revenir au socialisme tiers-mondiste qui, en quelques décennies, a fait dégringoler par exemple le continent africain de la semi-pauvreté à la complète misère ?

Quant à la peur qu'a chaque pays de voir son « identité » se noyer dans l'uniformisation américaine et quant au combat de l'Europe pour préserver sa « diversité culturelle », il est difficile de les analyser avec exactitude, tant ils sont fondés sur une vision hétéroclite des genres, des niveaux et des activités. On y trouve pêle-mêle le souci de préserver sa langue contre l'universalisation de l'anglais, la réprobation des hamburgers servis par McDonald's, des fringues pour la jeunesse, la crainte de la concurrence commerciale des films et des téléfilms de Hollywood ou l'amertume devant la fécondité scientifique des universités américaines. Mais l'obsession demeure la même, et n'est pas nécessairement propice à la lucidité, surtout chez les Européens : elle aboutit à imputer à un « impérialisme » calculé ce qui résulte d'une convergence d'évolutions historiques, dont les plus importantes sont souvent les fautes commises par les présumées « victimes » de cet impérialisme.

Hubert Védrine, proche collaborateur et conseiller diplomatique du président François Mitterrand pendant quatorze ans, porte-parole puis secrétaire général de la présidence de la République, enfin ministre des Affaires étrangères du gouvernement Jospin, de 1997 à 2002, écrit dans son livre *Les Mondes de François Mitterrand* : « La première caractéristique des États-Unis, qui explique leur politique extérieure, est qu'ils se considèrent depuis leur naissance comme une nation élue, chargée d'éclairer le reste du monde[1]. »

Ce qui frappe aussitôt dans cette phrase du ministre, l'évidence immédiate qui s'en dégage, c'est avec quelle parfaite adéquation elle s'applique à la France. Les citations américaines mêmes que Védrine produit à l'appui de sa thèse ont presque toutes leur équivalent littéral dans les lieux communs du narcissisme politique et culturel français. Quand il reproche à Thomas Jefferson cette « affirmation péremptoire », selon ses propres termes : « Les États-Unis sont l'empire de la liberté », comment ne pas songer à l'affirmation non moins péremptoire, ressassée chaque jour dans notre presse et par nos politiques : « La France est la patrie des droits de l'homme » ? Et lorsque l'ancien conseiller diplomatique de François Mitterrand dénonce la « conception hégémonique » qu'il décèle dans cette déclaration de Ezna Hiles, vers 1800 : « Les navires transporteront le drapeau américain tout autour du globe », n'importe quel Français un peu curieux d'histoire se remémore la flamboyante et célébrissime exclamation de Lamartine, lors de la révolution de 1848, quand le poète devenu homme politique célébrait « le drapeau tricolore qui a fait le tour du monde[2] ». Enfin,

---

1. Fayard, 1996, ch. IV.
2. Rappelons la citation exacte. Le 24 février 1848, à l'Hôtel de Ville, s'adressant aux socialistes qui veulent faire adopter le drapeau rouge comme emblème de la IIe République, Lamartine répond : « Le drapeau rouge que vous nous rapportez n'a jamais fait que le tour du Champ-de-

il serait facile de multiplier les citations du général de Gaulle dépeignant « le monde entier qui a les yeux fixés sur la France [1] ».

Ces hypothèses mégalomanes, qui nous rendent si souvent ridicules à l'étranger, n'appartiennent pas seulement au passé. En juillet 2001, Lionel Jospin nous ramène à la mondialisation en s'adressant aux personnels du « réseau de coopération culturelle français », réunis au ministère des Affaires étrangères. « Vous formez désormais, leur dit-il, un réseau public d'influence et de solidarité de dimension mondiale : c'est un atout décisif face aux enjeux posés à notre pays par la mondialisation [2]. » Derrière l'illogisme apparent de ces propos (lutter contre la mondialisation... par la mondialisation) s'exprime en réalité une pensée cohérente : ce que nous devons contrecarrer avec *notre* mondialisation, c'est la mondialisation libérale. Pour éliminer cette mondialisation à l'américaine, Lionel Jospin propose à notre réseau international de coopération culturelle de promouvoir une mondialisation à la française, antilibérale, c'est-à-dire travaillant, dit-il, à « l'affirmation des États contre les lois débridées du marché ». Ce n'est pas la mondialisation en elle-même qui est mauvaise, c'est la mondialisation à l'américaine. Qu'un pays se sente une vocation universelle et la proclame n'est pas en soi répréhensible. Ce qui mérite le blâme c'est que ce pays soit les États-Unis et non la France.

Mars, traîné dans le sang du peuple en 91 et 93, et le drapeau tricolore a fait le tour du monde, avec le nom, la gloire et la liberté de la patrie. » Si émouvante qu'elle fût, cette envolée de légende n'en manifestait pas moins la conviction d'une légitimité « mondialiste » de la France, guide suprême des autres nations.

1. Voir à ce sujet mon livre *Le Style du Général* (Julliard, 1959 ; réédition Complexe, 1988).

2 *Le Monde*, 25 juillet 2001.

Celle-ci doit, par conséquent, remplacer l'Amérique à la tête de la mondialisation.

Tel est l'enseignement que tire également de l'examen de la situation Hubert Védrine, au cours de la même réunion, et il émet sur l'avenir de ce projet un diagnostic optimiste : « Depuis que la menace d'un nivellement abusif (lisez, bien entendu, américain) est apparu, la France a retrouvé des cartes. » Le ministre des Affaires étrangères venait d'ailleurs, quelques mois auparavant, d'ajouter à la liste de ses œuvres un nouveau livre intitulé précisément *Les Cartes de la France*. Il y développe, comme Jospin, l'idée que l'oppression de l'« hyperpuissance » américaine a pour ainsi dire fait rebondir l'élan de la vocation et de la mission universalistes de la France, qui sont d'opposer sa propre forme de mondialisation à celle des États-Unis.

C'est cette idée fixe de la mondialisation destructrice qui est fausse. Dans la réalité, quelle que fût l'influence d'une culture – grecque dans l'Antiquité, italienne au XVIe, française au XVIIIe, etc. –, aucune n'a jamais anéanti les autres, dont l'originalité s'en trouva au contraire souvent stimulée.

Entendons-nous. Il est indiscutable que la prépondérance planétaire des États-Unis place depuis plusieurs années les autres pays devant des problèmes inédits, dans tous les domaines, et le domaine culturel n'est pas le moins important, j'y reviendrai. Mais cette prépondérance est le produit d'un processus historique étalé sur près d'un siècle. Il faut en analyser les éléments constitutifs afin de faire face rationnellement à la situation nouvelle, pour à la fois en tirer parti dans ce qu'elle apporte de positif et en corriger les excès lorsqu'elle paraît nuire à une gestion équilibrée et équitable des affaires mondiales. Mais le ressentiment qui pousse à combattre toute solution, même bonne, uniquement parce qu'elle est d'origine ou d'allure américaine ne peut qu'affaiblir encore davantage le pays qui prend cette américanophobie pour seul guide. Une telle répulsion irraisonnée, le pays qui en est la proie réduit son efficacité et le rend antipathique à des quantités de pays étrangers qui n'ont rien d'américain ni de systématiquement américanophile, loin de là.

Méditant sur les raisons qui ont valu à la candidature de Paris aux jeux Olympiques de 2008 une mémorable déculottée, Jacques Julliard écrit avec franchise et clairvoyance dans un de ses éditoriaux : « À Moscou, nous avons été lâchés par nos partenaires européens, par nos "amis" arabes et par notre clientèle africaine.

« Voulez-vous qu'on vous dise la vérité, sans fard, celle que toute la classe politique s'ingénie à vous cacher ? La vérité, c'est que la France est devenue un des pays parmi les moins populaires de la planète. J'ai déjà parlé de son arrogance et de sa vanité. Il faudrait y ajouter cette prétention de nos gouvernants à faire la leçon à tout le monde[1]. »

« Tout le monde » n'est peut-être pas la formule exacte. Nous ne faisons la leçon ni à Saddam Hussein, ni à Kadhafi, ni à Kim Jong-Il, ni à Fidel Castro, ni à Robert Mugabe, ni aux imams de la République islamique d'Iran, ni aux dirigeants chinois ou vietnamiens. Nous réservons nos admonestations et notre mépris aux démocraties, aux Autrichiens, aux Italiens, à Margaret Thatcher, à Ronald Reagan, à George W. Bush, à Silvio Berlusconi et même à un Tony Blair insuffisam-

---

1. Jacques Julliard, « Sur une déculottée », *Le Nouvel Observateur*, 19 juillet 2001. On se rappelle que la réunion du Comité international olympique devant choisir la ville organisatrice des Jeux de 2008 a eu lieu à Moscou.

ment hostile au capitalisme. L'adversaire principal des antimondialistes c'est l'économie libérale, ce n'est pas la dictature.

Ce n'est pas non plus, la pauvreté, quoi qu'ils clament dans leurs slogans. Ce qui leur importe, ce n'est pas d'éradiquer la pauvreté, c'est de faire croire qu'elle est due au libéralisme et à la mondialisation.

S'il est un axiome universellement tenu pour vrai, y compris par les partisans de la mondialisation, c'est bien que « l'écart se creuse entre les pauvres et les riches » ou encore que « les pauvres sont de plus en plus pauvres et les riches de plus en plus riches ».

Objectons tout d'abord que les deux jugements ne sont pas synonymes. C'est même une faute élémentaire de logique que de les employer indifféremment, comme s'ils étaient interchangeables. Entre les sociétés comme entre les individus à l'intérieur d'une même société, l'écart peut s'élargir entre les riches et les pauvres et cependant le niveau de vie des pauvres monter. Si une société industrielle développée voit en dix ans son revenu annuel par habitant passer de 20 000 à 30 000 dollars, c'est-à-dire augmenter d'un tiers et si, au même moment, le revenu annuel par habitant d'une société moins avancée progresse dans la même proportion, soit, mettons, s'élève de 3 000 à 4 500 dollars, l'écart entre les deux sociétés aura grandi. Il était de 17 000 dollars annuels, il est désormais de 25 500 dollars. L'inégalité se sera, en effet, accrue. Mais le niveau de vie de la société la plus pauvre ne s'en est pas moins amélioré, ce qui est fort appréciable pour ses membres.

D'où vient que l'on confonde constamment les deux notions ? Sans doute est-ce sous l'effet d'une double pression : d'une part celle d'intérêts, tendant pour les dirigeants des pays moins avancés à obtenir le gonflement des aides, et d'autre part la propagande des idéologues des pays plus avancés, tendant à faire du libéralisme et de la mondialisation les coupables d'une prétendue aggravation incessante de la pauvreté absolue sur la planète.

Il existe pourtant une abondante documentation permettant de le vérifier, sur la base de données chiffrées des plus sérieuses · depuis cinquante ans, dans les pays composant ce qu'on nommait jadis le tiers monde, une triple augmentation a eu lieu : celle du revenu moyen, celle de la population et celle de l'espérance de vie. Cette dernière a plus que doublé dans l'ensemble des pays dits moins avancés durant la deuxième moitié du XXe siècle. En Inde, par exemple, pendant cette même période, la production des denrées alimentaires a été multipliée par dix, ce qui a permis la disparition des famines massives, si fréquentes jadis [1]. Cela ne suffit pas encore pour empêcher une grande part de la population indienne (qui a quadruplé pendant le même laps de temps) de vivre dans une inacceptable pauvreté ; mais les grandes famines d'antan ont disparu et la pauvreté ne cesse de se réduire, contrairement aux clichés couramment répandus. De toute façon, le meilleur moyen de continuer à la réduire n'est certainement pas d'étrangler la mondialisation libérale, qui a fait ses preuves [2]. En Amérique latine, de 1950 à 1985, le revenu réel par habitant a doublé en dollars constants (valeur 1975), passant d'environ 1 000 dollars annuels à un peu plus de 2 000, ce qui est le niveau de l'Europe

---

1. Voir Guy Sorman, *Le Génie de l'Inde*, Fayard, 2000.
2. Voir Jean-Claude Chesnais, *La Revanche du tiers monde*, Robert Laffont, 1987.

de l'Ouest vers 1950. Le Mexique en 1985 est plus haut dans l'échelle mondiale des revenus par tête que ne l'était l'Italie en 1960. Durant les cinq décennies qui viennent de s'écouler, l'Amérique latine dans son ensemble a progressé d'environ 5 % par an. Aucun pays européen n'a eu un rythme moyen de croissance aussi soutenu[1]. Ces chiffres montrent à quel point toutes les ritournelles sur « la pauvreté qui ne cesse de s'aggraver » sont inspirées par l'ignorance ou la pure mauvaise foi. La pauvreté qui subsiste, les banqueroutes régulières des finances publiques, l'inflation et les fuites de capitaux résultent non pas d'un sous-développement fondamental et qui serait croissant, mais plutôt de l'incompétence et de la corruption des dirigeants, du gaspillage de l'aide internationale et de la persistance d'un secteur public ruineux et inefficace.

Ce triste constat est encore plus patent pour l'Afrique, seul continent du tiers monde où ait eu lieu une effective paupérisation *absolue*, et non pas seulement une aggravation de *l'écart* avec les pays riches. Mais cette paupérisation a des causes *politiques*, non économiques.

Ce qui a détruit les économies africaines ou en a entravé le développement, c'est beaucoup plus l'étatisme que le marché et le socialisme que le capitalisme. En majorité, les pays africains, c'est-à-dire les élites africaines éduquées en Europe qui devinrent les classes politiques après les indépendances, adoptèrent les systèmes soviétique ou chinois. Ils s'arrogèrent ainsi le pouvoir absolu et les leviers de l'enrichissement personnel. En particulier, de l'Algérie à la Tanzanie, ils

---

1. Denis-Clair Lambert, *19 Amériques latines, déclins et décollages*, Economica, 1985.

empruntèrent au communisme la recette infaillible de la ruine de l'agriculture : la collectivisation des terres et la création de « coopératives » rapidement improductives. Je ne m'étendrai pas sur ce sujet, que j'ai intarissablement traité dans plusieurs livres, chiffres à l'appui[1], et que des experts plus compétents que moi ont encore mieux illustré que je ne suis en mesure de le faire. Démonstrations inutiles hélas ! puisque les faux amis du tiers monde ne veulent nullement que les pauvres mangent à leur faim. Ils veulent seulement imputer au capitalisme une misère qui est, en Afrique surtout, la fille du socialisme.

Outre les emprunts mortifères au kolkhozisme soviéto-chinois par les nomenklaturas d'Afrique et le pillage éhonté des ressources internes comme de l'aide extérieure par les oligarchies locales, ce sont les incessantes guerres civiles ou interétatiques, les guerres de religion, les exterminations interethniques, le racisme intertribal, les massacres et les génocides qui sont les principales sinon les seules explications de la chute des populations africaines dans l'indigence où elles sont réduites. Les guerres civiles qui exterminent et affament par millions les populations et les réfugiés dans la République « démocratique » du Congo depuis 1997 en sont un éminent exemple, mais non le seul ni le dernier hélas ! Il faudrait distribuer aux contestataires antimondialistes quelques milliers d'exemplaires du chef-d'œuvre de l'écrivain polonais Ryszard Kapuscinski, *Ébène*[2], description pathétiquement superbe de

---

1. Nombreux articles à ce propos notamment dans mon recueil *Fin du siècle des ombres* (Fayard, 1999). Mais tous mes livres précédents depuis *Ni Marx ni Jésus* (1970) jusqu'au *Regain démocratique* (1992) en passant par *La Tentation totalitaire* (1976) comportent des chapitres traitant de la question.
2. Tr. fr. Plon, 2000.

cette misère africaine provoquée par les Africains et aussi diagnostic de ses causes. Kapuscinski a sillonné tout le continent pendant des années. Mais les riches pseudo-révolutionnaires de Seattle ou de Göteborg veulent surtout éviter avec soin de connaître les véritables raisons du cataclysme africain. Ils ne se soucient en aucune manière d'y remédier. Il leur suffit de croire et de faire croire qu'il est dû à la mondialisation libérale.

Un de leurs cantiques favoris appelle à la rituelle « annulation de la dette du tiers monde ». Le pape conduit le chœur et les classes politiques de tous bords entonnent le refrain. Or, qui dit dette dit argent préalablement versé à l'emprunteur. On n'est supposé rembourser que ce que l'on a auparavant encaissé. Or, ces sommes versées, sans parler des dons purs et simples qui n'étaient pas des prêts, que sont-elles devenues ? Comment et par qui ont-elles été utilisées ? À Madagascar, qu'a fait Didier Ratsiraka des milliards de FF qu'il a reçus, pactole dont le peuple malgache affamé n'a jamais humé la moindre odeur, et dette que François Mitterrand a en 1990 annulée, faisant ainsi payer par les contribuables français l'argent de poche d'un dictateur qu'on peut taxer pour le moins d'incurie, voire pire. Touchant accord entre deux monarchies bananières ! Les journalistes d'investigations seraient bien inspirés de rechercher la trace en Suisse ou ailleurs des milliards de dollars volés par le dictateur nigérian Sani Abacha décédé (assassiné ?) en 1998. À quoi servirait d'annuler la dette de Robert Mugabe, typique « président-dictateur » qui a truqué toutes les élections et a réussi en vingt ans à transformer l'un des plus fertiles pays d'Afrique en une terre désolée ?

Un autre couplet du cantique antilibéral fait retentir

l'exigence d'un « plan Marshall pour l'Afrique ». Le cliché revient sans arrêt. Petit détail gênant : des plans Marshall pour l'Afrique, il y en a eu plusieurs depuis quarante ans, sans résultat. L'Afrique a même bénéficié, pourrait-on dire, d'un « plan Marshall permanent[1] ». Elle a reçu, par habitant, de 1960 à 2000, *quatre* fois plus de crédits (non remboursés, bien entendu !) et d'aides que l'Amérique latine ou l'Asie. Pourquoi ces derniers continents ont-ils décollé et pas l'Afrique ?

Ce que les antilibéraux refusent d'avouer, c'est, d'une part, que, dans leur majorité, les peuples dits moins avancés en général avancent et, d'autre part, que ceux qui reculent doivent cette infortune surtout à des fléaux politiques internes et non uniquement à des causes économiques mondiales. Mise à part l'exception africaine, l'ensemble des pays pauvres est aujourd'hui moins pauvre qu'il y a un demi-siècle. La mondialisation a donc été globalement positive. Mais il est inutile d'accumuler les preuves et les chiffres qui le démontrent, car la bonne foi ne peut rien contre la mauvaise. Tout exposé tendant à mettre en lumière les progrès économiques dus au capitalisme et à la liberté des échanges ou à établir les responsabilités locales dans les régressions et les famines soulève une tornade d'indignation vertueuse.

Ainsi, en 2000, un économiste, Albert Merlin, provoqua des répliques acerbes pour avoir publié dans *Les Échos*[2] un article où il résumait et commentait un rapport de la Banque mondiale, passé totalement sous

---

1. L'expression est de Yves Plattard, qui fut ambassadeur de France dans divers pays africains.
2. 20 septembre 2000.

silence par ailleurs [1]. Et pour cause ! Ce rapport, dû à deux économistes dont la compétence est reconnue, David Dollar et Aart Krav, met à mal le dogme selon lequel la mondialisation engendrerait la paupérisation. Ils prouvent le contraire, grâce à une minutieuse rétrospective, étalée sur quarante ans et portant sur cent vingt-cinq pays. D'après leurs données chiffrées, la croissance du revenu dans les pays les plus pauvres, les pays qui se trouvent dans le cinquième inférieur de l'échelle, est en pourcentage la même, à long terme, que celle de l'ensemble des pays du reste du monde. Ensuite, l'effet bénéfique de la croissance générale sur les plus pauvres durant les dernières cinq années du XXe siècle, années de mondialisation accrue, ne s'est pas affaibli. Donc la liberté des échanges et le marché exercent une influence positive sur les revenus des pays pauvres. Lorsque le revenu moyen par habitant sur la planète augmente de 1 %, celui des pays les plus pauvres augmente dans la même proportion, selon ce que Dollar et Krav appelle la loi du « one to one ». Et Albert Merlin peut conclure : « Cette démonstration suffit (ou devrait suffire) à ruiner les thèses courantes sur la pauvreté croissante et les horreurs du libre-échange. »

On objectera que les économistes se trompent souvent. C'est exact, mais les économistes se trompent – ils ne sont pas les seuls ! – *dans leurs prévisions*. Or dans ce rapport de la Banque mondiale il ne s'agit pas de prévisions, il s'agit de description, il s'agit d'histoire.

Si quelqu'un s'est complètement trompé dans ses prévisions, c'est le « père de l'écologie française » et du tiers mondisme, c'est René Dumont, tant célébré en

---

1. Sauf dans *The Economist*.

juillet 2001 au moment de son décès. Dans maints articles alors consacrés à son œuvre et à son action, on l'a hautement loué d'avoir « prévu » vers 1960 que l'augmentation des ressources alimentaires sur la planète ne pourrait pas suivre la croissance démographique. Cette « prévision » de Dumont n'était guère originale ; c'était la reprise de la vieille thèse exposée par Malthus en 1798 dans son *Essai sur le principe de population*. Cette théorie s'était déjà révélée fausse dans le cas de Malthus. Elle fut ridiculisée dans le cas de Dumont. Le « Rapport mondial sur le développement humain » (année 2001) montre que l'apport calorique journalier par habitant *dans les pays en voie de développement* a augmenté d'environ un quart entre 1970 et 1997, cependant que la population doublait ou triplait dans la plupart de ces pays ! Seule exception : l'Afrique, pour les raisons – sans relation avec l'économie – que j'ai déjà exposées.

Dans l'art de manipuler des termes dont on ne comprend pas, ou en tout cas dont on n'explique pas, le sens, l'expression « seuil de pauvreté » occupe une place de choix. Il n'est guère de journal imprimé, radiophonique ou télévisé où l'on ne vous assène que tel pourcentage effrayant de la population de tel pays ou de la planète entière « vit au-dessous du seuil de pauvreté ». Mais on ne vous donne jamais la définition scientifique de ce fameux seuil.

Le seuil de pauvreté se calcule d'après le revenu *médian* dans chaque pays (non pas *moyen*, mais médian). Prenant donc le revenu qui se situe au milieu de l'échelle, on trace une autre ligne qui partage à son tour en deux la moitié du bas. Sont classés parmi les pauvres dans chaque pays tous les ménages dont le revenu se trouve dans le quart inférieur de toute l'échelle. Il est donc évident que le « pauvre » n'a pas du tout le même niveau de vie dans un pays très riche, où le revenu médian est très élevé, et dans un pays lui-même très pauvre, ou même se situant dans la moyenne des revenus. Le « pauvre » américain ou suédois serait un nabab au Népal. Et, même sans aller jusque dans l'Himalaya, et pour mentionner des pays honorablement développés quoique ne comptant pas parmi les plus riches, on peut noter qu'un pauvre américain actuel (environ huit mille dollars par an pour un individu isolé) jouit d'un revenu sensiblement égal au revenu *moyen*, correspondant à l'aisance, considéré comme tout à fait décent, au Portugal ou en Grèce. Et le « pauvre » américain a même un revenu *supérieur*, puisque, en tombant « au-dessous du seuil de pauvreté », il a instantanément accès aux indemnités et autres avantages du *Welfare*. Que de proclamations trompeuses au nom de ce concept d'autant plus répandu qu'il est plus nébuleux de « seuil de pauvreté » !

En répandant le mensonge selon lequel la mondialisation appauvrirait les plus pauvres, les contestataires « citoyens » obéissent à une double passion. D'une part la passion antiaméricaine, qui remonte à la guerre froide et même plus loin dans le passé ; d'autre part la passion antilibérale traditionnelle de la gauche. Une masse flottante de quelques centaines de milliers de manifestants compense ainsi sa frustration d'avoir vu échouer tous les socialismes et toutes les révolutions. Ces « révolutionnaires sans révolution [1] » n'ont aucun programme intelligible qui pourrait remplacer la mondialisation. Leur rhétorique n'a même plus la cohé-

---

1. André Thirion, *Révolutionnaires sans révolution*, mémoires, Robert Laffont, 1972.

rence factice des idéologies totalitaires de jadis. En braillant des slogans, ils se donnent l'illusion de penser. En dévastant des villes et en tâchant d'empêcher des réunions internationales, ils se donnent l'illusion d'agir.

La haine de la civilisation libérale, disais-je, est, pour beaucoup, la clef de l'obsession antiaméricaine et elle remonte loin dans le passé. Hubert Beuve-Méry, le futur fondateur et directeur du *Monde*, écrivait en mai 1944 : « Les Américains constituent un véritable danger pour la France. Danger bien différent de celui dont nous menace l'Allemagne ou dont pourraient éventuellement nous menacer les Russes... Les Américains peuvent nous empêcher de faire une révolution nécessaire et leur matérialisme n'a même pas la grandeur tragique du matérialisme des totalitaires. S'ils conservent un véritable culte pour l'idée de Liberté, ils n'éprouvent pas le besoin de se libérer des servitudes qu'entraîne leur capitalisme[1]. »

Pour formuler une telle opinion à un moment où le débarquement allié à venir pouvait encore échouer, où la puissance nazie, quoique amoindrie, asservissait toujours l'Europe, où l'on savait ce qu'était le stalinisme, il fallait une hiérarchie des valeurs et des dangers selon laquelle la menace libérale primait toutes les autres.

---

1. *Réflexions politiques 1932-1952*, Éditions *Le Monde* et Seuil, 1951.

CHAPITRE QUATRIÈME

POURQUOI TANT DE HAINE ?...
ET TANT D'ERREURS !

Non sans quelque provocation, on pourrait affirmer qu'il n'existe pas de question américaine en soi. La seule, la vraie question est celle des rapports que les États-Unis entretiennent avec le reste du monde. Rapports pratiques, moraux et (les plus importants peut-être)... imaginaires.

J'entends par là que la principale difficulté n'est pas de *connaître* les États-Unis tels qu'ils sont, dans leur fonctionnement interne en tant que société comme dans leur projection externe en tant que super-puissance, avec leurs qualités et avec leurs défauts. La documentation sérieuse sur les multiples faces et les soubassements de la réalité américaine est surabondante. Livres et articles riches d'informations exactes (si on consent à ne pas les fuir) et de réflexions scrupuleuses sur la politique intérieure et sur la politique étrangère américaines ne cessent de paraître dans toutes les langues, du moins européennes. Traitant de la vie sociale et culturelle du pays, les études savantes abondent, auxquelles s'ajoute un foisonnement de reportages nourris d'observations originales, soigneusement vérifiées et recoupées. Les journalistes américains eux-mêmes, d'ailleurs, ont notoirement fait école dans ce genre pour ne pas dire qu'ils l'ont créé.

Quiconque souhaite se renseigner sur les États-Unis dispose donc de tous les moyens d'y parvenir, même sans y aller. Si l'on est mal renseigné, même en y étant allé souvent, c'est qu'on veut l'être. Pourquoi cette partialité ? Vous répondrez que, dans leur majorité, les êtres humains ont des occupations plus pressantes que de passer leurs journées à dévorer des bibliothèques entières et d'épaisses liasses de coupures de presse, ou bien qu'ils en sont incapables, notamment dans les pays encore trop nombreux où l'analphabétisme prédomine. Bien sûr. Mais cette remarque tout à fait fondée ne fait que déplacer vers le haut le siège d'où provient la volonté d'ignorer ou de mentir. Ce devrait être en effet le rôle et la responsabilité des transmetteurs d'informations et des formateurs d'opinion – journalistes des médias de masse, professeurs, acteurs politiques ou prédicateurs idéologiques – que de s'entremettre entre le public et les sources d'une connaissance que ces professionnels, eux, de par leur métier, ont le temps et le devoir d'acquérir. Il leur incomberait ensuite de les diffuser et de les mettre à la portée de leur audience. Le journaliste, à l'instar de tout « communicateur », est à la fois l'historien du présent et le pédagogue de ses lecteurs ou auditeurs. S'il utilise les tribunes dont il dispose en vue de la célébration narcissique de ses propres idées préconçues au lieu de les mettre au service des faits, il nuit à son public et le trahit. Justement parce que les États-Unis sont une superpuissance géostratégique et, à bien des égards, un creuset de comportements sociaux et culturels imités dans le monde entier, il importe de bien les connaître, surtout si l'on fait partie de ceux qui veulent réduire leur influence. Car c'est là un but que l'on peut atteindre seulement en leur opposant des contre-propositions pertinentes, qui doivent être fondées sur une appréciation correcte des points sur lesquels il est souhaitable et possible d'agir avec efficacité. En se bornant à ressasser un ressentiment inspiré par des préjugés, on se condamne soi-même à l'impuissance.

Non que la société américaine, j'y insiste, soit exempte de défauts, quelle société pourrait l'être ? C'est le droit de tous de les critiquer. Non que l'Amérique ne commette erreurs et abus dans sa politique étrangère. Quel pays n'en commet pas ? Et les siens ont des conséquences d'autant plus néfastes qu'elle est plus hégémonique. Il importe donc de les déceler et de les dénoncer. Encore faut-il que ces critiques et ces dénonciations portent sur les vrais défauts et les véritables erreurs ; et encore faut-il aussi que les contempteurs de l'Amérique ne méconnaissent pas, consciemment ou inconsciemment, ses qualités et ses réussites. Lorsque l'examen et l'analyse, devant les aspects négatifs comme devant les aspects positifs, manquent de vérité autant que d'impartialité, ils gonflent sans doute ceux qui s'y adonnent d'une illusion de revanche et de la jouissance onirique d'une supériorité factice. Mais, dans le domaine de l'action, qui est celui de la politique, ils contribuent à les affaiblir encore davantage.

Prenons, au cours des semaines qui ont suivi les attentats du 11 septembre 2001 contre New York et Washington, la croyance rapidement tenue pour démontrée selon laquelle les États-Unis auraient établi une censure de la presse et des médias. De quoi s'agissait-il ? La chaîne de télévision qatarienne Al Jazira avait diffusé une déclaration du chef terroriste Oussama ben Laden qui avait ensuite été reprise par CNN. Cette déclaration, d'une part, exprimait la joie de son auteur à l'idée des milliers de tués américains, d'autre part constituait un appel à de nouveaux meurtres. Enfin, selon des spécialistes non seulement américains mais français du terrorisme, elle contenait peut-être des messages codés destinés à des agents « dormants » aux États-Unis et en Europe, pour leur donner des instructions en vue de nouveaux attentats. Il parut donc prudent à l'Administration et au Congrès américains d'inciter les télévisions et les radios à s'abstenir de diffuser de tels messages, ou, du moins, à faire preuve de méfiance et de discernement avant de les passer à l'antenne. Quel gouvernement omettant d'agir ainsi n'aurait pas été taxé de négligence criminelle ? Pour les mêmes raisons, le Département d'Etat enjoignit à la « Voix de l'Amérique » de ne pas propager un entretien avec le mollah Omar, autre dirigeant terroriste, proche de Ben Laden.

Quant à la mise sous contrôle de l'internet, elle s'expliquait abondamment par la découverte, trop tardive hélas ! que de nombreux courriers électroniques avaient en toute tranquillité été échangés entre les futurs pilotes des avions-suicides qui devaient percuter les tours du World Trade Center. Si le FBI et la CIA, dont on ne cessait avec raison de claironner la faillite, avaient alors, répétait-on partout, mieux tenu l'internet sous observation, ils auraient peut-être pu déceler la nature suspecte de certains messages et placer sous surveillance leurs expéditeurs et leurs destinataires.

Ces réactions et ces précautions (surtout aux yeux de la France, qui a élevé au rang de dogme théologique son fameux « principe de précaution » quand il s'agit de la tête de veau), auraient dû, tout en étant éventuel·lement discutées, contestées, faire l'objet de compré-hension, quand il s'agissait de milliers de cadavres humains, vu la commotion ressentie par tout le peuple américain et le souci légitime des autorités de parer à de possibles dangers à venir.

Au lieu de compréhension, les Américains virent se lever contre eux, dans les médias du monde entier, un concert d'imprécations. L'Amérique avait instauré la censure, supprimé la liberté de la presse, violé le Pre-mier amendement de sa Constitution ! « La propa-gande fait rage dans les médias américains[1]. » Ceux-ci sont devenus « La voix de son maître[2] ».

Outrances infondées ! Un milliard de musulmans vivant dans des pays qui n'ont jamais connu ni la démo-cratie ni l'ombre d'une liberté de la presse seraient quali-fiés pour les défendre contre la seule nation du globe où elles n'ont jamais été supprimées ? Quant à la France, pour ne citer qu'elle en Europe, et pour ne remonter qu'à une date relativement récente, a-t-elle déjà oublié la période de la guerre d'Algérie, où ses radios et sa télévi-sion obéissaient à une vigilante censure d'Etat et où il ne se passait guère de semaine sans qu'un journal fût saisi par la police pour « atteinte au moral de l'armée » ?

En outre, bien entendu, les contempteurs de la « censure » américaine omettaient de signaler qu'aux États-Unis aussi les journaux mettaient chaque jour en garde contre les risques que tout état de guerre fait courir à la liberté d'opinion et d'information[3].

1. Titre d'un article du *Monde* (3 octobre 2001).
2. *Jeune Afrique-L'Intelligent*, 16 octobre 2001, titre d'un éditorial signé Tariq Zemmouri.
3. Voir par exemple « When the press is asked . what side are you on ? » par Marvin Kalb, *International Herald Tribune*, 12 octobre 2001. Paru originellement dans le *Washington Post*. Ou encore dans *Time*

Dans un autre domaine, les mesures adoptées après le 11 septembre 2001 en vue de prévenir les attaques terroristes (mesures semblables à celles prises en Europe, d'ailleurs) soulèvent, outre-Atlantique aussi, les protestations des groupes de défense des libertés. Surveiller les suspects, l'internet ou les comptes en banque, donner à la police le droit de faire ouvrir les coffres des voitures sont des précautions dénoncées comme « totalitaires » par certaines organisations américaines comme elles le sont par la Ligue des droits de l'homme en France. Pourtant il s'agit, en l'occurrence, non de perpétuer des régimes totalitaires mais de protéger des régimes démocratiques.

Pis : aux États-Unis, ces organisations ont empêché, depuis quelques années, le vote d'une loi visant à autoriser les polices et les services de renseignement à mettre en pratique de telles mesures préventives. Si elles avaient été plus tôt en vigueur, elles auraient peut-être permis d'empêcher les désastres de New York et de Washington. Ce n'est pas la peine de se moquer, non sans raison au demeurant, de l'inefficacité du FBI et de la CIA, dont on a prouvé après coup qu'ils auraient pu assez facilement repérer à l'avance et neutraliser les futurs pilotes kamikazes des vols terroristes, si, en même temps, le législateur leur refuse les pouvoirs spéciaux nécessaires.

Or, c'était précisément ce qui s'était passé. Après les attentats de 1998 contre des ambassades américaines en Afrique, le Congrès avait constitué une Commission nationale sur le terrorisme (*National Commission on Terrorism*, dite NCT), chargée de préparer un projet

---

(22 octobre 2001), « The battle for hearts and minds », par James Poniewozik.

de loi en vue de redéfinir la politique antiterroriste. Cette commission souligna et démontra dans son rapport que le gouvernement des États-Unis ne s'était pas jusqu'alors donné les moyens de prévenir une action de Al Qaeda (le réseau mondial de Ben Laden) sur le sol américain même et que « la menace d'attaques entraînant des pertes humaines massives sur notre territoire ne cesse de croître ». La couverture du rapport s'ornait même – prémonition ou hasard presque incroyables – d'une photo des deux tours du World Trade Center !

Que croyez-vous qu'il arriva ? De multiples ligues, associations et organisations parlèrent aussitôt d'une « ombre fatale » sur les libertés. L'Institut représentatif des Arabo-Américains se plaignit d'un « retour aux jours les plus noirs de l'époque maccarthyste ». Le responsable des droits du citoyen dans l'Administration Clinton même blâma la NCT en déplorant que les Américains d'origine arabe fussent, dans le rapport, injustement montrés du doigt. Or, il n'y a pas un mot sur eux dans ledit rapport ! Pour d'autres, il s'agissait visiblement avec ce texte de satisfaire les anciens « faucons » qui, privés d'ennemis depuis la fin de la guerre froide, s'inventaient avec le terrorisme une menace faite sur mesure. Bref, la campagne fut si bruyante que le projet de loi fut enterré et ne devint jamais loi... avec la suite que l'on sait[1].

Bien que ce soit là le plus spectaculaire, ce n'est pas l'unique exemple, tant s'en faut, d'analyses ou d'articles américains évaluant avec perspicacité la probabilité d'une guerre terroriste d'un nouveau genre à

---

1. Voir le récit complet de ce scandale dans *The New Republic* (8 octobre 2001) ; Franklin Foer, « Sin of Commission, how an antiterrorist report got ignored ».

l'intérieur même du pays. Que les défenseurs des droits de l'homme n'aient pas réussi à tenir compte aussi des droits de la défense nationale, laquelle se confondait d'ailleurs avec la défense de la liberté, qu'ils soient parvenus à faire reléguer ces prévisions au rang de vaticinations délirantes et racistes dues à des obsédés de la sécurité montre, une fois de plus, le naïf aveuglement des régimes démocratiques. Tant que le malheur ne leur est pas tombé sur la tête, ils prennent grand soin de rester vulnérables. Mais cette suicidaire ingénuité n'autorise en aucun cas les Européens à brandir un prétendu déclin du sens des libertés dans les États-Unis d'Amérique, comme si le danger « fasciste » existait de façon prépondérante aux États-Unis, pays qui, en deux cent vingt ans, n'a pas connu la moindre dictature, alors que l'Europe les a collectionnées.

Le principal reproche que l'on puisse faire à l'« hyperpuissance » des Américains pourrait être d'avoir dérangé l'esprit du reste de l'espèce humaine. Elle a rendu les uns assoiffés de vengeance et elle a altéré la capacité d'observation et de raisonnement des autres, à des degrés divers, mais toujours de façon dommageable pour leur lucidité.

Ainsi, les opérations militaires en Afghanistan, après les attentats du 11 septembre 2001 aux États-Unis, furent rapidement présentées, dans des secteurs non négligeables de l'opinion, des partis politiques et de la presse en Europe, comme une agression américaine unilatérale. Washington, brusquement saisie d'on ne sait quelle transe, en aurait pris l'initiative sans qu'apparemment aucun événement préalable puisse expliquer ce geste « impérialiste ». Je ne mentionne même pas les dirigeants et les éditorialistes africains, chez qui cette vision des responsabilités dans le déclenchement de l'intervention américaine fit quasiment l'unanimité. On s'y attendait. On s'y attendait aussi en Amérique latine, où l'antiaméricanisme est organiquement lié à l'histoire de ce sous-continent. Il y sert de fantasme compensatoire à l'échec relatif de l'Amérique du Sud par rapport à l'Amérique du Nord. Comme l'écrit le grand penseur vénézuélien Carlos Rangel[1] : « C'est, pour les Latino-Américains un scandale insupportable qu'une poignée d'Anglo-Saxons, arrivés dans l'hémisphère beaucoup plus tard que les Espagnols et dans un climat si rude qu'il s'en fallut de peu qu'aucun ne survécût aux premiers hivers, soient devenus la première puissance du monde. Il faudrait une impensable auto-analyse collective pour que les Latino-Américains puissent regarder en face les causes de ce contraste. C'est pourquoi, tout en sachant que c'est faux, chaque dirigeant politique, chaque intellectuel latino-américain est obligé de dire que tous nos maux trouvent leur explication dans l'impérialisme nord-américain. »

En revanche, on espérait une réaction plus nuancée de l'Europe, où l'antiaméricanisme est, malgré tout, moins automatique et moins virulent qu'en Afrique ou en Amérique latine puisque l'échec relatif y est moins prononcé. Et il est vrai que, dans l'Union européenne, les gouvernements et les opinions publiques se solidarisèrent majoritairement sans réserve avec les États-Unis pour déplorer l'agression dont ce pays venait d'être victime. Néanmoins d'importantes minorités, dans les

---

1. Carlos Rangel, *Du bon sauvage au bon révolutionnaire*, Robert Laffont, 1976. Traduction par Françoise Rosset de *Del Buen Salvaje al buen revolucionario*, Monte Avila, 1976. Trad. anglaise, *The Latin-Americans*, Transaction Books (États-Unis), 1987.

anciens et les nouveaux partis de gauche – les Verts en particulier – et une quasi-majorité chez les adversaires de la mondialisation ou parmi les intellectuels enfourchèrent sans tarder le dada selon lequel les hostilités n'avaient réellement commencé qu'avec la réplique américaine aux attentats ! Toute la première partie du scénario était biffée, comme elle l'avait été, lors de la guerre du Golfe, par ceux, fort nombreux, pour qui l'agression *initiale*, la cause absolue de cette guerre, était l'offensive de la coalition de vingt-huit pays – pas tous américains ! – pour refouler l'armée irakienne, le 16 janvier 1991, et n'était pas du tout l'invasion du Koweït par l'Irak, le 2 août 1990. Curieux sens de la chronologie...

C'est pourtant celui qui a incité cent treize intellectuels français à lancer un appel contre la « croisade impériale » en Afghanistan. « Cette guerre n'est pas la nôtre, proclament-ils. Au nom du droit et de la morale *du plus fort*, [et non point parce que trois mille personnes ont été assassinées] l'armada (*sic*) occidentale administre sa justice *céleste*[1]. » Pourquoi céleste ? Si des gens se croient célestes dans toute cette affaire, ce sont plutôt les islamistes, eux qui assassinent des milliers de civils innocents en dix minutes au nom d'Allah. Ce sont eux encore qui, au Nigeria ou au Soudan, massacrent les chrétiens parce que ceux-ci refusent de se soumettre à la charia. En septembre et octobre 2001 seulement, plusieurs centaines de chrétiens nigérians

---

1. *Le Monde*, 21-22 octobre 2001. Le chiffre de six mille victimes, tenu pour acquis juste après l'événement, a été, par la suite, révisé à la baisse jusqu'à quatre mille, voire trois mille. Mais il s'agit là, semble-t-il, des victimes dont on a retrouvé et identifié les corps, et non de tous les disparus, difficiles à dénombrer, puisque se trouvent parmi eux de nombreux visiteurs dont on n'a aucun moyen d'établir la présence dans les tours à l'heure fatale.

furent exterminés au nom d'Allah sans que nos cent treize intellectuels trouvassent quoi que ce fût à y redire. Certes Bush a employé le mot croisade pour parler de la nécessaire mobilisation internationale contre le terrorisme. Mais pour tout auditeur de bonne foi, il est évident qu'il entendait par là plaider en faveur d'une union des démocraties dans cette lutte et non pas d'une guerre « sainte ». La guerre sainte, là encore, ce sont les islamistes qui se croient chargés par Allah de la mener, comme ils ne cessent de le crier. Telle est l'évidence pour tous, sauf pour les cent treize intellectuels. Une fois de plus, ils intervertissent les rôles et attribuent aux démocraties toute la gamme des sentiments « célestes », mégalomanes, délirants et homicides qui caractérisent l'islamo-terrorisme.

Dans le meilleur des cas, au prix d'une indulgence méritoire, les américanophobes mettent sur un pied d'égalité et renvoient dos à dos les terroristes et ceux qui entreprennent de leur résister. Ainsi, des centaines de milliers de pacifistes, aux États-Unis mêmes et en Europe (en Italie notamment) ont manifesté le dimanche 14 octobre 2001, en brandissant des bannières où l'on pouvait lire « Non au terrorisme, non à la guerre ». Ce qui est à peu près aussi intelligent que de crier « Non à la maladie, non à la médecine ». Comme l'écrivit alors Marco Pannella, le charismatique fondateur-président du Parti radical italien : « On sait bien, depuis 1938, quel est l'ennemi suprême à combattre au nom de la paix. Les pacifistes lançaient alors la lutte sacrée contre les démo-judéo-ploutocraties de Londres, Paris ou New York[1]. » En 1939, après le pacte soviéto-nazi, les communistes français exhortè-

---

1. *Il Corriere dell'Umbria*, dimanche 14 octobre 2001.

rent, au nom de la lutte contre le capitalisme, les ouvriers des usines d'armement à saboter leur travail et poussèrent les soldats à déserter, quand les armées nazies étaient à quelques semaines du moment où elles allaient occuper Paris. Mais, poursuit Pannella, « il fallait s'opposer à une guerre impérialiste. C'est-à-dire, cela va de soi, impérialiste uniquement à Paris, non point à Berlin ou à Moscou ». Les pseudo-« pacifistes » remplis de haine pour la démocratie sont les serviteurs d'une imposture qui n'est pas nouvelle.

Un autre argument qui porta les pacifistes unilatéraux à condamner la réplique américaine[1], c'est précisément qu'elle était une réplique. Les États-Unis auraient, disaient-ils, cédé à un bas désir de revanche. Pour satisfaire cette pulsion vindicative, ils n'hésitèrent point à procéder sans raison à des bombardements, qui devaient inévitablement compter des civils afghans parmi leurs victimes. Or, il aurait fallu « négocier », trouver une solution « politique ». Tiens pardi ! On le sait : les démocraties refusent toujours de négocier. Seuls les fanatiques sanguinaires sont des adeptes du compromis.

C'est oublier ou, plutôt, c'est négliger volontairement l'essentiel : la contre-offensive américaine avait pour objectif non point la vengeance mais la défense. Son but était l'élimination du terrorisme dans l'avenir. La menace terroriste mondiale, qui vise aussi bien l'Europe, ne s'est pas achevée le 11 septembre 2001. Le début ou la menace du terrorisme bactériologique après cette date le montre clairement. Ce qu'on pouvait reprocher aux démocraties, c'était plutôt en ces ins-

---

1. Anglo-américaine, en réalité, avec une coopération modeste de la France et de quelques autres, dans l'ordre du renseignement avant tout.

tants tragiques (pas pour les cent treize) de n'avoir pas tenu compte plus tôt de maintes informations alarmantes, de s'être décidées à parer au danger beaucoup trop tard, selon leur immémoriale habitude, c'était d'avoir attendu, pour commencer à le faire, qu'une catastrophe se fût produite. Était-ce la faute des États-Unis si l'Afghanistan était le pays où se cachait le principal chef des réseaux islamo-terroristes et si c'était donc dans ce pays qu'il fallait d'abord intervenir ? Cela n'allait pas, hélas ! et malgré toutes les précautions, sans risque pour la population civile. Mais, à la date du déclenchement des opérations, les victimes civiles, c'est plutôt à New York et à Washington qu'on les comptait par milliers, non à Kaboul. Il semble que, pour certains « humanitaires », il y ait de « bonnes » victimes civiles : ce sont les victimes américaines.

Quant à la « négociation » et à la recherche d'une solution « politique », j'aimerais bien que les ingénieux esprits qui les préconisent m'expliquent ce que donne leur brillante et si originale idée avec les Ben Laden et autres Saddam Hussein. Que n'ont-ils proposé à ces derniers de participer à une conférence internationale dans un pays neutre, sous l'égide des Nations unies ? Nous aurions pu ainsi constater l'étendue de leur succès. Ignorent-ils à ce point le fonctionnement de la mentalité terroriste ?

Il est vrai qu'à force de vouloir à tout prix donner tort aux mêmes, on perd de vue les réalités, tout comme la chronologie des événements. Qu'importent les impératifs de la géographie ou de la stratégie ? Dans leur frénésie accusatrice antiaméricaine, certains humanitaires perdirent même la tête au point d'accuser les États-Unis de vouloir tuer les civils en déversant sur le territoire afghan... des colis de vivres en même temps que des bombes. Outre que les uns n'étaient pas lancés aux mêmes endroits que les autres, ce pis-aller obéissait à l'intention de limiter le plus possible les conséquences de l'interruption de l'envoi des secours par la route. Pourquoi dissimuler que les États-Unis avaient été, de 1980 à 2001, les principaux pourvoyeurs de l'aide humanitaire en Afghanistan et que 80 % des vivres que les ONG y distribuaient dans le cadre du World Food Program étaient payés par l'Amérique ? La plus élémentaire honnêteté n'aurait-elle pas dû consister d'abord à le reconnaître, même si l'on tenait absolument à critiquer les parachutages destinés à pallier l'interruption forcée des convois ?

Pour ne pas être métamorphosés en « agresseurs », les Américains auraient dû s'abstenir de toute riposte au terrorisme international et de toute tentative pour en traquer les chefs. « Bombarder un pays exsangue est absurde ; il faut des solutions politiques[1] », dit par exemple un intellectuel et diplomate iranien de grand talent, Ihsan Naraghi, auquel les ayatollahs de la République islamiste ont d'ailleurs fait faire un « politique » séjour en prison, à l'époque de leur « révolution ». C'est oublier que les Américains n'ont bombardé l'Afghanistan que dans la mesure où Ben Laden et ses hommes y avaient trouvé un abri, grâce à la complicité des taliban, avec lesquels il s'est révélé inutile de négocier. Ce n'est pas le peuple afghan en tant que tel qui était la cible des opérations aériennes américaines, c'étaient les installations militaires des taliban, bien qu'on sache que, malheureusement, tout bombarde-

---

1. Dans *Jeune Afrique-L'Intelligent*, 23 octobre 2001.

ment, même si on cherche à le circonscrire, ne peut éviter de frapper des civils. Mais au bout de quelques jours, il n'était plus question dans la presse internationale et dans les organisations humanitaires que des bombardements américains et de leurs victimes civiles afghanes, dont le nombre n'avait d'ailleurs pour source, évidemment tendancieuse, que les taliban eux-mêmes, puisque ceux-ci empêchaient les journalistes étrangers de venir sur place faire leurs propres enquêtes.

Les gouvernements démocratiques, certes, pour la plupart, quelles que fussent les différences et les divergences qui pouvaient exister entre eux, restèrent conscients du seul danger réel à écarter, celui de ce nouveau terrorisme qui, par son ampleur, sa richesse, ses moyens techniques et ses ramifications les menaçait tous plus ou moins ou les menacerait tôt ou tard. Mais les opinions publiques et les médias, surtout dans les pays musulmans, en vinrent très rapidement à considérer l'intervention en Afghanistan comme un phénomène isolé, sans antécédent qui l'expliquât, et un combat non contre Ben Laden mais contre l'Islam tout entier. Et pourtant, l'islamo-terrorisme des intégristes menaçait plusieurs gouvernements dans des pays musulmans aussi, la Tunisie ou l'Égypte par exemple.

Les 11 et 12 septembre, devant les ruines et les milliers de cadavres, nous étions « tous américains ». Mais, au bout de quarante-huit heures, quelques notes discordantes se faisaient entendre. Ne fallait-il pas s'interroger sur les causes profondes, les « racines » du mal qui avait poussé les terroristes à leur action destructrice ? Les États-Unis ne portaient-ils pas une part de responsabilité dans leur propre malheur ? Ne fallait-il pas prendre en considération les souffrances des pays pauvres et le contraste de leur misère avec l'opulence américaine ?

Cette argumentation, dont j'ai déjà démontré la fausseté, ne s'exprima pas uniquement dans les pays dont la population exaltée par le djihad acclama, dès les premiers jours, la catastrophe de New York, à ses yeux châtiment bien mérité. Elle se fraya aussi un chemin dans les démocraties européennes, où, assez vite, on laissa entendre çà et là que le devoir de pleurer les morts ne devait pas occulter le droit d'analyser les motifs.

Quelles sont les véritables causes de l'attaque du 11 septembre 2001 contre New York et Washington, qui relève plus de l'acte de guerre que de l'attentat terroriste ?

La cause principale, il faut la voir sans conteste dans le ressentiment qui ne cesse de s'intensifier contre les États-Unis, surtout depuis l'effondrement communiste et l'émergence de l'Amérique comme « seule superpuissance mondiale », selon l'expression honnie et consacrée. Cette exécration est particulièrement marquée dans les pays d'islam, en raison de l'existence d'Israël, attribuée à la seule Amérique. Mais elle est présente plus discrètement sur toute la surface de la planète, y compris en Europe, où elle a été élevée, dans certaines capitales, au statut d'idée fixe et de principe à peu près unique en politique étrangère.

C'est ainsi que l'on impute aux États-Unis tous les maux, réels ou supposés, qui affligent l'humanité, depuis la baisse du cours du bœuf en France jusqu'au sida en Afrique et au réchauffement éventuel de l'atmosphère. Les primates vociférateurs et casseurs de l'antimondialisation, en déshérence de maoïsme, s'en prennent en réalité à l'Amérique, synonyme de capitalisme. Cette obsession aboutit à une véritable déresponsabilisation du monde.

Prenons le cas d'Israël. La création de cet État en Palestine peut se discuter, mais une chose est sûre : elle est le résultat direct de l'antisémitisme européen. D'ailleurs entre les pogromes et l'Holocauste, beaucoup plus de juifs européens ont émigré en Amérique qu'au Proche-Orient. Que les États-Unis, pas seuls au demeurant, aient soutenu Israël depuis sa naissance est exact, mais ils ne sont pas à l'origine de cette naissance.

Quant à l'« hyperpuissance » américaine, qui en empêche tant de dormir, les Européens (on ne le leur rappellera jamais assez) devraient s'interroger sur leurs propres responsabilités dans la genèse de cette prépondérance. Car ce sont les Européens, que je sache, qui ont fait du XXe siècle le plus noir de l'histoire. Ce sont eux qui ont provoqué les deux apocalypses que furent les deux guerres mondiales. Ce sont eux qui ont inventé les deux régimes politiques les plus absurdes et les plus criminels jamais infligés à l'espèce humaine. Si l'Europe occidentale en 1945 et l'Europe orientale en 1990 étaient un champ de ruines, la faute à qui ? L'« unilatéralisme » américain est la conséquence, non la cause, de la baisse de puissance du reste du monde. Mais l'habitude s'est prise de renverser les rôles et de mettre les États-Unis en accusation à tout propos. Comment s'étonner que tant de haine accumulée finisse par pousser des fanatiques à compenser par une boucherie « unilatérale » leurs propres échecs ?

Le terrorisme antiaméricain, nous serine-t-on, serait explicable, voire justifiable, par la « pauvreté croissante » que répandrait le capitalisme au moyen de la mondialisation, orchestrée par les États-Unis. C'est le thème qui circule dans les cercles d'Attac[1], dans la revue *Politis*, chez les Verts allemands, les intellectuels latino-américains, plusieurs éditorialistes africains. Aux États-Unis mêmes, la gauche extrême (Radical Left) a organisé des manifestations pour propager ce slogan. C'est également la conviction du célèbre juge Baltasar Garzon (*El País*, 3 octobre 2001), pour qui un crime n'est un crime que s'il est commis par Pinochet, ou du prix Nobel Dario Fo (*Corriere della Sera*, 15 septembre 2001), qui écrit : « Que sont les vingt mille morts de New York (*sic*) à côté des millions de victimes que font chaque année les grands spéculateurs ? » L'attribution du prix Nobel de littérature à une nullité littéraire comme Dario Fo avait fait douter de la compétence en la matière de l'Académie de Stockholm. L'équivoque est enfin dissipée : elle voulait en réalité lui décerner le prix d'économie.

Chacun pourtant peut le vérifier : depuis cinquante ans, dans ce qu'on nommait jadis le tiers monde, une triple augmentation a eu lieu. Celle du revenu moyen, celle de la population et celle de l'espérance de vie. Cette dernière avait plus que doublé, dans l'ensemble des pays dits moins avancés, avant qu'un facteur imprévu, d'origine extérieure à l'économie, l'épidémie de sida, ne la fît à nouveau reculer. Si le Pakistan, qui a longtemps été devant l'Inde, est aujourd'hui derrière elle, ce n'est pas à cause du capitalisme mondialisateur, c'est par la faute des nationalisations socialisantes de Zulfikar Ali Bhutto. Le Bangladesh, malgré sa surpopulation et son manque de ressources naturelles, a pu atteindre l'autosuffisance alimentaire.

---

1. « Action pour une taxation des transactions financières et pour l'aide aux citoyens ». Groupe néo-marxiste.

Quant à l'exception africaine, j'y insiste de nouveau, elle est due beaucoup plus à l'étatisme qu'au libéralisme et au socialisme qu'au capitalisme. Ce sont surtout ses incessantes guerres civiles qui ne cessent de déchirer le continent. Les causes du naufrage africain sont plus politiques et idéologiques ou tribales qu'économiques.

C'est également le cas pour le terrorisme. L'autre erreur que commettent les tenants de la culpabilité américaine dans les attentats de septembre consiste à croire que l'on peut couper les racines du terrorisme par une politique de développement et de modernisation qui de toute façon a lieu. Le terrorisme basque n'est pas né de ce que le Pays basque était plus pauvre que le reste de l'Espagne. Il en était au contraire l'une des provinces les plus prospères. Le monde musulman, source de l'hyperterrorisme actuel, compte certains des pays les plus riches de la planète. A commencer par l'Arabie Saoudite, qui finance les réseaux d'Oussama ben Laden et de bien d'autres intégristes, en Algérie ou en Europe. Le terrorisme islamique en général est l'enfant d'une idée fixe religieuse, non point d'une analyse des causes de la pauvreté. Il ne peut conduire à aucune amélioration du sort des sociétés en retard. Au contraire, il repousse comme incompatibles avec le Coran tous les remèdes qui pourraient contribuer à cette amélioration : la démocratie, la laïcité, la liberté intellectuelle, l'égalité de l'homme et de la femme, l'ouverture aux autres cultures, le pluralisme critique.

Bien pis : l'hyperterrorisme inauguré à New York a été la cause indirecte d'un retour en arrière des pays les plus pauvres. La crise économique qu'il a provoquée ou aggravée dans les pays industrialisés a entraîné une chute de leurs importations en provenance des régions les moins avancées, une régression du tourisme en direction de ces mêmes régions et un recul des investissements privés dans les contrées en voie de développement. Selon la Banque mondiale, les investissements concernés sont tombés de 240 milliards de dollars en 2000 à 160 milliards en 2001. D'après le président de cette même banque, dix millions de personnes dans le tiers monde sont repassées de ce fait au-dessous du dollar par jour de revenu ; des dizaines de milliers d'enfants de plus risquaient de mourir de faim, des centaines de millions d'emplois ont été anéantis.

A chaque nouvelle vague de terrorisme – et elles n'ont pas été rares, depuis trente ans, sur tous les continents – on voit réapparaître le même raisonnement, ou la même interrogation : quel critère objectif permet de distinguer un terroriste d'un résistant ? Le même individu est un terroriste aux yeux des uns et un combattant de la liberté aux yeux des autres. Durant les années d'occupation, la Gestapo n'appelait-elle pas terroristes ceux que les patriotes français appelaient résistants ? Abstenons-nous donc de classer dans le terrorisme toute action violente qui nous déplaît.

Ce relativisme n'a pas manqué de ressurgir après le 11 septembre. L'agence britannique Reuters a même, fin septembre, donné pour consigne à ses journalistes d'écarter l'emploi du terme « terroriste » pour qualifier les attentats de New York et de Washington ou pour désigner leurs auteurs. Ces scrupules honorent ceux qui les éprouvent, mais paraissent excessifs car ils font un peu rapidement l'économie d'une analyse plus précise. Il existe, pour distinguer un terroriste d'un authentique combattant de la liberté, des critères moins subjectifs que celui de notre point de vue personnel selon le camp auquel nous appartenons ou auquel va notre sympathie. Lesquels ? On peut considérer la violence comme légitime si elle est effectivement le seul moyen de tenter de recouvrer la liberté. C'est le cas lorsqu'on subit une dictature qui supprime les droits de l'homme, surtout si elle est totalitaire, et plus particulièrement si elle est le fait d'une armée d'occupation étrangère. Or presque aucun des mouvements terroristes qui ont sévi depuis trente ans ou qui sévissent encore ne constitue une réponse à cette situation. Les Brigades rouges en Italie, la Fraction de l'Armée rouge en Allemagne, Action directe en France, l'ETA au Pays basque espagnol depuis 1977, les nationalistes corses, l'Ira en Irlande du Nord, le Sentier lumineux au Pérou depuis 1980 se livraient ou se livrent à la violence dans des pays démocratiques, où la liberté est assurée par les institutions, où l'on peut s'exprimer librement, créer des journaux et des partis politiques, voter, se présenter aux élections, manifester. Les militants de ces mouvements étant toujours restés très minoritaires dans les urnes, ils tuaient ou tuent encore faute de pouvoir convaincre. Leur ennemi est non pas la tyrannie, mais bien la démocratie. C'est exactement le contraire pour le résistant. Voilà, peut-on penser, un critère simple et clair qui permet de définir le terroriste. Loin de libérer, il asservit. L'autre caractéristique du terrorisme est qu'il s'en prend principalement à des citoyens ordinaires sans défense. Placer des bombes dans les magasins ou dans les trains, faire sauter dans les rues des voitures chargées d'explosifs, frapper les gens au hasard, en temps de paix, c'est, à la lettre, « terroriser » l'ensemble d'une population. De 1990 à 2000, en Algérie, pays non démocratique, le GIA (Groupe islamique armé) a tué cent mille personnes. Non des membres de l'organisation militaire qui exerce la dictature, mais de préférence des villageois qui n'avaient pas le moindre pouvoir politique. Les victimes de ces tueries sont d'autant plus exemplaires qu'elles sont plus inoffensives et servent ainsi aux terroristes à renforcer le climat général d'insécurité. Les attentats du 11 septembre correspondent sans conteste à cette description.

Enfin, le propre du terrorisme est d'avoir des buts vagues et indéfiniment extensibles, sans d'ailleurs que l'on puisse établir de lien rationnel entre ces buts et les actes commis en vue de les atteindre. Si les terroristes de la bande à Baader en Allemagne ou des Brigades rouges italiennes se figuraient pouvoir jeter bas le capitalisme en assassinant quelques ministres et en disséminant des explosifs, ils se faisaient des illusions, révélant à quel point ils avaient perdu le sens de l'efficacité et le contact avec la réalité. En quoi la cause palestinienne, lors de la deuxième Intifada, pouvait-elle être servie par la tuerie de plusieurs dizaines d'adolescents dans une discothèque ? Le but était-il de consolider un État palestinien coexistant avec un État israélien rentré dans ses frontières, ou n'était-il pas bien plutôt de détruire purement et simplement Israël, ce qui alors revenait à rejeter les accords passés et à instaurer une guerre interminable ? L'équivoque est constante.

Il n'y a en revanche aucune équivoque dans le but poursuivi par les fondamentalistes d'Al Qaeda, l'organisation mondiale créée par Ben Laden : ils veulent convertir de force l'humanité entière à l'islam. Le seul énoncé de cette ambition en étale au grand jour la nature à la fois irrationnelle et irréalisable. C'est pourquoi les explications de ce nouveau terrorisme par des facteurs concrets, telles les inégalités entre les nations, n'étaient pas pertinentes. Ce que les intégristes reprochent aux Occidentaux et avant tout aux Américains, ce n'est pas d'être riches, c'est de n'être pas musulmans. Certes, ils leur attribuent aussi la responsabilité de leurs propres échecs, au lieu de se demander pourquoi les sociétés musulmanes n'ont pas réussi à entrer dans la modernité. Mais l'essentiel n'est pas là : leur terrorisme est justifié à leurs yeux parce qu'il frappe des infidèles qui refusent d'embrasser l'islam.

Non seulement Ben Laden ou ses émules et successeurs voient dans les États-Unis un « ennemi de l'islam qui doit être détruit », mais même des musulmans américains, sans aller aussi loin, croient pouvoir entreprendre de convertir tous leurs concitoyens. L'un de leurs porte-parole, Siraj Wahaj, qui eut l'honneur d'être le premier musulman invité à prononcer la prière quotidienne à la Chambre des représentants, déclarait récemment : « Il incombe aux musulmans américains de remplacer le gouvernement constitutionnel actuel par un califat et d'élire un émir[1]. »

On se leurre quand on conseille de recourir à la négociation et à des « solutions politiques » pour calmer les fanatiques d'Al Qaeda. Il faudrait pour cela que leurs motivations fussent logiques. Mais un abîme les sépare de toute pratique rationnelle. Et le terrorisme est justement la parodie d'action qui sert à combler cet abîme.

Les deux mois qui ont suivi le déclenchement de la guerre islamo-terroriste contre la démocratie en général et les États-Unis en particulier auront été un banc

---

[1]. Voir Daniel Pipes, « Militant Islam in America », *Commentary*, novembre 2001.

d'essai fort intéressant et révélateur, puisque l'on a vu s'exacerber au cours de cette période les phobies et les mensonges de l'antiaméricanisme traditionnel et du néototalitarisme.

Le plus épais de ces mensonges consiste, de la part des musulmans, à justifier l'islamo-terroriste en attribuant à l'Amérique une hostilité ancienne et générale à leur encontre. Or, dans le passé lointain ou proche, les États-Unis ont sans comparaison possible beaucoup moins nui aux pays musulmans que le Royaume-Uni, la France ou la Russie. Ces puissances européennes les ont souvent conquis, occupés, voire opprimés pendant des dizaines d'années et parfois plus d'un siècle. Les Américains n'ont en revanche jamais colonisé de pays musulman. Ils ne sont pas davantage hostiles à l'Islam en tant que tel aujourd'hui. Tout au contraire, leurs interventions en Somalie, en Bosnie, au Kosovo, de même que leurs pressions sur le gouvernement macédonien ont eu ou ont pour objet de défendre des minorités islamiques. J'ai rappelé plus haut qu'ils ne sont pas non plus la cause historique de l'émergence d'Israël, due à l'antisémitisme des Européens. La coalition de vingt-huit pays à laquelle ils ont fourni l'essentiel de sa force militaire contre l'armée irakienne en 1991 ne visait pas Saddam Hussein en tant que musulman, elle le visait en tant qu'agresseur. Cette coalition fut d'ailleurs formée à la demande de l'Arabie Saoudite, inquiète de la menace que représentait pour elle et pour tous les émirats le dictateur de Bagdad. On peut donc souligner qu'en l'occurrence les États-Unis et leurs alliés ont *défendu*, là encore, un petit pays musulman, le Koweït, contre un tyran qui, lui, était fort peu musulman, puisque l'Irak est en théorie laïc et puisque Saddam massacre volontiers à l'arme chimique les chiites du sud de son pays et les Kurdes du nord, eux aussi musulmans. Il est donc curieux que les musulmans américanophobes ne voient aucun inconvénient à ce que l'Irak, dont la population est majoritairement musulmane, attaque d'autres musulmans, l'Iran d'abord en 1981, puis le Koweït en 1990, selon les procédés de l'impérialisme belliciste le plus primitif. Aussi bien, en Algérie, depuis 1990, ce sont des musulmans qui massacrent d'autres musulmans. Combien il est étrange que les prétendus défenseurs des peuples musulmans n'en soient nullement scandalisés !

Les musulmans pourraient aussi éventuellement se rappeler qu'en 1956 ce sont les États-Unis qui ont arrêté l'offensive militaire anglo-franco-israélienne contre l'Égypte, dite « expédition de Suez ».

Un deuxième mensonge a été cultivé après le 11 septembre 2001, c'est le mythe d'un islam tolérant et modéré. Ce mythe est partagé en deux volets. Le premier relève de l'histoire des religions et de l'exégèse des textes sacrés. C'est l'affirmation selon laquelle le Coran enseignerait la tolérance et ne contiendrait aucun verset autorisant l'usage de la violence contre les non-musulmans ou contre les apostats. Malheureusement, cette légende lénifiante ne résiste pas au plus sommaire examen du Livre saint de l'islam, qui fourmille, au contraire, de passages faisant obligation aux croyants d'exterminer les infidèles. Dans les discussions à ce sujet, ravivées de plus belle après les attentats, de nombreux commentateurs rappelèrent cette vérité, en citant force versets l'illustrant et la démontrant sans contestation possible. Je citerai, entre autres, le livre de Jacques Rollet, *Religion et Politique*[1] ou

---

1. Grasset, 2001. Voir les propos de cet auteur dans *Le Point* du 21 septembre 2001, n° 1514.

encore l'article de Ibn Warraq, « L'Islam, une idéologie totalitaire[1] ». Ibn Warraq est un Indo-Pakistanais, auteur d'un livre retentissant intitulé *Pourquoi je ne suis pas musulman*[2]. Depuis la publication de son livre, il doit vivre caché (comme, depuis 1989, Salman Rushdie, l'auteur des *Versets sataniques*, ou la Bangladaise Taslima Nasreen, qui osa protester, en 1993, contre la condition des femmes en pays d'islam). Repéré, Ibn Warraq se ferait abattre par ses infiniment tolérants ex-coreligionnaires. Il transcrit un chapelet édifiant de sourates coraniques, par exemple celle-ci (sourate IV, verset 76) : « Tuez les idolâtres partout où vous les trouverez. » C'est d'ailleurs le pieux devoir que n'ont pas manqué d'accomplir les bons musulmans barbus qui, le dimanche 28 octobre 2001, à Bahawalpur, au Pakistan, firent irruption avec des mitraillettes dans un temple protestant où se déroulait l'office, tuèrent le pasteur et seize fidèles (quatre enfants, sept femmes et cinq hommes) auxquels s'ajoutèrent plusieurs dizaines de blessés graves, dont une fillette de deux ans. Il y a, noyés parmi cent quarante millions de musulmans, environ deux millions de chrétiens pakistanais, catholiques ou protestants, qui ne peuvent évidemment être, ni de près ni de loin, fautifs des méfaits que les fous d'Allah imputent à l'Occident. C'est donc bien et uniquement en qualité d'infidèles que ces victimes innocentes ont été assassinées. D'ailleurs Ben Laden venait de lancer le mot d'ordre : « Tuez les chrétiens ! » Il a été entendu. Peu après, il a tourné sa prunelle meurtrière contre Kofi Annan, le secrétaire général de l'Onu, qualifié par lui de « criminel ». À propos de

---

1. *Marianne*, 24 septembre 2001.
2. L'Âge d'homme, 1999.

« victimes innocentes », il ne m'est pas revenu que la gauche européenne ait versé beaucoup de pleurs sur ces chrétiens pakistanais.

Ce qui dicte la vision du monde des musulmans, c'est que l'humanité entière doit respecter les impératifs de leur religion, alors qu'ils ne doivent eux-mêmes aucun respect aux religions des autres, puisqu'ils deviendraient alors des renégats méritant l'exécution immédiate. La « tolérance » musulmane est à sens unique. Elle est celle que les musulmans exigent pour eux seuls et qu'ils ne déploient jamais envers les autres. Soucieux de se montrer tolérant, le pape a autorisé, encouragé même, l'édification d'une mosquée à Rome, ville où est enterré saint Pierre. Mais il ne saurait être question de construire une église à La Mecque, ni nulle part en Arabie Saoudite, sous peine de profaner la terre de Mahomet. En octobre 2001, des voix islamiques, mais aussi occidentales, ne cessèrent d'inviter l'Administration américaine à suspendre les opérations militaires en Afghanistan durant le mois du ramadan, qui allait commencer à la mi-novembre. Guerre ou pas guerre, la décence – disaient les bien-intentionnés – impose certains égards pour les fêtes religieuses de tous. Belle maxime, sauf que les musulmans s'en tiennent pour les seuls exemptés. En 1973, l'Égypte n'a pas hésité à attaquer Israël le jour même du Kippour, la plus importante fête religieuse juive, guerre qui est restée dans l'histoire précisément sous l'appellation la « guerre du Kippour ».

Le deuxième volet du mythe de l'islam tolérant consiste à soutenir hautement que le gros des populations musulmanes désapprouve le terrorisme, et au premier rang l'immense majorité des musulmans résidents ou citoyens des pays démocratiques d'Europe ou d'Amérique. Les muphtis ou recteurs des principales mosquées en Occident se sont fait une spécialité de ces assurances suaves. Après chaque déferlement d'attentats meurtriers, par exemple en France en 1986 et en 1995, ou après la *fatwa* ordonnant de tuer Salman Rushdie en 1989 ou Taslima Nasreen en 1993 pour « blasphème », ils n'ont pas leurs pareils pour garantir que les communautés dont ils ont la charge spirituelle sont foncièrement modérées. Dans les milieux politiques et médiatiques, on leur emboîte avec empressement le pas, tant la crainte nous étrangle de passer pour racistes en constatant simplement les faits. Comme le dit encore Ibn Warraq, « la lâcheté des Occidentaux m'effraie autant que les islamistes [1] ».

Ainsi, le quotidien *Le Parisien-Aujourd'hui*, dans son numéro du 12 septembre 2001, publie un reportage sur l'atmosphère de liesse qui a régné durant toute la soirée du 11 dans le XVIIIe arrondissement de Paris, où vit une importante communauté musulmane. « Ben Laden, il va tous vous niquer ! On a commencé par l'Amérique, après ce sera la France. » Tel était le type de propos « modérés » adressés aux passants dont le faciès semblait indiquer qu'ils n'étaient pas maghrébins. Ou encore : « Je vais faire la fête ce soir car je ne vois pas ces actes [les attentats de New York et de Washington] comme une entreprise criminelle. C'est un acte héroïque. Ça va donner une leçon aux États-Unis. Vous, les Français, on va tous vous faire sauter. » Ce reportage du *Parisien* n'a eu d'équivalent dans aucun autre organe de la presse écrite et fut passé sous silence par la quasi-totalité des médias. En tout cas,

---

1. *Le Figaro Magazine*, 6 octobre 2001. Qu'on me permette de renvoyer sur ce point à mon livre *Le Regain démocratique, op. cit*, chapitre XIIe : « Démocratie islamique ou islamo-terrorisme ? »

auditeur assidu, chaque matin, des diverses revues de presse radiophoniques, je ne l'ai entendu mentionner dans aucune d'entre elles, sauf erreur, ce 12 septembre.

Malgré l'imprécision des statistiques, on considère que la population vivant en France compte entre quatre et cinq millions de musulmans. C'est la communauté musulmane la plus nombreuse d'Europe, suivie, loin derrière, par celles d'Allemagne et de Grande-Bretagne. Si « l'immense majorité » de ces musulmans était modérée, comme le prétendent les muphtis et leurs suiveurs médiatico-politiques, il me semble que cela se verrait un peu plus. Par exemple, après les bombes de 1986 puis de 1995, à Paris, qui tuèrent plusieurs dizaines de Français et en blessèrent bien davantage, il aurait bien pu se trouver, sur quatre millions et demi de musulmans, dont une bonne part avait la nationalité française, quelques milliers de « modérés » pour organiser une manifestation et défiler de la République à la Bastille ou sur la Canebière. Nul n'en a jamais vu l'ombre.

En Espagne, des manifestations rassemblant jusqu'à cent mille personnes ont souvent eu lieu en 2001 pour honnir les assassins de l'ETA militaire. Elles se sont déroulées non seulement dans l'ensemble du pays, mais au Pays basque même, où les manifestants pouvaient craindre des représailles, quoique les partisans des terroristes y fussent effectivement très minoritaires, comme l'ont encore prouvé les élections régionales de novembre 2000.

Si, au rebours, les musulmans modérés en France osent si peu se manifester, la raison n'en serait-elle pas qu'ils savent que ce sont eux les minoritaires au sein de leur communauté et non les extrémistes ? Voilà pourquoi ils sont modérés... avec modération. Il en va de même en Grande-Bretagne, où l'on vit, en 1989, les musulmans, pour la plupart d'origine pakistanaise, se déchaîner pour hurler à la mort contre Salman Rushdie, mais où l'on ne vit aucun d'entre eux protester contre ces cris barbares. Après le 11 septembre, tel porte-parole qualifié des musulmans britanniques, El Misri, définit les attentats contre le World Trade Center comme des actes de « légitime défense ». Tel autre, Omar Bakri Mohammed, lança une *fatwa* ordonnant de tuer le président du Pakistan, coupable d'avoir pris position en faveur de George Bush contre Ben Laden[1]. Chacun a eu beau tendre l'oreille, personne n'a entendu la moindre foule « modérée » islamo-britannique protester dans les rues contre ces appels au meurtre, parce qu'il n'en existe aucune, pas plus qu'il n'y a de foule « modérée » islamo-française. La notion que « l'immense majorité » des musulmans fixés en Europe serait modérée se révèle n'être qu'un rêve, ce qui fut mis spectaculairement en lumière durant les deux mois qui suivirent les attentats contre les États-Unis.

Le président Bush a bien agi lorsqu'il a proclamé solennellement, dès le lendemain de ces attentats, qu'il était sûr du patriotisme des citoyens américains de confession musulmane ; et il a eu raison de se rendre dans des mosquées pour illustrer cette confiance de sa part. Il s'agissait d'éviter que, sous l'effet de la fureur soulevée par l'ampleur du crime, les Arabo-Américains ne fussent la cible de représailles indignes. George Bush s'est ainsi conformé à la meilleure morale démocratique. Et plusieurs chefs d'État ou de gouvernement

---

1. Voir « Londres, les forcenés de l'Islam », *Le Point*, 2 novembre 2001, n° 1520.

européens ont avec sagesse agi de même Ce scrupule démocratique honore Américains et Européens, mais ne doit pas les rendre aveugles devant la haine pour l'Occident de la majorité des musulmans vivant parmi nous.

Les dirigeants démocratiques, après le 11 septembre 2001, ont pris grand soin de souligner que le combat des Occidentaux contre le terrorisme n'était pas un combat contre l'islam. Mais les islamistes, de leur côté, ne se sont pas gênés pour proclamer que leur combat terroriste était un combat contre les Occidentaux. Leur objectif est le fruit d'un délire, sans doute, mais il est bel est bien de détruire la civilisation occidentale en tant qu'impie et impure. C'est pourquoi toutes les explications de l'hyperterrorisme par l'hyperpuissance américaine et la mondialisation capitaliste, bref par des causes économiques et politiques analysables rationnellement sont ici dénuées de pertinence. Ce que les intégristes reprochent à notre civilisation, ce n'est pas ce qu'elle fait, c'est ce qu'elle est, ce n'est pas ce qu'elle rate, c'est ce qu'elle réussit. Aussi toutes les ritournelles sur la nécessité de rechercher une « solution politique » à l'islamo-terrorisme reposent-elles sur l'illusion qu'une telle solution puisse exister dans un univers mental à ce point coupé de la réalité.

Un manuel distribué aux apprentis terroristes dans les camps d'entraînement de Ben Laden et qui circule aussi en Grande-Bretagne dans une traduction anglaise spécifie sans équivoque les principes et les buts de la guerre sainte. Les références philosophiques qu'il contient montrent que ses auteurs ne sont pas d'ignares illuminés de village et ont sans doute fréquenté les universités occidentales. Ils se prononcent donc en toute connaissance de cause. On peut y lire : « La confrontation avec les *régimes apostats* à laquelle nous appelons ignore les débats socratiques, les idéaux platoniques et la diplomatie aristotélicienne. Elle connaît, en revanche, les idéaux de l'assassinat, des bombes, de la destruction, ainsi que la diplomatie du canon et de la mitraillette. Missions assignées : la principale mission dont notre organisation militaire est responsable consiste à renverser les *régimes sans Dieu* et à les remplacer par un régime islamique. » Cet opuscule n'est qu'un échantillon au milieu d'un torrent d'exhortations du même style. J'ai souligné les expressions qui prescrivent l'annihilation de nos civilisations et de ses penseurs. Il ne s'agit pas du tout, dans l'esprit des terroristes, d'aménager la mondialisation ou d'accroître l'aide aux pays émergents, il s'agit d'extirper le Mal de toute la planète et d'y substituer le Bien, c'est-à-dire l'islam.

Les ennemis de la démocratie dans nos propres pays ne s'y trompent d'ailleurs pas. Des jeunes d'extrême droite, adeptes de Jean-Marie Le Pen, ont sablé le champagne, à une permanence du Front national, en regardant les images télévisées des Twin Towers s'écroulant dans les flammes, le 11 septembre. A l'autre bout de l'éventail politique, les délégués de la Confédération générale du travail, le syndicat communiste, à la fête de *L'Humanité*, le 16 septembre, ont sifflé le discours par lequel le secrétaire national du parti communiste lui-même, Robert Hue, demandait trois minutes de recueillement en mémoire des victimes américaines des attentats. C'est la même hostilité envers la civilisation démocratique qui a poussé des milliers de spectateurs, des Français d'origine maghrébine, à siffler *La Marseillaise* avant le début du match de football France-Algérie, le 6 octobre.

A ces jubilations et vociférations s'ajoutèrent, dans des milieux politiques et intellectuels de gauche, certaines réactions plus nuancées mais qui tendaient néanmoins à insinuer que les attentats perpétrés contre les États-Unis n'étaient pas moralement injustifiés. Il est à noter que tous ces points de vue antiaméricains se sont mis à circuler et à se propager sans retenue avant le 7 octobre 2001, c'est-à-dire *avant* le début des bombardements visant à déloger les taliban de Kaboul. Après cette date, les bombardements sont devenus le motif le plus souvent invoqué pour prendre parti contre les Américains. Mais ce ne fut qu'un élément additionnel dans un réquisitoire qui donnait tort dès le début à l'Amérique en tant que modèle du capitalisme démocratique et de la civilisation « matérialiste ». Chacun sait que le désintéressement le plus pur règne dans tous les pays d'Afrique ou d'Asie, notamment les pays musulmans, et que la corruption universelle qui les ruine et les ravage est l'expression d'une haute spiritualité.

Bien des esprits sensés, tout en ne tombant pas dans une furie aussi pathologique, sous-entendaient néanmoins un système explicatif qui lui était lointainement apparenté.

Le Premier ministre français lui-même, Lionel Jospin, ne fut pas sans souscrire discrètement à cette interprétation lorsqu'il demanda : « Quelle leçon les Américains vont-ils tirer de ce qui vient de se passer ? » Cette leçon, indiqua notre Premier ministre, devra consister pour les États-Unis à modérer leur « unilatéralisme ». Peut-être les États-Unis sont-ils coupables d'« unilatéralisme ». Mais la question qui se posait en l'occurrence était de savoir si la destruction terroriste de villes américaines y était la réponse appropriée.

Tout en confirmant la solidarité franco-américaine dans la lutte contre le terrorisme, M. Jospin n'écartait donc pas tout à fait l'idée que le châtiment terroriste infligé à l'Amérique le 11 septembre n'était pas entièrement immérité. Allant plus loin, un porte-parole d'Attac cita l'adage : « Qui sème le vent récolte la tempête. » Fort répandue, cette opinion, d'après les diverses déclarations que rapportèrent les médias, était évidemment partagée par les musulmans dits « modérés » de France, de Grande-Bretagne ou d'ailleurs, même si, d'après les sondages, paraît-il, ils condamnaient le *principe* du terrorisme. Mais en condamnaient-ils la pratique ? Apparemment non.

En tout cas, si la mondialisation est réprouvée par les élites de gauche lorsqu'elle est libérale, elle est adoptée sans nulle fausse honte par les musulmans intégristes lorsqu'elle devient islamique. « *Islam will dominate the world* », « l'Islam dominera le monde », telle est la devise qui figurait, par exemple, sur les pancartes brandies par des manifestants islamistes de nationalité britannique, qui défilaient en octobre 2001 à Luton (55 km au nord de Londres). Les bien-pensants occidentaux prennent leurs rêves pour des réalités – ou leurs auditeurs pour des imbéciles – lorsqu'ils se disent convaincus de la tolérance fondamentale du monde islamique. On aurait pu imaginer que d'assez nombreux musulmans, tout en rendant, à tort ou à raison, les Occidentaux responsables des difficultés et retards du monde islamique, signalent cependant que le terrorisme était une absurdité criminelle qui ne résoudrait en rien leur problème. S'ils existent, on ne les entendit guère. Les dirigeants politiques musulmans qui, pour des raisons diplomatiques et stratégiques, au Pakistan ou en Arabie Saoudite, condamnèrent les attentats, le firent en payant cette audace de leur popularité dans leurs pays respectifs.

L'évolution globale d'une grande partie des opinions publiques, des « experts » et des médias, au cours des deux mois qui suivirent le 11 septembre 2001, les conduisit ainsi à cette conclusion ou, du moins, à cette interprétation constamment sous-entendue : la seule agression réelle avait été non pas l'attaque des hyper-terroristes islamiques mais la réplique des États-Unis contre les taliban et Ben Laden. Naturellement, cette version des faits fut celle de la plupart des musulmans dès le début. Mais le phénomène intéressant est qu'elle se répandit assez largement par la suite en Occident. Les critiques les plus modérés admettaient vaguement que l'Amérique avait été attaquée. Mais ils professaient que le risque suprême était celui de faire des victimes civiles en Afghanistan. Pis : d'y susciter une « catastrophe humanitaire ». Ce risque, certes, n'était que trop tragiquement réel. Que tout dût être mis en œuvre pour épargner les populations et secourir les réfugiés, c'était l'évidence même. Mais il fallait une sérieuse dose d'« unilatéralisme » pour imputer à l'Amérique seule la responsabilité de cette situation. La malheureuse population afghane subissait depuis plus de vingt ans les effets des crimes commis d'abord par l'Armée rouge, ensuite par les fanatiques taliban. Des hordes d'Afghans affamés n'avaient cessé depuis 1980 de fuir leur pays pour chercher refuge au-delà de l'une ou l'autre de ses frontières. Mais les horreurs, pour beau-coup, ne commencèrent qu'en 2001, par la faute des Américains, lorsque ceux-ci lancèrent une opération contre les taliban et les terroristes. La conclusion à tirer de ces considérations était fort claire. Selon les bien-pensants occidentaux, les États-Unis sont la seule nation qui n'ait pas le droit de se défendre quand un ennemi l'agresse. L'une des objections les plus malhonnêtes opposées au droit de légitime défense des Américains consiste à dire qu'ils ont utilisé Ben Laden dans la guerre contre l'URSS durant les années quatre-vingt, et même (horreur !) qu'il a été initié au combat par la CIA. (Les États-Unis, on le sait, sont le seul pays au monde qui ait des services secrets !) Mais qu'y avait-il d'anormal ou de répréhensible à ce que Ronald Reagan accepte les services de tous ceux qui voulaient résister à l'URSS, fût-ce au nom de l'islam ? Fallait-il attendre, pour refouler l'Armée rouge, que tous les Afghans et tous les Saoudiens aient lu Montesquieu ou se soient convertis au christianisme ? Imagine-t-on ce qu'aurait représenté pour l'Inde, le Pakistan, les pays du Golfe, pour nous tous, une mainmise définitive des Soviétiques sur l'Afghanistan ? Il n'y aurait jamais eu Gorbatchev. Venant des Européens qui, à l'époque, bavaient de lâcheté et se demandaient uniquement s'il fallait ou ne fallait pas aller quand même aux jeux Olympiques de Moscou (grâce à Georges Marchais, la France s'y précipita), cette critique sur les éventuels rapports passés entre la CIA et Ben Laden a quelque chose de... sous-développé.

Enfin, parmi les réactions occidentales à la guerre hyperterroriste qui a frappé les États-Unis en septembre 2001, s'inscrit la récupération de l'hyperterrorisme par les antimondialistes. Bien entendu, ceux-ci ont d'abord été eux aussi abasourdis par l'ampleur des crimes commis et réduits au silence par la vague de solidarité avec les Américains qui en résulta. L'anti-américanisme eut, pendant quelques jours, mauvaise presse. Mais pendant quelques jours seulement. Très vite émergea la notion que « Ben Laden rejoint le combat des antimondialistes [1] ». Pour le cardinal Karl Lehmann, président de la conférence épiscopale allemande, la leçon à tirer du terrorisme est que : « L'Ouest ne doit pas chercher à dominer le reste du monde [2]. » Et pour Ulrich Beck, professeur de sociologie à l'Université de Munich, les attentats marquent « la fin du néolibéralisme [3] ». Bien qu'aucun des textes dans lesquels les terroristes islamistes exposent les mobiles de leur action ne mentionne la lutte contre le libéralisme, ce sont les méfaits de celui-ci qui expliqueraient les attentats, selon de nombreux représentants de la gauche occidentale.

Avec une persistante hypocrisie, les antimondialistes ont attribué de plus belle la pauvreté des pays en voie de développement à la liberté du commerce, alors que ces mêmes pays pauvres ne cessent de se plaindre des barrières qui empêchent ou limitent l'exportation de leurs produits agricoles et de leurs textiles dans les pays riches. L'Union européenne en particulier, dont les agriculteurs tirent la moitié de leurs revenus de subventions, tient la tête dans ce protectionnisme, qui par ailleurs pousse à une surproduction qui coûte très cher aux contribuables de l'Union. Ainsi, les antimondialistes européens et américains sont totalement incohérents, car ils prétendent lutter en faveur des pays pauvres, tout en repoussant la liberté des échanges que ces pays pauvres réclament ! C'est elle que veulent les pays dits du Groupe de Cairns (créé en 1986 à Cairns, en Australie). Ce groupe comprend entre autres l'Argentine, le Brésil, le Chili, la Colombie, l'Indonésie, les

---

1. C'est l'expression employée par l'hebdomadaire *Jeune Afrique-L'Intelligent* du 23 octobre 2001, p. 7.
2. *Le Figaro*, 3 novembre 2001.
3. *Le Monde*, 10 novembre 2001.

Philippines ou la Thaïlande, pour lesquels les exportations agricoles sont vitales. Aussi le Groupe de Cairns s'est-il battu pour faire inscrire à l'ordre du jour du sommet de l'Organisation mondiale du commerce, à Al-Dawa (Doha), au Qatar, en novembre 2001, au moins une suppression *graduelle* des subventions et des protections dont s'engraisse l'agriculture des pays les plus riches. L'Union européenne n'a, une fois encore, discuté du sujet qu'à contrecœur, tout en rejetant classiquement la responsabilité du protectionnisme sur les États-Unis. On s'en serait douté ! Le ministre français de l'Économie, Laurent Fabius, commentant les enjeux du sommet de Al-Dawa, s'est livré à l'étrange analyse suivante : « Il faut agir sur les déséquilibres dont se nourrissent les terroristes, c'est-à-dire gouverner la globalisation. » Par où l'on voit qu'un homme intelligent et qui n'a rien d'un extrémiste souscrit, d'abord, à la thèse antimondialiste selon laquelle la liberté des échanges serait à l'origine de l'hyperterrorisme islamique, ensuite, au programme selon lequel il conviendrait donc de la réduire, alors que les pays émergents que l'on feint d'aider demandent au contraire qu'on l'étende. Même pour des esprits sensés, l'enseignement de l'irruption hyperterroriste, c'était donc qu'il fallait juguler le libéralisme... D'ailleurs, si le groupe Attac[1] jugeait que l'Amérique avait été le seul véritable agresseur, c'est que « la guerre [en Afghanistan] est la ligne de front de la future libéralisation du monde » et qu'il importe donc de s'y opposer.

De toute façon, les antimondialistes auraient dû être enchantés des résultats du terrorisme, puisque les

---

1. La phrase qui suit est extraite d'un bulletin du groupe Attac cité dans l'*International Herald Tribune* du 2 novembre 2001, article de John Vinocur : « War transforms the Anti-Globalization crowd. »

attentats de septembre, comme je l'ai déjà mentionné plus haut, ont provoqué un effondrement du commerce mondial. Hélas ! nous l'avons vu, ce qu'ils avaient également provoqué, par voie de conséquence, c'était la chute vertigineuse des exportations des pays pauvres, y entraînant par là même la disparition de dizaines de millions d'emplois, l'aggravation de la misère et l'extension de la faim[1]. C'était là un petit inconvénient du recul de la mondialisation libérale que les antimondialistes ne semblaient pas remarquer.

De même, si la question israélienne et la nouvelle dégradation des relations israélo-palestiniennes depuis l'an 2000 ont incontestablement avivé la haine anti-israélienne d'une grande partie du monde arabe, elles ne semblent pas occuper une place de premier plan dans l'idéologie des combattants hyperterroristes de Ben Laden. Leurs textes « théoriques » font état beaucoup plus de leur haine contre les juifs en général que contre Israël. De plus, étant donné la complexité et la multiplicité des moyens mis en œuvre, il paraît évident que les attentats du 11 septembre 2001 ont été conçus et mis en chantier bien avant le début de la deuxième Intifada et l'arrivée d'Ariel Sharon au pouvoir. Il a été en outre justement noté que le premier attentat contre le *World Trade Center*, en 1993 (une voiture-bombe avait explosé dans le sous-sol), dont on a prouvé aujourd'hui qu'il était déjà dû au réseau Ben Laden, s'est produit au moment même où le processus de paix prévoyant la création d'un État palestinien venait de s'engager à Oslo. Les islamistes de l'école Ben Laden

---

1. Banque mondiale. Communiqué 2002/093/5 du 1ᵉʳ octobre 2001 : « La pauvreté en augmentation au lendemain des attentats terroristes aux États-Unis. Des millions d'êtres humains supplémentaires condamnés à la pauvreté en 2002. »

se moquent bien des compromis et visent beaucoup plus qu'Israël : c'est la civilisation moderne tout entière qui est leur véritable cible.

Cette civilisation est, en effet, à leurs yeux, intrinsèquement et, pour ainsi dire, métaphysiquement incompatible avec la civilisation islamique. Le délire paranoïaque selon lequel les Américains « attaquent partout les musulmans [1] », comme l'a dit Ben Laden et comme l'ont répété ses disciples, ne consistait qu'à s'inventer des prétextes empiriques pour justifier *a posteriori* une volonté d'extermination d'origine transcendante. « Les vraies cibles des attentats étaient les icônes des pouvoirs militaire et économique américains », précise Ben Laden. Au journaliste qui lui objecte que des centaines de musulmans aussi ont péri dans l'écroulement des tours, il répond : « La charia islamique dit que les musulmans ne devraient pas vivre dans le pays des infidèles pour une longue période [2]. » Donc les victimes musulmanes des attentats n'ont eu que ce qu'elles méritaient. On le voit, la critique du néolibéralisme ne figure guère au nombre des priorités des « néo-islamistes »

Si l'émergence de ce néo-islamisme doit conduire les démocraties à réviser leur perception du monde, il n'y a aucune raison pour que l'antilibéralisme soit le moteur principal de cette révision.

Car il ne saurait être question de nier l'étendue et la portée des changements provoqués par la « nouvelle guerre [3] » déclarée aux démocraties – et à plusieurs

---

1. Interview donnée par Ben Laden à deux quotidiens pakistanais le 9 novembre 2001. Reprise dans *Le Monde* des 11-12 novembre.
2. *Ibid.*
3. Voir François Heisbourg et la Fondation pour la recherche stratégique, *Hyperterrorisme : la nouvelle guerre*, Éditions Odile Jacob, 2001.

autres États qui n'en sont pas mais ont le tort de s'allier aux démocraties – en septembre 2001. Cette agression sans précédent, tant par la manière que par l'ampleur, a modifié sans doute durablement l'idée que les États-Unis se faisaient d'eux-mêmes et de leurs rapports avec le reste du monde. Elle a entraîné une transformation aussi rapide que profonde des relations internationales et, bien entendu, un bouleversement des conceptions stratégiques, face à des menaces inédites et largement imprévues, sinon imprévisibles.

Ces changements, il conviendra de les mesurer, de les caractériser et de les apprécier dans la durée. Mais ils ont peu de chose à voir avec les rêves passéistes des antimondialistes, anticapitalistes et antilibéraux.

CHAPITRE CINQUIÈME

LA PIRE SOCIÉTÉ QUI FUT JAMAIS

La condamnation prononcée à l'encontre des États-Unis principalement en Europe, où la France brandit, sur ce sujet, le haut-parleur le plus sonore, ne porte pas seulement sur leur « unilatéralisme » d'hyperpuissance – reproche curieusement associé, d'ailleurs, quand le besoin s'en fait sentir, au grief d'isolationnisme. La sentence flétrit également la société américaine en tant que telle, dans son fonctionnement interne. Selon ses attendus, elle serait quasiment la pire réunion d'êtres humains que l'histoire ait jamais connue.

Quel tableau de la société américaine peut se graver dans l'esprit de l'Européen moyen ? Surtout s'il est Français, il n'a guère le choix, étant donné ce qu'il lit ou entend chaque jour dans la presse et les médias, sous la plume des intellectuels et dans les discours des dirigeants politiques.

D'abord, c'est une société entièrement gouvernée par l'argent. Aucune autre valeur, ni morale, ni culturelle, ni humaine, ni familiale, ni civique, ni religieuse, ni professionnelle ou déontologique, ni intellectuelle n'y a cours par et pour elle-même. Toutes ces valeurs sont rapportées à l'argent. Chaque chose est marchandise, vue et utilisée exclusivement en tant que marchandise. Un individu n'est estimé qu'en fonction de son compte en banque. Tous les présidents des États-Unis sont vendus soit aux pétroliers soit aux trafiquants d'armes, soit au lobby agricole ou alors aux spéculateurs de Wall Street. L'Amérique est la « jungle » par excellence du libéralisme et du capitalisme « sauvages » (bien entendu). Ensuite, et en quelque sorte par voie de conséquence, les riches y sont de plus en plus riches et de moins en moins nombreux, cependant que les pauvres, dont la foule en revanche ne cesse de grossir, sont de plus en plus pauvres. La pauvreté, telle est la plaie dominante des États-Unis. On y voit partout croupir des hordes de miséreux affamés, parmi lesquelles circulent les luxueuses « chauffeured limousines » aux vitres opaques des milliardaires. Cette pauvreté et ces inégalités font légitimement horreur à l'Européen. D'autant plus que n'existent en Amérique – on le sait de source sûre – ni sécurité sociale, ni allocations de chômage, ni retraites, ni secours aux plus démunis, ni la moindre solidarité. Les Américains, croit fermement l'Européen parce que ses élites le lui répètent chaque jour, ne jouissent d'aucune couverture sociale. Seuls les riches peuvent se faire soigner, puisque là-bas, pour les médecins comme pour tous les autres Américains, seul le profit est sacré. Les riches sont également les seuls à pouvoir faire des études poussées, puisque les universités sont payantes. D'où le niveau très bas des connaissances aux États-Unis, niveau d'autant plus consternant que les enseignements élémentaire et secondaire sont d'une nullité notoire.

Autre vice typique : la violence. Elle règne partout

en Amérique, aussi bien sous la forme d'une délinquance et d'une criminalité uniques au monde que
dans la fièvre quasi-insurrectionnelle qui agite en permanence les « ghettos ». Cette dernière résulte inévitablement du racisme, ancré au cœur de la société
américaine, où il oppose d'une part les « communautés » ethniques les unes aux autres et d'autre part l'ensemble des ethnies minoritaires à la majorité de leurs
oppresseurs blancs. L'impardonnable lâcheté – dou-
blée sans doute de vénalité – qui retient depuis toujours les dirigeants politiques d'interdire la vente libre
des armes à feu aboutit périodiquement à cette horreur
que les adolescents ne se rendent guère à l'école que
pour y ouvrir le feu sur leurs professeurs et leurs
condisciples.

Autre conviction universellement répandue : tous
ces maux ont d'autant moins de chance d'être guéris
que les Américains se font un point d'honneur de
n'élire comme présidents que des arriérés mentaux.
Depuis le « marchand de cravates du Missouri » Truman jusqu'au crétin congénital du Texas George W.
Bush, en passant par le « vendeur de cacahuètes »
Carter et l'« acteur de série B » Reagan, nous contem-
plons à la Maison-Blanche une véritable galerie de
débiles profonds. Seul, à nos yeux, émergea un peu de
ce navrant troupeau John F. Kennedy, probablement
parce qu'il avait le mérite d'être marié à une femme
d'origine française. Cette union le hissait naturellement
jusqu'à un niveau intellectuel disons moyen, mais sans
doute encore trop élevé pour ses concitoyens, qui ne
le lui ont pas pardonné puisqu'ils l'ont assassiné.

De toute manière, nul ne l'ignore, les États-Unis ne
sont une démocratie qu'en apparence. Le système politique américain a révélé son vrai visage dans le maccar-

thysme, entre 1950 et 1954. Peu importe que McCarthy ait été désapprouvé par les conservateurs américains eux-mêmes et qu'en décembre 1954, le Sénat l'ait censuré par 67 voix contre 22, ce qui l'écarta définitivement de la vie politique. Il n'en demeure pas moins à jamais la quintessence du régime créé par la Constitution de 1787 [1]. On veut ignorer, d'autre part, que la Commission des activités antiaméricaines de la Chambre a été créée en 1937 pour lutter aussi bien contre le Ku Klux Klan, considéré comme une organisation antiaméricaine parce que le Klan lui aussi refusait le contrat constitutionnel qui est le cœur du système américain [2]. Ou encore, le couplet, ressassé sur nos ondes, daubant le « feuilleton hollywoodien » de l'élection de novembre 2000 présupposait que Hollywood n'avait jamais produit que des navets, ce dont on trouvera confirmation dans toute histoire sérieuse du cinéma.

De telles énormités reflètent plus les problèmes psychologiques de ceux qui les profèrent que les défauts de la société qu'ils s'imaginent mettre en accusation. Malgré la diffusion croissante de l'information et le coût décroissant des voyages depuis 1970, les absurdités régnantes dans les jugements convenus sur les États-Unis n'ont guère été corrigées et diffèrent fort peu de celles dont j'avais déjà dressé un catalogue dans *Ni Marx ni Jésus*.

On ne cessera de le redire : chaque société a certes ses défauts, ses ignominies, même. Il est loisible à tout observateur de les décrire et de les condamner. Encore faut-il que ce soient les vrais. Or le réquisitoire habituel contre les États-Unis charrie un petit lot de lieux

---

1. Sur le maccarthysme, voir plus haut, chapitre premier, p. 18.
2. Voir plus haut, chapitre deuxième, p. 46 et suivantes.

communs quasiment invariables, qui dénote surtout une méconnaissance du sujet que l'on espère volontaire, tant elle est grossière et serait aisée à corriger. Ainsi, répliquant à un article de Jacques Julliard, paru dans *Libération*[1], un certain Jean-Marc Adolphe lui reproche, dans le même journal[2], de considérer l'Amérique comme une démocratie, alors qu'elle n'en est de toute évidence pas une, puisqu'elle « réserve le droit de se soigner convenablement et de vieillir dignement aux plus fortunés ». Or si les Américains sont, pour la plupart, couverts par un système d'assurances dont les primes, réparties entre employeurs et employés, ne sont d'ailleurs pas supérieures à nos prélèvements sociaux obligatoires, il est tout aussi exact qu'en plus les dépenses *publiques* de santé représentent aux États-Unis un pourcentage du produit intérieur brut sensiblement égal au pourcentage français. Quant aux plus pauvres, ils sont notoirement couverts par un programme bien connu, appelé *Medicaid* ; les personnes âgées par un programme nommé *Medicare*, tous deux financés par de l'argent public. Certes le système de santé américain a des lacunes. Mais si le nôtre n'en avait pas, le gouvernement Jospin aurait-il été obligé de créer la CMU (Couverture maladie universelle) à l'occasion de laquelle nous avons appris que six millions de Français – soit un dixième de la population ! – n'avaient jusque-là aucun accès aux soins ? Quand M. Adolphe écrit qu'on ne saurait « vieillir dignement » aux États-Unis si l'on n'est pas fortuné, il entend vraisemblablement que les retraites versées sur l'argent public y sont inconnues. Or cette retraite,

---

1. 14 novembre 2001.
2. 15 novembre 2001.

appelée là-bas *social security*, a été instituée dès les années trente par F.D. Roosevelt.

Ce n'est là qu'un exemple qui a au moins le mérite de porter sur un point précis. Préférant les terrains vagues, M. Adolphe affirme que l'Amérique ne peut pas être une démocratie parce que, dit-il, c'est un pays « où tout s'achète et tout se vend ». Audacieuse généralisation ! On voudrait quand même savoir si l'Amérique est un pays où le pouvoir des juges est excessif, comme on le lui reproche souvent, ou bien un pays où n'existe aucun État de droit. On y trouve bien un droit, poursuit M. Adolphe, mais c'est « le droit des producteurs, qui prévaut sur celui des auteurs ». Qu'est-ce que cela peut bien signifier ? Qu'il n'y a pas aux États-Unis de contrats d'édition ? Que la propriété littéraire et artistique n'y est pas protégée ? Que l'histoire de la littérature américaine, comme celle du cinéma, est un désert, vide de tout grand créateur, de tout talent original, ceux-ci ayant été constamment bridés par les « producteurs » ?

Les lettrés européens ne sont pas les seuls à mépriser une littérature américaine à laquelle ils doivent cependant tant de thèmes rénovateurs et de techniques narratives révolutionnaires. Le quotidien *Asahi Shimbun*, interrogeant des écrivains et des philosophes japonais après le 11 septembre, enregistre parmi eux non seulement des préférences politiques penchant plus du côté des terroristes islamistes que de leurs victimes, mais encore des jugements littéraires empreints de condescendance et du sentiment de leur propre supériorité[1]. Le philosophe Yujiro Nakamura écrit par exemple :

---

1. Voir *Le Monde*, 11 décembre 2001, « Des intellectuels japonais s'interrogent sur la guerre en Afghanistan ».

« La culture américaine a toujours glorifié la santé physique et mentale et dédaigné ce qui se dissimule dans l'ombre de la nature humaine : les faiblesses et les manques. (...) Parce que des êtres sont faibles, elle les ignore car c'est là une dimension humaine qui ne sert pas la productivité ou l'efficacité. Une telle civilisation véhicule une vision unidimensionnelle du monde qui évacue la sensibilité aux abîmes d'ombre que d'autres hommes portent en eux. »

Visiblement, M. Nakamura n'a lu ni Melville, ni Poe, ni Hawthorne, ni Henry James, ni Faulkner, ni Tennessee Williams ni *La Fêlure* (*The Crack up*) de Scott Fitzgerald, pour ne citer que quelques auteurs.

Sur le terrain politique, la plupart des intellectuels consultés ne manquent pas, bien entendu, de dénoncer l'« arrogance » de l'Amérique, ajoutant que sa richesse même la disqualifie pour parler au nom des droits de l'homme. Le Japon, nul ne l'ignore, a toujours été, dans son histoire, profondément respectueux de ces derniers, comme ont pu le vérifier les Coréens, les Chinois ou les Philippins, avant et pendant la Deuxième Guerre mondiale, au point que les manuels scolaires japonais, plus de soixante ans après les faits, passent toujours patriotiquement sous silence les atrocités commises dans ces pays par l'armée japonaise. C'est la façon particulière qu'ont les historiens japonais de servir la vérité et leur discipline, avec cette modestie qui a toujours caractérisé le Japon, pays qui, on le sait, n'a jamais fait preuve d'« arrogance » ni exalté ou employé la force.

De surcroît, les écrivains américains sont beaucoup plus critiques de leur propre société que ne le proclament les perroquets de l'antiaméricanisme, japonais, français ou autres. En particulier, de 1865 à 1914, la période qui sépare la fin de la guerre de Sécession du début de la Première Guerre mondiale, et qui est appelée le *Gilded Age* qu'on pourrait traduire familièrement par « l'âge du fric », voit surgir plusieurs romanciers qui dépeignent leur société comme corrompue, vulgaire, inculte, matérialiste et hypocritement puritaine. On songe à Frank Norris, Theodore Dreiser, Upton Sinclair ou Sinclair Lewis, dont les romans sont des réquisitoires aussi outrancièrement accablants pour la société américaine que peuvent l'être les plus noirs romans de Zola pour la société française sensiblement de la même époque. Ces auteurs empruntent souvent leurs sujets aux enquêtes d'un journalisme d'investigation scrupuleux dans la recherche des faits et sans ménagement dans la formulation des leçons à en tirer – et c'est là aussi une création de la culture américaine. On appelait alors ces journalistes des *muckrackers* (littéralement « remueurs de boue »). Mais cette veine romanesque ne se tarit pas en 1914 – il suffit de mentionner, entre les deux guerres, l'œuvre de John Dos Passos[1] – et elle se prolonge après la Deuxième Guerre mondiale, comme en témoignent les romans de John Updike ou de Tom Wolfe.

De même, les films et les téléfilms américains abordent de front des « sujets de société » épineux ou des sujets politiques brûlants (l'affaire Watergate par exemple) beaucoup plus fréquemment et crûment que ne le fait la production européenne. L'idée qu'en Amérique la littérature et le cinéma seraient entièrement voués à l'autosatisfaction du rêve américain et de l'excellence américaine relève du délire – ou de l'igno-

---

1. Surtout sa célèbre trilogie intitulée *USA (1919, 42ᵉ parallèle, La Grosse galette).*

rance qui, comme presque toujours dans le cas des États-Unis, est une ignorance volontaire, autrement dit découle de la mauvaise foi.

On ne voit d'ailleurs pas, ricane l'Européen moyen, comment les États-Unis pourraient avoir une culture, alors que c'est une société qui vit encore à l'état sauvage, une société régie par la violence et dévastée par la criminalité.

Un premier contresens, au sujet de la violence aux États-Unis, est souvent dû au fait qu'en anglais *crime* désigne toutes les sortes d'infractions et de délits, jusqu'aux plus mineurs, et non pas seulement, comme le mot français « crime », les assassinats. La traduction de ce dernier est *murder*, meurtre, lequel est qualifié du premier ou du second « degré » selon qu'il y a eu préméditation ou non. Lorsqu'un Européen lit avec une épouvante mêlée de secrète satisfaction les statistiques de la criminalité aux États-Unis, il ignore, à moins d'être spécialiste, que « criminalité » recouvre là-bas de petits délits, comme le vol à la tire, les chèques sans provision, la vente d'un joint de marijuana au coin d'une rue, le siphonage d'un gallon d'essence dans la voiture de son voisin aussi bien que l'homicide volontaire.

Ces précisions une fois données, il reste que la société américaine a toujours été une société violente, c'est là une réalité que reconnaissent depuis longtemps les Américains eux-mêmes mais c'est aussi un fléau qu'ils s'efforcent d'extirper. Ils n'en nient pas, eux, l'existence, comme le font trop souvent les Européens devant leurs propres difficultés sociales. Les Français se sont en particulier longtemps bouché les yeux devant la montée galopante de l'insécurité chez eux.

Le résultat est que, durant les quinze dernières

années du xxᵉ siècle, la délinquance et la criminalité ont régulièrement diminué aux États-Unis, tandis qu'elles s'envolaient en Europe [1]. L'exploit américain à cet égard le plus célèbre est le « miracle de New York », ville où Rudolph Giuliani, élu maire en 1993, a fait baisser de plus de moitié en cinq ans la délinquance et la criminalité. Les meurtres annuels, en particulier, sont tombés de 2 245 en 1990 à 633 en 1998. (New York compte environ huit millions d'habitants et sa population monte à douze millions de personnes pendant la journée.)

Giuliani, dont on a commencé par se moquer dans certains journaux français, le surnommant avec finesse « Giussolini » en raison de ses origines italiennes, laissa ensuite rapidement interdits les responsables de tant de grandes villes rendues invivables à cause de l'insécurité, et qui n'y pouvaient rien avec leurs remèdes placebos, dans le reste des États-Unis, d'abord, puis bientôt dans le monde entier. Giuliani n'a jamais préconisé, contrairement à Mussolini, de politique répressive brutale, malgré une ou deux bavures graves, mais qui dans tous les pays sont le lot imbécile ou accidentel de toutes les polices, même et surtout des plus inefficaces. Sa tactique, fondée sur le principe qu'il appelle « tolérance zéro », a consisté à punir toutes les infractions, fussent-elles minimes, vols de vélo, fraudes dans le métro, arrachages de sac, sans *rien* laisser passer. Si la délinquance n'est pas étouffée dans l'œuf, professa-t-il, elle s'étend inéluctablement et donne naissance à ces « zones de non-droit » qui constellent le territoire français. Une autre formule « giulianienne » est l'image du

---

1. On trouvera les chiffres notamment dans Alain Bauer et Emile Pérez, *L'Amérique, la violence, le crime, les réalités et les mythes*, PUF, 2000.

« carreau cassé ». L'expression a pour origine un article de James Q. Wilson et George L. Kelling, « Broken Windows[1] ». Selon leur analyse, si une vitre cassée dans un quartier par des voyous n'est pas immédiatement réparée et si les voyous ne sont pas immédiatement arrêtés et sanctionnés, tout l'immeuble, puis bientôt tout le quartier seront saccagés et livrés à des bandes que la police ne pourra plus contrôler et qui, renversant les rôles, pourchasseront la police, ce qui est devenu, à partir de 1980 à peu près, le panorama « citoyen » en France.

Après s'être refusée, pendant deux décennies, à reconnaître fût-ce l'existence en France d'un problème d'insécurité, puis ayant enfin consenti à l'apercevoir, la gauche se lança d'abord dans une politique dite exclusivement de prévention, qui n'a rien prévenu du tout. La gauche française finit donc par tourner brusquement casaque en 2001. Il suffit, pour mesurer l'ampleur du virage, de parcourir les gros titres du numéro du *Monde* du 4 décembre 2001. « La gauche ne privilégie plus les explications sociales de la délinquance » (p. 13), y lisait-on. Et un gros titre coiffait toute cette même page : « La tolérance zéro, nouvelle référence des discours sur la sécurité », avec, en développement, ce sous-titre : « Expérimentée à New York sous les mandats de Rudolph Giuliani, cette politique de répression systématique de la petite délinquance est désormais citée en exemple par de nombreux élus. Elle influence la réflexion sur le traitement de la violence des mineurs. » Un encadré en pleine page mettait en vedette la doctrine de la « vitre brisée ».

---

1. 1994. Traduit en français dans *Les Cahiers de la sécurité intérieure*, n° 15, 1er trimestre 1994.

Même chez les socialistes, qui ainsi confessaient, je cite, leur trop long « angélisme », la mansuétude pour les « comportements antisociaux », n'était donc plus de mise. Le Premier ministre socialiste, Lionel Jospin, déclarait en conséquence : « Chaque acte non respectueux de la règle doit trouver sa juste sanction. » À sortir de l'erreur au bout de vingt ans, on n'en a que plus de mérite. Cependant le ministre de la Justice, Mme Lebranchu, tint à fuir les « amalgames » : « Le gouvernement ne veut pas reproduire le modèle américain. » On a son horreur et son honneur, scrogneugneu !

Chacun ne manquera pas d'admirer la perfection contradictoire de ce raisonnement. Nul ne conteste plus, même pas en France, que les États-Unis, entre 1990 et 2000, ont réussi à réduire sensiblement leur insécurité, alors que, pendant la même période, l'insécurité française ne cessait, elle, de s'aggraver, de même que l'insécurité dans l'Europe tout entière. Submergées par leur échec permanent devant ce fléau, et comme personne ne peut se dérober éternellement devant l'évidence, les autorités françaises, en 2001, ont bien dû reconnaître que leur interprétation des causes du mal était depuis longtemps erronée, et que leurs remèdes, fondés sur une prétendue prévention, étaient inefficaces. Même la gauche française, aussitôt suivie par son toutou la droite, se vit contrainte d'admettre que tout n'était pas mauvais dans la méthode Giuliani – imitée d'ailleurs aux États-Unis, avec les mêmes résultats convaincants, dans bien d'autres villes que New York. Mais quoiqu'elle se ralliât à cette méthode, sous la pression des faits, la France, ou tout au moins sa classe politique, tint néanmoins à proclamer qu'elle ne se convertissait pas pour autant au « modèle américain ». Quel « modèle » ? Voilà un nom bien pompeux pour baptiser des mesures d'élémentaire bon sens, dictées par l'expérience. Pour évoquer un autre domaine où la France détient un record de désastre, imaginons qu'elle réduise le nombre de ses tués sur la route en faisant effectivement respecter les limitations de vitesse grâce à une police routière qui serait présente ailleurs qu'à la télévision. Serait-ce là suivre servilement le « modèle américain » et donc un comportement condamnable ? Ne serait-ce pas plutôt, pour un gouvernement, s'acquitter simplement de son devoir ?

On voit ainsi comment, dans de nombreux pays, l'antiaméricanisme sert d'excuse aux carences gouvernementales, au sous-développement idéologique et à la gabegie délinquante. Du moment que l'on écarte le « modèle américain », on fait le bon choix, dût-on faire naufrage.

Cette moue de dédain à l'égard du « modèle américain », au sujet de la sécurité comme de bien d'autres difficultés sociales ou économiques, de la part de nombreux pays qui font beaucoup moins bien que les États-Unis, frise non seulement l'ineptie mais souvent même le ridicule. Car, en matière sécuritaire notamment, la question est moins de savoir si la France, par exemple, doit suivre le modèle américain que de savoir si elle en est capable. De même, le 4 janvier 2002, une journaliste, interviewant à RTL le maire d'Amiens, ville parmi les plus frappées par la guerre des rues, le mit charitablement en garde contre le risque de se transformer en « maire shérif à l'américaine ». Le Premier ministre, Lionel Jospin, avait déjà, six mois plus tôt, employé avec dédain cette comparaison du maire au shérif pour refuser de rendre aux maires français les pouvoirs de police qu'ils avaient avant 1939 et qui leur ont été retirés par le régime de Vichy. Outre qu'il était surprenant d'entendre un Premier ministre socialiste défendre un hypercentralisme policier qui avait été introduit en France par une dictature, l'assimilation du maire d'outre-Atlantique au shérif dénote une singulière mais non exceptionnelle ignorance des institutions américaines. Le shérif (mot emprunté au droit anglais) est aux États-Unis un officier d'administration élu, chargé, dans le cadre du *comté*, de maintenir l'ordre et de faire respecter les décisions de justice. Cela n'a rien à voir avec le maire, dont les missions, les pouvoirs et les responsabilités dans le cadre d'une municipalité sont beaucoup plus vastes et s'étendent à des domaines multiples beaucoup plus variés. C'est comme si on confondait en France le maire d'une grande ville et un capitaine de gendarmerie.

Il nous est certes loisible d'observer que le système Giuliani, à New York et ailleurs, de 1990 à 2001, comporte des zones d'ombre et qu'il n'est pas une réussite totale. L'ennui est que, venant de nous, cette critique n'est guère légitime, dans la mesure où notre politique à nous, pendant la même décennie, a été un échec total. Tandis que la délinquance et la criminalité reculaient en Amérique, les nôtres doublaient de 1985 à 1998[1]. Elles ont galopé encore plus vite après. Éclair de lucidité : un habitant de Vitry-sur-Seine, déplorant la montée en flèche des incendies de voitures dans son quartier, s'écrie : « C'est pire que l'Amérique ici ! » En effet. L'Amérique ne peut même plus servir de référence, tant nous l'avons distancée. Au cours de l'année 2000, les attaques à main armée ont augmenté de 60 %

---

1. Voir Alain Bauer et Xavier Raufer, *Violence et insécurité urbaine*, PUF, « Que Sais-je ? », 1998. Et Christian Jelen, *La Guerre des rues, la violence et les « jeunes »*, Plon, 1998.

dans le seul département du Val-de-Marne. Et encore la majorité des crimes et délits n'est-elle pas enregistrée. C'est ce qu'on appelle au ministère de l'Intérieur le « chiffre noir ». Le plus inquiétant est que cette ascension, passant des vénielles « incivilités », comme il fut de bon ton de les baptiser pudiquement, à la grande délinquance puis à la criminalité marque l'entrée en scène d'acteurs de plus en plus jeunes et distincts du « milieu » traditionnel. Un éducateur de Vitry-sur-Seine déclare au *Point*[1] : « Ils sont sortis de l'école sans diplôme avec un niveau scolaire proche de zéro. Depuis l'âge de dix ans, ils sont installés dans l'économie parallèle. Ils ne savent rien faire d'autre. Le braquage est un aboutissement logique. »

Cette explication d'un témoin bien placé met en évidence un autre échec monumental de l'État français : l'éducation nationale. Renversant le cours de ce qu'avaient fait avec un certain succès pendant trois mille ans les théoriciens et les praticiens de l'éducation[2], des totalitaires vertueux firent interdire, à partir de 1970, deux « abus » jugés par eux insupportables : l'enseignement et la discipline. La violence dans les établissements scolaires, disons carrément le banditisme, est en effet l'un des plus sinistres volets de notre incurie pédagogique. Longtemps, cette violence n'affectait que les lycées et collèges, ce qui était compréhensible puisqu'on suppose qu'il faut avoir au moins douze ou treize ans pour commencer à jouer du poignard et du pistolet. D'où les protestations répétées d'enseignants excédés de se faire agresser en classe et de voir brutaliser – tuer parfois – certains de leurs

---

1. *Le Point*, 21 décembre 2001, « Les braqueurs nouvelle vague ».
2. Voir le classique Henri-Irénée Marrou, *Histoire de l'éducation dans l'Antiquité*, Seuil, 1948.

adolescents par d'autres. Mais ne voilà-t-il pas qu'en 2001 on s'aperçut que la violence descendait jusque dans les établissements élémentaires et sévissait chez des enfants de moins de huit ans, qui s'en prenaient les uns aux autres aussi bien qu'à leurs maîtres. Fin novembre 2001, dans le XXe arrondissement de Paris et à L'Hay-les-Roses (Val-de-Marne), deux gamins de sept à huit ans rouent de coups et giflent leurs institutrices respectives [1]. Bien entendu, le sujet est tabou, le ministère « relativise » ; les parents qui veulent porter plainte en sont dissuadés par l'administration au nom d'une saine morale « solidaire », « citoyenne » et « conviviale ».

Cette hypocrisie n'ayant malheureusement pas le pouvoir de refouler une violence désormais maîtresse du terrain, les enseignants utilisent de plus en plus le seul moyen qu'ils aient de secouer l'inertie des pouvoirs publics : la grève. Une grève devenue, par impossibilité croissante d'enseigner, quasi permanente. Les professeurs du collège Victor-Hugo à Noisy-le-Grand (Seine-Saint-Denis) – et ce n'est qu'un exemple cueilli au hasard dans la presse [2] –, ulcérés par « le harcèlement quotidien » des élèves, constatent que « les deux tiers des classes sont ingérables ». Ils écrivent au Premier ministre et demandent audience au président de la République pour exiger « l'abandon de la politique éducative menée en France depuis vingt ans. » Thème nouveau, capital et d'autant plus significatif que l'un des objets de la dérision française envers les États-Unis est précisément l'état supposé lamentable de leur enseignement ! Mais c'est bien en France, également à

---

1. *Le Parisien-Aujourd'hui*, 12 décembre 2001 : « La violence s'insinue dans les écoles primaires ».
2. *Le Monde*, 22 décembre 2001.

Noisy-le-Grand, qu'une mère d'élève, déplorant les conséquences de la grève pour les études de son enfant, se voit répondre par une enseignante : « Qu'on fasse cours ou pas, de toute façon ils n'apprennent pas grand-chose. » Au demeurant, si un élève veut travailler, il y a toujours dans la classe une brute pour le ramener à la raison en lui infligeant une correction. Ainsi dans un collège de banlieue, un élève, assis au premier rang et qui souhaite suivre le cours, se retourne vers ses camarades pour leur demander d'arrêter leur charivari. Aussitôt il se fait rosser et casser une chaise sur la tête : points de suture et dix jours d'arrêt de travail[1]. Un professeur d'histoire et de géographie de vingt-neuf ans observe amèrement : « La loi dit qu'un élève peut nous traiter de salope et de fasciste et qu'il ne doit pas être puni. » Tous ces professeurs mettent ainsi en lumière le lien de cause à effet mutuel entre l'idéologie antiéducative et l'idéologie antisécuritaire qui, en vingt ans, ont, par leur action conjuguée, plongé la France dans l'anarchie où elle se convulse.

Les Européens ont raison de blâmer la liberté de vente des armes à feu qui subsiste aux États-Unis. Mais ces vitupérations seraient plus convaincantes s'il n'était pas tout aussi facile de se procurer des armes en Europe, où elles font l'objet d'un marché noir florissant. Bien qu'elles n'y soient pas en vente libre, le résultat est le même, sinon pire. Le trafic d'armes est « phénoménal » en Seine-Saint-Denis, déclarait un dirigeant du syndicat Force ouvrière de la police à la station de radio Europe 1 en novembre 2001. « Dans

---

1. *Libération*, 22 décembre 2001, « Il voulait suivre le cours : le bon élève prend deux gifles. Dans un collège de banlieue, récit d'une violence ordinaire. » On notera que les trois extraits de presse donnés ci-dessus sont concentrés dans un laps de temps très bref.

le département de Seine-Saint-Denis, disait-il, on a trouvé des armes de guerre, à La Courneuve, il y a deux semaines, et à Epinay[1]. » Si regrettable soit-elle, la vente officielle d'armes aux particuliers en Amérique permet au moins ou, plus exactement, rend obligatoire d'enregistrer le nom de l'acquéreur, qui doit payer aussi une licence, et de relever ses empreintes digitales. La jungle dans le trafic des armes, une jungle où tout le monde peut s'en procurer sans qu'on sache qui les détient, c'est plutôt l'Europe qu'elle envahit.

Au moment où, fin 2001, la France, tout en concédant que sa propre politique sécuritaire méritait révision, n'en faisait pas moins la fine bouche devant ce pauvre « modèle américain », on voyait défiler et protester sur tout le territoire national policiers et gendarmes, las d'être de plus en plus dépourvus des moyens nécessaires pour lutter contre la violence, cependant qu'une loi nouvelle (heureusement révisée plus tard) sur la présomption d'innocence amenait la magistrature à relâcher chaque jour des criminels, même lorsqu'ils étaient arrêtés en flagrant délit. Un aussi désolant tableau devrait, semble-t-il, inciter la France à plus d'humilité, et l'amener à tirer les leçons des expériences moins désastreuses d'un autre pays plutôt qu'à lui en donner.

Car l'insécurité provient en France, tout comme la désagrégation de l'enseignement, d'erreurs intellectuelles bien françaises, et non de l'« hyperpuissance » et de l'« unilatéralisme » américains, qui n'y sont vraiment pour rien. Comment et pourquoi les délinquants et les criminels, scolaires ou ordinaires, respecteraient-ils la loi, puisque l'incitation à la violer leur vient de notre classe politique elle-même ?

---

1. Cité par *Désinformation-hebdo*, 21 novembre 2001.

C'est ainsi que le chef de la Confédération paysanne, l'illustre José Bové, étoile scintillante au firmament de l'intelligence nationale, voit voler à son secours quelques vedettes politiques et médiatiques françaises lorsque, le 20 décembre 2001, il est condamné en appel à six mois de prison ferme pour avoir, avec l'aide de ses nervis, ravagé un champ de riz transgénique en juin 1999. Noël Mamère, député et candidat officiel des Verts à la présidence de la République, se déclare « révolté », ajoutant : « C'est une décision politique : les vrais vandales et les vrais voyous, c'est Monsanto, c'est Aventis et tous les groupes multinationaux qui, au nom de leur intérêt privé et de la rentabilité, veulent imposer des risques à l'environnement et à la santé des gens, contre leur gré. Je dénonce ce tribunal politique, cette soumission de la justice aux lobbies économiques et à la mondialisation libérale[1]. » Mamère est évidemment secondé dans son éloge de la délinquance par les communistes, dont le porte-parole se déclare « scandalisé » et, en connaisseur, ose affirmer que Bové « mène un combat d'idées ».

Je glisse sur l'indigence intellectuelle de ces clichés malodorants, extraits des « poubelles de l'histoire » ; sur la monumentale incompétence scientifique de ces bavards de grand chemin et sur une falsification, qui leur est coutumière, de l'information, puisque le champ de plants transgéniques dont il s'agit était cultivé non par des multinationales mais à titre expérimental par le Centre national de la Recherche scientifique.

J'insiste seulement sur cette « exception française », et non américaine, que des élus du peuple, des législateurs, éventuellement candidats à la magistrature

---

1. Cité par *Les Échos*, 21 décembre 2001.

suprême, elle-même garante des institutions républicaines, mettent en cause une décision de justice en
accusant le tribunal d'être politiquement manipulé,
affirmant hautement et publiquement que des actes
délictueux ou criminels, punis par le Code pénal, sont
une forme légitime du « débat d'idées » dans une
démocratie, un État de droit. Endoctrinés par des
maîtres en civisme de cet acabit, nos collégiens n'ont
plus aucune raison de se douter qu'ils enfreignent la
loi quand ils cassent une chaise sur la tête d'un de leurs
condisciples, en rackettent d'autres ou plantent un
couteau dans la gorge d'un de leurs professeurs.

Un autre échec français explique en partie l'accroissement de la violence urbaine (et, au demeurant, rurale
aussi, puisque le nombre élevé de véhicules volés permet l'ubiquité de la criminalité). C'est l'échec de l'intégration. Cette honte trouve d'ailleurs en partie sa
source dans la conception erronée de l'enseignement
qui a prévalu au cours des trente dernières années du
XXᵉ siècle, que l'on pourrait appeler les années du dernier spasme idéologique. Les méfaits de cette conception furent encore aggravés par la peur qu'avaient les
responsables de l'éducation de passer pour racistes en
prévoyant pour les élèves immigrés ou enfants d'immigrés, dont le français n'était pas la langue maternelle
ou l'outil de transmission le plus courant, des classes
spéciales, au moins au début des études. Le prétexte à
cette absurdité pédagogique était d'éviter toute discrimination par rapport aux autres élèves. Moyennant
quoi on organisait et installait à jamais cette discrimination justement redoutée. On vouait les élèves maghrébins et africains à un échec scolaire inéluctable et quasi
permanent, faute de bases solides. Dans l'instruction, il
est décisif de prendre un bon départ. L'échec scolaire,

provoqué par les autorités « pédagogiques » et politiques, fournissait et fournit toujours leurs recrues aux bandes délinquantes des « quartiers ». Et là, deuxième hypocrisie, le refus d'admettre ce que toutes les enquêtes sérieuses établissent : la violence dite « des jeunes » émane surtout d'adolescents dont les parents ont émigré du Maghreb ou d'Afrique noire, et auxquels une politique éducative stupide a fait rater leur intégration. La peur d'être qualifiés de racistes a conduit les responsables politiques à escamoter l'origine ethnique de cette guerre des rues.

C'est ce que montre déjà Christian Jelen, précisément dans sa *Guerre des rues*[1]. Mais, à cette date, dire ces choses telles qu'elles étaient faisait encore scandale. Cela demandait un courage dont Jelen fut l'un des rares à faire preuve, pour des raisons entièrement opposées à celles des extrémistes de droite, puisqu'il était lui-même fils d'immigrés juifs polonais. Trois ans plus tard, avec l'extension d'un phénomène de plus en plus encombrant, le tabou tombait d'ailleurs à gauche.

Le Monde (4 décembre 2001) publie sur une page entière un entretien avec le père Christian Delorme, prêtre chargé des relations avec les musulmans dans le diocèse de Lyon et qui, pendant vingt ans, avait favorisé la politique tendant à respecter et même à renforcer la spécificité arabo-musulmane, de manière à fuir tout soupçon d'annexionnisme culturel français. Le père Delorme, dans une intention dont la générosité est indiscutable, avait même créé des associations de jeunes allant dans le sens de l'autonomie ethnique. En 2001, le Père reconnaît s'être trompé et déplore une « inquiétante ethnicisation des rapports sociaux ». Il

---

1. *Op. cit.*

ajoute : « En France, nous ne parvenons pas à dire certaines choses, parfois pour des raisons louables. Il en est ainsi de *la surdélinquance des jeunes issus de l'immigration*[1], qui a été longtemps niée... Et encore les politiques ne savent-ils pas comment en parler. » Mais – et c'est là que je voulais en venir – ce prêtre, malgré son honnêteté intellectuelle, ne peut pas s'empêcher de projeter ce mal français sur les États-Unis : « Il faut dénoncer le drame des prisons ethniques qui deviennent, *comme aux États-Unis*, les lieux de l'élaboration d'une résistance au modèle social dominant. »

Avant d'analyser le problème de l'éventuel « communautarisme » américain, je voudrais donner un autre exemple de cette manie qu'ont les Européens de faire des États-Unis le berceau de leurs propres maux.

Le 25 décembre 2001, à 8 h 40, sur France Inter, deux envoyés spéciaux de cette station en Afghanistan font part, en direct de Kaboul, de ce qu'ils ont vu après la déroute des taliban. Ils relatent plusieurs observations fort intéressantes, ainsi que des conversations instructives avec des Afghanes et Afghans. Puis, le journaliste qui mène l'émission et les interroge depuis Paris leur pose pour conclure une question sur l'« imperium[2] » des journalistes américains. Aussitôt, par la bouche de nos envoyés spéciaux, charge féroce contre les télévisions américaines et CNN en particulier dont

---

1. Ce membre de phrase souligné par moi a été choisi par *Le Monde* pour servir de titre à l'ensemble de l'entretien.
2. Le mot n'a aucun sens dans ce contexte, car *imperium* (voir le dictionnaire latin-français de Félix Gaffiot, Hachette) signifie « délégation du pouvoir de l'État, comportant le commandement militaire et la juridiction », délégation qu'évidemment aucun journaliste, américain ou pas, ne peut recevoir. Mais imperium a l'avantage de suggérer impérialisme.

les correspondants arrivent, nous dit-on, « avec des dollars plein les poches », peuvent ainsi louer des hélicoptères ou s'assurer les services des meilleurs interprètes et autres abus. Et toute cette dépense pour quoi faire ? À peu près uniquement de la « propagande » proaméricaine, consistant à prêter par exemple aux Afghans des propos où ils expriment leur satisfaction d'avoir vu les taliban chassés par l'intervention des États-Unis.

On retrouve là quelques-unes des traditionnelles obsessions françaises : en premier lieu, d'après ces correspondants de France Inter, par ailleurs de toute évidence intelligents et compétents, les apparentes prouesses des télévisions américaines sont dues au seul pouvoir de l'argent, (ce diable exclusivement américain[1]). Elles ne sont jamais dues au talent, et pas davantage au professionnalisme, de leurs journalistes ; ensuite, ce que ces journalistes américains font n'est pas de l'information, c'est de la propagande. Il va de soi que, depuis un siècle et plus, la presse et les médias des États-Unis n'ont jamais fait preuve du moindre sens de l'information, du moindre souci de la vérité des reportages, et qu'ils sont asservis dans leurs éditoriaux au pouvoir politique. Critiques savoureuses, venant d'un pays comme la France, dans lequel pendant longtemps la télévision et la radio ont été entièrement contrôlées par l'État et où elles le demeurent en grande partie. (France Inter même est en 2001 une radio d'État).

Ces aberrations narcissiques ne sont pas sans analogie avec cette opinion – formulée par le père Delorme avec une bien plus grande modération, ce qui la rend

---

1. Les Français, on le sait, sont d'un désintéressement notoire.

d'autant plus symptomatique – selon laquelle « quand on est pakistanais en Grande-Bretagne, italien aux États-Unis, on est constamment renvoyé à sa communauté ». De la part d'un intellectuel avisé, confondre les Anglo-Pakistanais, islamistes forcenés, les premiers à avoir manifesté massivement, en 1989, avant même la *fatwa* du gâteux de Téhéran, pour que fût tué Salman Rushdie, avec la mentalité actuelle des Italo-Américains conduit à se demander si la vie ecclésiastique laisse le temps de lire parfois des livres sérieux.

C'est l'une des ritournelles de la « pensée unique » française : les États-Unis, concernant l'immigration, pratiquent le « communautarisme » et le « multiculturalisme », tandis que la tradition française, surtout « républicaine », a pour principe directeur l'intégration. Je le dis une fois de plus, et une fois pour toutes : je prends ici la France si souvent comme exemple parce qu'elle est à mes yeux le laboratoire privilégié où se rencontrent à l'état le plus poussé et le plus tranché des idées sur les États-Unis qui sont répandues sous une forme moins polémique et plus atténuée un peu partout en Europe et aussi ailleurs.

On emploie, il est vrai, souvent aux États-Unis le terme de « communauté », pas seulement d'ailleurs au sens ethnique ou religieux, mais également de façon très générale et vague, pour désigner une ville, un quartier, un comté, une association, une profession, les adeptes d'un sport, d'un jeu, d'une distraction. Au sens ethnique, « communauté » recouvre les coutumes, croyances, fêtes, habitudes alimentaires ou vestimentaires, etc., des citoyens descendants d'une catégorie déterminée d'immigrés, ou immigrés eux-mêmes. Mais cette fidélité aux origines ne doit pas nous abuser. Elle n'implique aucun antagonisme entre ces groupes culturels et les autres citoyens américains. La communauté irlandaise défile massivement et bruyamment dans les rues de New York ou de Boston le jour de la Saint-Patrick, le saint tutélaire de l'Irlande. Pourtant, ces festivités n'empêchent pas les arrière-neveux des Irlandais arrivés au XIXᵉ siècle de se sentir pleinement citoyens américains, autant que se sentent citoyens français les « Aveyronnais de Paris » ou les « Francs-Comtois de Lyon ». Quand un New-Yorkais vous dit : « Je suis irlandais », ou juif ou italien, il n'entend point répudier sa nationalité américaine ; il se borne à vous donner une indication banale, dans une société qui s'est constituée en entassant les immigrations, tout comme peut le faire un Asiatique ou un Latino en Californie ou en Floride, immigrés ou descendants d'immigrés plus récents. Leur vocabulaire ne doit pas nous inciter à décréter que le « *melting pot* » a cessé de fonctionner. Il continue au contraire de fonctionner fort bien.

Cependant, au cours du dernier tiers du XXᵉ siècle, c'est exact, une élite qui se voulait progressiste a prêché le multiculturalisme et revendiqué le droit de chaque communauté ethnique à son « identité », considérant l'américanisation comme une oppression. Mais il est tout aussi exact qu'on peut constater, en l'an 2002, que ce mouvement a échoué. C'est ce que mettent en lumière les études sociologiques les plus récentes. Je citerai plus particulièrement l'une des meilleures, le livre de Michael Barone, *The New Americans, How the Melting Pot Can Work Again* (« Les nouveaux Américains, comment le melting pot peut marcher de nouveau »)[1]. Barone dessine d'intéressants parallèles entre des vagues d'immigrants de la deuxième moitié

---

1. Washington, Regnery Publishing Inc., 2001.

du XIXᵉ siècle ou du premier tiers du XXᵉ – Irlandais, Italiens et juifs essentiellement – et celles arrivées depuis la Deuxième Guerre mondiale : Noirs, Latinos et Asiatiques. On s'étonnera de trouver dans cette liste les Afro-Américains, dont les ancêtres se trouvent aux États-Unis depuis deux siècles et davantage, bien contre leur gré. Mais ce que Barone décrit dans son ouvrage, c'est l'immense émigration des Noirs du Sud vers le Nord, dans le pays même, après 1945, probablement l'un des plus grands déplacements internes et volontaires de population de tous les temps. De 1945 à 1960, la moitié au moins des Noirs du « Sud profond », et notamment la quasi-totalité des plus jeunes, s'en alla vivre dans les États du Nord et de l'Est. Par exemple, la population noire de Chicago passa de 278 000 habitants en 1940 à 813 000 en 1960 ; celle de New York, durant la même vingtaine d'années, de 458 000 à 1 088 000. Le dépaysement et les problèmes d'intégration de cette population furent donc tout à fait comparables à ceux d'immigrés venus de l'extérieur du pays, étant donné la distance et l'abîme culturel qui séparaient le Sud du Nord. Barone montre de façon convaincante que les problèmes et les modes d'insertion de ces Noirs ressemblèrent beaucoup à ceux des Irlandais entre 1850 et 1914. Si l'on objecte que les Noirs étaient victimes – moins que dans le Sud, mais quand même encore trop dans le Nord pendant longtemps – d'une discrimination raciale, il répond que les Irlandais eux aussi avaient au début souffert de discrimination. L'intégration des Noirs dans le Nord a ainsi reproduit à bien des égards ce qu'avait été celle des Irlandais, selon l'auteur. Ces parallèles entre le cas des juifs dans le passé et celui des Asiatiques aujourd'hui, entre les Italiens au XXᵉ siècle et les Latinos au

XXIᵉ ne manquent pas d'étayer solidement pour le lecteur la thèse centrale de la continuation ou de la revigoration du *melting pot*, au détriment du multiculturalisme communautaire, quels que soient sur ce chapitre les préjugés d'Européens mal informés qui tiennent le communautarisme pour le « modèle américain » par excellence.

Une des dernières batailles de l'élite « libérale » (nous dirions progressiste) américaine en faveur des « identités séparées » et du communautarisme multiculturel fut livrée – et perdue – à propos du droit à l'enseignement dans la langue espagnole pour les enfants des Latinos en Californie. Il s'agissait en théorie de dispenser un enseignement bilingue où l'anglais devait côtoyer l'espagnol. Mais, à l'expérience, les parents s'aperçurent que leurs enfants, utilisant l'espagnol à la fois chez eux et à l'école, s'ils acquéraient en classe un anglais rudimentaire, suffisant pour la vie courante et les métiers sans qualification, ne le maîtrisaient en revanche pas assez pour faire ensuite des études plus poussées et accéder à des emplois qualifiés, voire à l'université et aux professions intellectuelles. C'était d'autant plus néfaste pour eux que leur espagnol, celui des familles, pour la plupart nécessairement modestes et souvent illettrées venues du Mexique et d'Amérique centrale, était lui aussi rudimentaire. Ces jeunes perdaient ainsi sur les deux tableaux : le monolinguisme espagnol les enfermait dans le milieu immigré et on les privait de la chance de surmonter, faute d'apprendre en classe un bon anglais, leur désavantage initial.

C'est ce que ne manquèrent pas de faire observer les enfants d'immigrés qui, à des époques antérieures, avaient réussi dans leurs études et dans la vie grâce à des principes pédagogiques totalement opposés à ceux du multiculturalisme pseudo-« progressiste ». C'est ce que raconte Norman Podhoretz dans son livre de souvenirs, *My Love Affair with America* (« Mon histoire d'amour avec l'Amérique »)[1]. Né en 1930, élevé à Brooklyn dans une famille juive pauvre venue de Galicie (province ayant toujours oscillé entre la Pologne et l'Ukraine), Podhoretz ne parlait et n'entendait parler chez lui et dans son quartier que le yiddish. Dès qu'il fut en âge d'aller en classe, il apprit évidemment l'anglais, seule langue scolaire dans l'enseignement public alors en Amérique. Mais il ne parvenait pas à se débarrasser de son accent yiddish. Son institutrice le plaça donc dans une *remedial-speech class*, une classe « correctrice d'accent ». Le résultat fut, écrit-il, « d'éradiquer toute trace de mon accent yiddish sans pour autant le remplacer par l'accent de Brooklyn ». Initié ainsi dès l'enfance au bon anglais, Podhoretz, une fois devenu adolescent, put faire des études supérieures en Amérique même, et, plus tard, ayant obtenu au début des années cinquante une bourse, les poursuivre à Cambridge, en Angleterre, où il paracheva son parcours universitaire. Il put ainsi faire l'éminente carrière que l'on connaît, en tant qu'auteur politique, mémorialiste, critique littéraire et directeur de l'influente revue *Commentary*. « À cause du bilinguisme, commente-t-il, cette théorie démente et discréditée (...) des millions d'enfants nés ou arrivés durant les ultimes décennies du siècle (...) furent soumis à une expérience opposée à la mienne. Au lieu qu'on les aidât, en tant qu'Américains, à entrer dans la culture du pays, on multiplia devant eux les obstacles qui leur en interdisaient l'accès. »

---

1. New York, The Free Press, 2000.

Une vedette de l'infâme cinéma hollywoodien, Kirk Douglas, à qui quelques larbins américanophiles ont cru trouver du talent, né Issur Danielovitch Demsky, fils d'immigrés juifs polonais, a, lui aussi, bruyamment protesté contre l'intronisation de l'espagnol comme première langue dans les écoles élémentaires californiennes. « Chez nous à la maison, explique-t-il, nous parlions yiddish. Nos petits voisins de palier parlaient italien avec leurs père et mère. Mais à l'école, nous tous, les enfants, apprenions l'anglais. Si ce n'avait pas été le cas, je n'aurais jamais pu être l'acteur que, grâce à mon anglais correct, j'ai pu devenir. » Le bilinguisme scolaire a d'ailleurs été finalement repoussé en Californie par référendum. Lors de ce référendum, 90 % des parents hispaniques, chinois, coréens ou autres n'ont même pas pris la peine de se procurer les formulaires destinés à approuver le bilinguisme... C'est dire qu'ils estimaient savoir mieux que les élites « libérales » quel type d'enseignement convenait à leurs enfants pour leur ménager un avenir convenable.

En France, au contraire, de 1980 à 2000, le communautarisme faussement dit « à l'américaine » et qui est bien plutôt « à la française » n'a cessé de faire des ravages, de même que le tabou des « identités culturelles ». On n'a guère de mal à se figurer les cris d'indignation qu'aurait soulevés la proposition de créer des classes spéciales « correctrices d'accent » pour les jeunes Maghrébins et Africains, étant entendu que la *remedial-speech class* dont parle Podhoretz n'améliorait pas seulement l'accent de ses élèves, mais aussi leur connaissance et leur maniement de la langue en tant que telle, écrite aussi bien que parlée. Il va de soi que le véritable bilinguisme est un bienfait et non pas une malédiction. Mais quantité de jeunes « Beurs » qui terminent leur adolescence « en échec scolaire » (pour employer l'euphémisme qui déguise en catastrophe naturelle, sans cause humaine, ce qui provient de la tyrannie de conceptions pédagogiques stupides) ne savent en réalité pas mieux l'arabe qu'ils ne savent le français. Ils tombent donc en dehors de toute culture, et, loin de parler deux langues, ils n'en parlent aucune correctement et ne participent à aucune des deux civilisations dont ces langues sont la clef. Peut-être ont-ils glané à la maison quelques bribes d'un des dialectes d'Afrique du Nord et ont-ils appris par cœur à la mosquée quelques versets du Coran en arabe classique sans les comprendre ; mais ces pauvres épaves langagières ne constituent en aucune manière une initiation à la culture et à la pensée arabes. De même, il est vraisemblable que les petits voisins de palier du jeune Kirk Douglas pratiquaient non pas l'italien mais un dialecte sicilien ou napolitain, que leurs parents eussent été d'ailleurs bien incapables d'écrire, en des temps où des millions d'Italiens étaient encore analphabètes. Si on ne leur avait pas enseigné le bon anglais à l'école, ils seraient, comme nombre de nos Beurs, restés des illettrés fonctionnels, en marge de toute civilisation, moderne ou ancienne, orientale ou européenne ou américaine Loin de protéger une identité contre une autre, chez les immigrés, un certain multiculturalisme les supprime toutes deux.

Il a en revanche donné une impulsion récente et puissante à un communautarisme destructeur, un multiculturalisme du refus qui était resté longtemps inconnu en France. Durant le dernier tiers du XXᵉ siècle, les politiques et les médias français se sont mis à se référer couramment à des « communautés » juive, musulmane ou protestante, alors qu'il n'y avait eu auparavant que des citoyens ou des résidents français de *confession* ou de tradition juive, musulmane ou protestante. Parmi toutes ces nouvelles « communautés », la musulmane est de loin la plus favorisée par les pouvoirs publics. Elle est indirectement subventionnée, tacitement voire officiellement autorisée à contrevenir aux lois[1].

Mais ce culte officiel rendu par la République à l'« exception culturelle » et cultuelle musulmane n'a en rien servi l'intégration. Il a au contraire nourri la « haine » (pour reprendre le titre du film de Mathieu Kassovitz[2]), une haine sans limite, vouée par des enfants d'immigrés musulmans aux autres Français, qu'ils ne veulent pas appeler leurs compatriotes. La grande masse de ces Beurs pourraient écrire – s'ils savaient écrire – un livre qui prendrait le contre-pied exact de celui de Norman Podhoretz et s'intitulerait *My Hate Affair with France*, « Mon histoire de haine avec la France ».

Ce communautarisme de la haine est largement la conséquence de l'idéologie scolaire qui, sous prétexte de vénération identitaire et d'égalitarisme pédagogique, a refusé aux Maghrébins l'accès à la culture française sans pour autant les empêcher de perdre la leur, sauf lorsqu'il s'agit d'acclamer Oussama ben Laden ou Saddam Hussein. Et ce communautarisme a lui-même pour conséquence le mépris absolu des lois de la République que professent et appliquent tant de Beurs.

---

1. Voir à ce sujet le livre de Pierre-Patrick Kaltenbach, *La France, une chance pour l'Islam*, Le Félin, 1991. Et, du même auteur, *Tartuffe aux affaires*, Éditions de Paris, 2001, pp. 112-115. Le Conseil d'État s'est même parfois montré indulgent pour la polygamie. Voir Christian Jelen, *La Famille, creuset de l'intégration*, R. Laffont, 1993.

2. 1995.

Pour eux, l'État de droit n'existe pas, et leur volonté d'y rester étrangers se manifeste notamment par un comportement étrange, que j'ai souvent analysé[1], et que l'on pourrait appeler le mécanisme du renversement des responsabilités en matière de délinquance et de criminalité. En quoi consiste-t-il ?

Lorsque les leurs commettent des infractions, voire un meurtre, lorsqu'une fusillade éclate, déclenchée par eux, et que l'un des leurs tombe ensuite sous la balle d'un policier qui riposte, les Beurs chassent alors de leur esprit toute la première partie de l'histoire. Le scénario ne commence qu'à partir du moment où la police est intervenue. Selon eux, la police a donc pris, à froid, sans raison, l'initiative de tuer un Arabe. Le 27 décembre 2001, deux malfrats cagoulés pénètrent, pistolet au poing, dans une banque à Neuilly-sur-Marne, dans les environs de Paris. Ils arrachent aux employés, en les menaçant de mort, une importante somme d'argent, mais, quand ils ressortent, ils tombent sur des policiers d'un commissariat tout proche qu'une téléphoniste de la banque a pu alerter. Ils ouvrent le feu sur les policiers. Ceux-ci répliquent : l'un des deux truands, qui se révèle être un Maghrébin, âgé de vingt et un ans, et multirécidiviste, est tué. Aussitôt, durant la nuit, et les quatre ou cinq suivantes, à Vitry-sur-Seine, lieu de résidence du gangster abattu, des bandes de Beurs dévastent la cité et incendient plusieurs dizaines de voitures[2]. Ils sont équipés de fusils et de

---

1. Voir par exemple dans *Fin du siècle des ombres*, Fayard, 1999, p. 349, le commentaire que j'avais publié à ce sujet dans *Le Point* du 3 juin 1991 et intitulé « Violence, drame en trois actes ».

2. N'oublions pas que, selon le Code pénal, l'incendie volontaire est non pas un petit délit, une « incivilité », mais un crime, passible de la Cour d'assises.

grenades et prennent d'assaut le commissariat. Les grenades proviennent de l'ex-Yougoslavie, ce qui met en évidence un commerce d'armes de guerre dans les « quartiers », au nez et à la barbe d'un État français impuissant ou incapable. Dans la conception des assaillants, la police a froidement « assassiné » leur camarade. Selon le fonctionnement sélectif de leur mémoire et de leur morale, il ne s'était auparavant livré à aucun braquage, à aucune menace de mort, à aucun vol à main armée, à aucune tentative pour se débarrasser des policiers en leur tirant dessus. Tous ces actes criminels sont par eux amnésiés, sinon amnistiés. Subsiste un seul fait : la police a tué l'un des leurs. On conviendra qu'il est difficile de pousser plus loin le narcissisme communautaire, l'inconscience juridique et l'art de décliner toute responsabilité de ses propres actes.

On le voit : le communautarisme à la française a poussé si loin ses conséquences qu'il aboutit à ce que les autorités trouvent presque normal qu'existent sur le territoire plusieurs millions de citoyens ou résidents qui ne se considèrent pas comme régis par les lois du pays. Je n'ai pas besoin de souligner à quel point cette attitude contraste avec l'usage américain, qui veut que toute naturalisation s'accompagne d'un serment par lequel le nouveau citoyen s'engage à respecter les lois et les institutions de la patrie qu'il a choisie et qui l'accueille.

Accueillir n'est d'ailleurs pas en Amérique un vain mot. Le journaliste britannique Jonathan Freedland cite ce passage du discours d'un fonctionnaire de l'Immigration et des Naturalisations au moment où il remet leurs papiers de citoyens américains à soixante-huit immigrés : « C'est une magnifique chance pour les États-Unis, dit-il. Ce sont des gens comme vous qui ont contribué et contribuent encore à faire de ce pays le plus prospère dans l'histoire de l'humanité. Nous avons reçu d'extraordinaires apports culturels et de merveilleux gains intellectuels de gens comme vous... L'Amérique, c'est *vous*[1]. »

Et, en effet, de 1840 à 1924, 35 millions d'immigrants sont arrivés aux États-Unis, soit l'équivalent de la totalité de la population française en 1850 ou de la population de l'Italie en 1910. Loin de décroître, ce flot a plutôt grossi de nos jours, puisque le recensement de 2001 dénombrait 281 millions de citoyens et résidents, soit, par rapport au recensement de 1991, un accroissement de 30 millions dû en majorité à l'immigration, soit le double de ce qui avait été calculé dans les projections. Prétendre que le melting pot ne fonctionne plus aux États-Unis relève donc là aussi de l'exorcisme idéologique, destiné à satisfaire chez le croyant européen un besoin subjectif. Ce n'est pas le fruit d'une information sérieuse.

Si je puis me permettre de glisser une remarque supplémentaire, timidement et entre parenthèses, il faut croire que ces dizaines de millions d'étrangers qui, depuis un siècle et demi, venus de multiples points du globe, se sont installés aux États-Unis, et en particulier les 35 millions, pour la plupart européens, qui s'y sont rendus de 1850 à 1924, étaient tous des imbéciles complets. Trompés par quel mirage, en effet, s'obstinaient-ils, génération après génération, à quitter les pays de cocagne, de paix et de liberté où ils étaient nés, pour aller se perdre dans la jungle américaine où, si l'on en croit ce qu'imprime encore maintenant chaque

---

1. Jonathan Freedland, *Bring Home the Revolution*, Londres, Fourth Estate limited, 1998.

jour la presse européenne, ne les attendaient que la pauvreté, les discriminations raciales, des inégalités croissantes entre les riches et les « défavorisés », la soumission inhumaine au profit capitaliste, l'absence totale de protection sociale, les violations permanentes des droits de l'homme, la dictature de l'argent et le désert culturel ?

Comment ces Européens qui s'étaient par inconscience fourvoyés dans l'enfer américain n'écrivaient-ils pas à leurs familles et amis qui nageaient encore dans le bonheur des paradis ukrainien, calabrais ou grec de ne surtout pas venir les rejoindre ? Et comment, cinquante ou cent ans plus tard, des Vietnamiens, Coréens, Chinois, Mexicains, Salvadoriens ou même des Russes sont-ils assez aveugles pour tomber à leur tour dans le même piège ? Les descendants des générations anciennes d'immigrés ont pourtant bien dû leur expliquer que leurs aïeux n'avaient trouvé aux États-Unis que pauvreté, précarité et oppression ? On peut comprendre que le « rêve américain » ait berné les premiers arrivants. Mais si ce rêve n'est que mensonge, on ne peut pas comprendre, en revanche, que l'amère déconvenue des pionniers n'ait pas davantage dissuadé leurs successeurs d'emprunter le même chemin qu'eux. L'histoire mentionne d'autres rêves dont le caractère mystificateur est très vite devenu évident, et qui ont à bref délai suscité plus de candidatures au départ qu'à l'intégration. C'est pourquoi, si le melting pot américain est une telle faillite, on s'étonne de ne pas voir des foules entières fuir les États-Unis pour se fixer en Albanie, en Slovaquie ou au Nicaragua.

En France, au contraire, si, selon nous, les immigrés maghrébins et africains se sont, paraît-il, beaucoup mieux intégrés qu'ils ne l'auraient fait aux États-Unis, c'est d'abord parce que nous avons renoncé à leur enseigner le français ; c'est, ensuite, parce que notre Haut conseil à l'Intégration a refusé d'instituer l'équivalent du serment des naturalisés américains, et qu'ainsi, à l'inverse des États-Unis, nous ne sommes pas assez antidémocratiques pour demander aux nouveaux citoyens français de s'engager à respecter les lois de la République. À quel point ces derniers s'en sont tenus pour dispensés a d'ailleurs dépassé les plus pessimistes attentes.

Ce n'est certes pas vrai pour tous les immigrés, fort heureusement. On trouve dans toute notre société des citoyens français d'origine maghrébine ou africaine dont l'intégration morale, politique et professionnelle est entièrement réussie : ouvriers, employés, commerçants, enseignants, médecins, avocats, fonctionnaires, agents des services publics. Mais on ne les entend jamais s'exprimer en tant que « communauté » dans les moments critiques, où leurs positions pourraient juguler la « haine » des autres. Ils sont marginalisés par les violents, par les bandes armées des « cités », qui monopolisent la représentation de la « communauté ». Pourquoi ? Les sociologues politiquement corrects – autant dire : conformistes de pseudo-gauche – nous assurent que cette communauté délinquante, qui a transformé tant de villes en « zones de non-droit », ne constitue qu'une petite minorité. Si c'est le cas, comment se fait-il que les forces de l'ordre ne parviennent pas à l'empêcher de nuire ? Comment se fait-il que, pendant plusieurs années de suite, à la même époque, au même endroit (Strasbourg ou Nantes, par exemple) des violents puissent impunément mettre à sac des quartiers entiers, incendier des centaines de voitures ? Ce constat ne fait que mettre davantage en relief la carence de l'État ; mais aussi le relatif isolement des immigrés bien intégrés.

Carence ou indulgence, l'inaction de l'État revient à officialiser en quelque sorte l'illégalité, de même qu'avait été officialisée en amont l'absence de travail et de discipline à l'école. Ainsi a pu se constituer, se légitimer même, la « communauté » délinquante, d'autant plus dangereuse que, tout en se prétendant victime d'une discrimination, elle est elle-même xénophobe et raciste. Elle l'est contre les Français en général, pour qui elle ressent la « haine », et contre les juifs en particulier : entre le 1er octobre 2000 et le 1er juillet 2002 ont été commis en France de nombreux attentats antisémites contre des synagogues, des écoles juives, des commerces et même des logements de particuliers. C'est donc bien en tant que communauté que les musulmans en attaquent une autre. Non seulement nous avons des communautés, ce qui contrarie toute notre tradition républicaine, mais l'une d'entre elles s'en prend à une autre[1] ! Avec cet art gouvernemental bien français de minimiser les crimes que l'on renonce à combattre, le ministre de l'Intérieur du moment déclara qu'il ne s'agissait-là que de « l'œuvre de jeunes désœuvrés ». Et le préfet de police des Bouches-du-Rhône, après l'incendie d'une école juive à Marseille, eut pour tout commentaire que l'on avait affaire en l'occurrence à « un triste phénomène de mode ».

Ces responsables de feu l'État de droit tiennent moins le langage du pouvoir que celui de moralistes mélancoliques. Ils n'auraient pas pu exprimer plus clairement leur farouche détermination de ne pas agir. Le

---

1. Voir *L'Express*, n° 2631, 6 décembre 2001. Dans son éditorial, Denis Jeambar, le directeur du journal, écrit : « C'est un fait, ces actes antisémites sont commis pour l'essentiel par des musulmans. »

maire de Strasbourg ne chantait-il pas victoire, le 1er janvier 2002, alléguant qu'il n'y avait eu, pendant la nuit de la Saint-Sylvestre, « que » quarante-quatre voitures incendiées contre cinquante-deux l'année précédente ? On a les victoires qu'on peut...

Les Français, au vu de cette « guerre des rues » devenue permanente, sont donc mal placés pour dauber le communautarisme dit faussement « à l'américaine ». Dans la réalité, ce qui fait la réussite et l'originalité de l'intégration à l'américaine, c'est précisément que des descendants d'immigrés puissent perpétuer leurs cultures ancestrales tout en se sentant pleinement citoyens américains. Chaque communauté culturelle peut financer des écoles privées, où ses enfants, les jours de congé scolaire, peuvent aller s'initier au grec ou à l'iranien. On écoute partout aux États-Unis des radios privées en coréen, en espagnol et dans une foule d'autres langues, sans que ces instruments de « diversité culturelle » aient la moindre signification conflictuelle de la part des communautés concernées dans leurs rapports avec la civilisation américaine. Au contraire : elles en sont la source et la somme.

C'est cet équilibre harmonieux entre traditions et citoyenneté que nous ne parvenons pas à trouver en France. Dès qu'il est question d'enseigner une langue régionale dans telle ou telle de nos provinces, cette initiative est aussitôt ressentie – et c'est souvent le cas – comme traduisant une volonté politique d'éliminer le français. Les écoles coraniques et les mosquées, souvent subventionnées par des gouvernements étrangers, sont moins des lieux de transmission de la civilisation arabe que des centres de propagande pro-intégriste et antifrançaise. La langue anglaise a, en revanche, joué dès le début aux États-Unis un rôle unificateur entièrement accepté, et même plus grand que ce n'était le cas dans le Royaume-Uni même. « À cause des déplacements fréquents d'une extrémité à l'autre du pays, il est permis d'observer une plus grande uniformité de langue aux États-Unis qu'en Angleterre », écrivait dès 1816 John Pickering. Citant cette observation, Daniel Boorstin, dans son *Histoire des Américains*[1], observe que l'anglais parlé aux États-Unis, contrairement à celui des îles Britanniques, devint rapidement le même dans toutes les régions, dans toutes les classes sociales, dans tous les groupes socioculturels – italien, polonais, allemand, juif, mexicain, chinois, etc. Par comparaison, en 1794, l'abbé Grégoire exposait à la Convention qu'au moins 6 millions de Français (sur 27 millions) ne parlaient pas du tout la langue nationale et que le nombre de ceux qui la parlaient « purement » n'excédait pas 3 millions.

Les Français ont-ils conscience du fait que ce qu'ils appellent avec réprobation le communautarisme « à l'américaine » se retrouve dans leur propre histoire ? Le processus est partout constant selon lequel des immigrés de provenances géographiques très variées et d'un poids démographique significatif se fondent dans la civilisation de leur nouveau pays tout en maintenant vivantes certaines traditions de leurs aïeux. Les Français de religion chrétienne orthodoxe, descendants d'immigrés venus d'Europe de l'Est, n'ont pas l'impression de s'opposer aux autres Français chrétiens parce qu'ils fêtent Noël le 7 janvier et leur Nouvel an le 13 janvier. Et les Français juifs, qui fêtent le leur en septembre, se sentent-ils moins citoyens pour autant et

---

1. *The Americans*, New York, Random House, 1973. Pour la traduction française, on suivra celle des Éditions Robert Laffont, coll. « Bouquins », Paris, 1991.

de culture moins française que leurs compatriotes ? La compatibilité entre le général et le particulier, entre la pleine appartenance au corps des citoyens d'un pays et la perpétuation de pratiques religieuses, de coutumes folkloriques particulières, d'habitudes vestimentaires ou de savoir-faire culinaires caractérise l'édification et l'évolution de presque toutes les grandes civilisations – et pas seulement des États-Unis. Les « associations » françaises gauchistes et politiquement correctes, les autorités de l'État même, tiennent dans ce domaine un raisonnement intrinsèquement contradictoire : d'une part, elles honnissent le communautarisme prétendument « à l'américaine », d'autre part, elles revendiquent, pour certaines populations immigrées, le « droit à la différence », y compris à l'analphabétisme et à la polygamie, c'est-à-dire l'impossibilité de l'intégration. Or l'intégration, consciente et volontaire de la part de l'intégré, demeure un impératif si l'on veut éviter le désastre, avec le chômage et la guerre des rues. Mais l'intégration réussie peut s'enrichir elle-même de l'apport de nouvelles cultures, sans qu'il s'agisse pour autant d'un communautarisme de rejet. La synthèse s'opère selon un dosage subtil dont les Français ont souvent fait l'expérience dans leur propre histoire.

Durant les XIXᵉ et XXᵉ siècles, n'ont cessé d'arriver sur le territoire français des populations italienne, arménienne, grecque, polonaise, hongroise, espagnole, portugaise, des juifs d'Europe centrale ou orientale. Ces populations, constituées d'immigrés économiques ou de réfugiés politiques qui fuyaient la pauvreté ou les persécutions, ou les deux, étaient parfois d'une telle ampleur qu'elles bouleversaient la composition démographique d'une région ou d'une ville. En 1926, Albert Londres publie un reportage intitulé *Marseille, porte du*

Sud. Durant son enquête sur place, n'entendant parler qu'italien autour du Vieux-Port, il demande au maire d'alors, un certain Flaissière : « De quelle ville êtes-vous maire ? » – « Allons, répond Flaissière, votre esprit est encore un peu engourdi, ce matin : Vous voyez bien que je suis maire de Naples[1] ! » Les enfants de ces Italiens, Arméniens ou (dans le nord de la France) Polonais et bien d'autres ne s'en sont pas moins intégrés ; comme, après la guerre, ceux des Espagnols ou des Portugais, tout en conservant éventuellement un attachement très vif à la culture de leurs parents. Le réalisateur de cinéma Henri Verneuil, décédé en janvier 2002, de son vrai nom Achod Malakian, Arménien arrivé à Marseille à l'âge de quatre ans avec ses parents rescapés du génocide, fut l'auteur de films parmi les plus « français » du cinéma français. Il était, bien entendu, aussi parfaitement francophone que n'importe quel autre Marseillais, sans jamais avoir cessé de parler couramment l'arménien. Il ne manquait jamais une occasion de proclamer cette fusion intime en lui de l'homme français et de l'homme arménien. L'opposition radicale entre l'intégration et la différence est donc erronée ou, du moins, mérite d'être nuancée. L'événement nouveau, survenu au cours du dernier quart du XXᵉ siècle, c'est qu'on se soit mis à les considérer comme s'excluant réciproquement. Pourquoi ?

Pourquoi la « différence » de l'immigration maghrébine, africaine ou turque, fût-ce au stade de la deuxième génération, presque toujours, elle, de nationalité française, est-elle en majorité une différence de rupture, de confrontation, de rejet, voire de « haine » ?

---

1. Cité par Christian Jelen, *La Famille, secret de l'intégration*, Robert Laffont, 1993.

Dans *La Famille, secret de l'intégration*, « Enquête sur la France immigrée », livre déjà cité, Christian Jelen apporte certains des éléments fondamentaux de la réponse. Les intégrations précédentes ont dans l'ensemble réussi, même chez les immigrés les plus pauvres, en raison de deux facteurs ou moteurs essentiels : l'autorité de la famille sur les enfants et la croyance sans réserve dans l'école comme levier indispensable pour s'intégrer dans la culture d'accueil.

On constate ces caractéristiques sociales et culturelles aussi bien chez les immigrés de jadis, Italiens, Arméniens ou juifs, que chez certains des immigrés ultérieurs ou actuels dont l'intégration s'est accomplie et s'accomplit encore sans heurt notable : Portugais, Vietnamiens, Chinois. En revanche, on trouve en général très peu ces atouts formateurs chez les immigrés maghrébins et encore moins chez ceux en provenance de l'Afrique subsaharienne. Chez ces derniers, en outre, les carences néfastes sont encore aggravées par la polygamie. C'est là un usage que nos dirigeants politiques s'interdisent, par hypocrisie bien-pensante, de mentionner, tout en l'autorisant discrètement, au mépris des lois de la République. D'ailleurs, ce « mot est banni de tous les reportages et de tous les commentaires », ajoute Christian Jelen, qui consacre à ce phénomène et à ses conséquences tout un chapitre de son livre[1].

L'irresponsabilité de la famille, qui se désintéresse de l'emploi du temps de ses enfants, les laisse libres d'errer dans les rues sans contrôle, est une cause prépondérante de la dégradation des « quartiers », de la généralisation de la violence et du glissement des

---

1. Chapitre 3, « La Polygamie en France ».

jeunes, et même des enfants, dans la délinquance et la criminalité.

Pourtant, chaque fois que des élus municipaux ont tenté de réagir contre cette irresponsabilité, soit en proposant de réduire les prestations familiales des parents coupables de négligence, soit en instaurant un couvre-feu pour obliger les enfants de moins de douze ou treize ans (voire beaucoup moins : qui va vérifier ? Ils n'ont pas de papiers !) à rentrer chez eux avant minuit, ils se sont évidemment fait insulter, traiter de fascistes et de racistes par les partis les ministres et la presse de gauche[1]. La gauche s'est ainsi acharnée à détruire l'une des conditions vitales de l'intégration.

L'autre condition, l'efficacité scolaire, a été également minée par les théories pédagogiques, ou plutôt antipédagogiques, issues de la « pensée 68 », et qui entrèrent en application au cours du dernier quart du XXe siècle. Leur effet démobilisateur en général pour toutes les espèces d'élèves fut naturellement aggravé par les difficultés particulières que devaient surmonter les enfants d'immigrés, même nés en France. Pour la plupart d'entre eux, ce fut le coup de grâce, auquel est venu s'ajouter celui de l'incompréhension des parents maghrébins et africains concernant l'importance de l'école. Les exemples foisonnent de l'indifférence de ces parents pour l'assiduité de leur progéniture. Combien de lettres d'instituteurs et de professeurs signalant des absences ou proposant une entrevue et qui restent sans réponse ! En revanche, les enseignants se font casser la figure, voire poignarder, s'ils mettent de mauvaises notes aux élèves ou s'ils les rappellent à

---

1. Voir l'article que j'ai consacré à l'une de ces polémiques, « Sé-curité, les enfants après ! » dans *Le Point*, 26 juillet 1997, repris dans *Fin du siècle des ombres*, *op. cit.*, p. 587.

l'ordre. En 1950, les parents immigrés étaient toujours du côté de l'instituteur qui voulait faire travailler leurs enfants et les faire réussir aux examens. À partir de 1975-1980, ils sont contre lui.

On ne voit donc pas comment l'intégration de cette immigration récente aurait pu réussir alors que les responsables mêmes du pays d'accueil la refusaient, en s'interdisant d'encourager les populations immigrées à en renforcer les conditions nécessaires.

C'est ainsi que la nouvelle idéologie française a fabriqué de toutes pièces depuis 1970 un communautarisme jusqu'alors inconnu en France et qu'elle appelle « à l'américaine » pour mieux se disculper de l'avoir suscité et pour feindre d'oublier qu'il s'agit hélas ! aujourd'hui bel et bien d'un communautarisme « à la française ». C'est là un nouvel exemple de cette permutation de la responsabilité qui est l'une des fonctions de l'antiaméricanisme, et qui consiste à projeter sur les États-Unis les tares de sa propre société.

J'ajoute – contradiction supplémentaire qui remonte d'ailleurs au XIXe siècle – que la société américaine est décrite par les Européens tantôt comme une juxtaposition d'individus isolés, sans enracinement dans une histoire et une culture communes à tous, tantôt comme une foule grégaire, uniformisée par le conformisme, où l'individu ne peut ni réagir ni penser par lui-même.

CHAPITRE SIXIÈME

L'EXTINCTION CULTURELLE

La *diversité* culturelle a remplacé l'exception culturelle, selon la rhétorique européenne, d'inspiration française. Mais les deux termes recouvrent en pratique le même comportement : à savoir le protectionnisme culturel ou la volonté de l'établir.

L'idée qu'une culture préserve son originalité en se barricadant contre les influences étrangères est une vieille illusion qui a toujours donné un résultat contraire à celui qui était recherché. On ne peut pas être différent tout seul. C'est la libre circulation des œuvres et des talents qui permet à chaque culture de se perpétuer tout en se renouvelant. L'isolement n'engendre que la stérilité. La démonstration remonte au vieux parallélisme entre Sparte et Athènes. C'est Athènes, cité ouverte, qui fut le prolifique lieu de création dans les lettres et les arts, dans la philosophie et les mathématiques, la science politique et l'histoire. Sparte, défendant jalousement son « exception », réalisa ce tour de force d'être l'unique cité grecque qui ne produisit aucun poète, aucun orateur, aucun penseur, aucun architecte. Elle obtint bien sa diversité, mais ce fut celle du néant.

Cette extinction culturelle se retrouve dans les régimes totalitaires modernes. La peur de la contamination idéologique a conduit nazis, soviétiques et maoïstes à se retrancher dans un art pompier et dans une littérature pompeuse, véritables injures au passé des trois peuples auxquels ils furent infligés. Lorsque Jean-Marie Messier, soulevant des clameurs horrifiées, a déclaré en décembre 2001 : « L'exception culturelle à la franco-française est morte », il n'est pas allé assez loin, et aurait pu ajouter : en réalité, elle n'a fort heureusement jamais existé. Sans quoi ce serait la culture française elle-même qui serait morte. Imaginons que les rois de France, au XVIᵉ siècle, au lieu d'inviter en France les peintres italiens, se soient dit : « Cette prépondérance de la peinture italienne est décidément insupportable, laissons dehors ces peintres et leurs tableaux. » Le seul fruit de cette démarche castratrice aurait été de tarir la source d'un renouvellement de la peinture française. De même, entre 1880 et 1914, il y avait beaucoup plus de tableaux impressionnistes français dans les musées et chez les collectionneurs américains que dans les musées et chez les collectionneurs français ! Malgré quoi, ou à cause de quoi, l'art américain a trouvé plus tard son originalité et a pu à son tour influencer le nôtre.

Ces fécondations mutuelles se moquent d'éventuels antagonismes politiques. C'est au cours de la première moitié du XVIIᵉ siècle, alors que l'Espagne et la France se combattaient fort souvent, que l'influence créatrice de la littérature espagnole sur la nôtre fut particulièrement marquée. Le XVIIIᵉ siècle, période de conflits répétés entre la France et l'Angleterre, fut aussi le siècle où les échanges intellectuels entre les deux civilisations devinrent sans doute le plus actifs et le plus productifs. On ne saurait dire qu'entre 1870 et 1945 les relations diplomatico-stratégiques entre la France et l'Allemagne étaient idylliques. Pourtant, c'est au cours de ces années que les philosophes et les historiens allemands firent le plus école en France. Et Nietzsche n'était-il pas imprégné des moralistes français ? On pourrait allonger la liste des exemples illustrant cette vérité : la diversité culturelle naît de la multiplicité des échanges. C'est vrai même pour la gastronomie : seuls les hallucinés phobiques des McDonald's méconnaissent ce fait, aisément vérifiable, qu'il n'y a jamais eu autant de restaurants de cuisines étrangères dans presque tous les pays que de nos jours. La mondialisation n'uniformise pas, elle diversifie. La réclusion tarit l'inspiration.

En pratique, exception ou diversité culturelles sont en Europe et surtout en France des noms de code désignant les aides et les quotas. Seriner que « les biens culturels ne sont pas de simples marchandises », c'est se vautrer dans la platitude. Qui a jamais prétendu qu'ils le fussent ? Mais ils ne sont pas non plus de simples produits du financement d'État, ou alors la peinture soviétique aurait été la plus belle du monde. Les avocats du protectionnisme et du subventionnisme se contredisent. Ils font tout ce tintamarre, disent-ils, contre l'argent. Et, en même temps, ils plaident que la création est conditionnée par l'argent à condition qu'il s'agisse d'argent public. Or, si le talent a parfois besoin d'aide, l'aide ne fait pas le talent.

« Regardez le cinéma italien, nous explique-t-on. Faute d'aides, il a quasiment disparu. » Mais, dans les années d'après-guerre, la cause de son éclat ne s'appelait pas subvention : elle s'appelait Rossellini et De Sica, Blasetti et Castellani, Visconti et Fellini. C'est également à l'imagination des créateurs et non aux chèques des ministres que le cinéma espagnol doit son essor des années quatre-vingt. Et si le cinéma français a reconquis en 2001 la première part du marché dans ses frontières et des succès au-dehors, ce n'est pas pour avoir été plus subventionné que naguère, c'est pour avoir produit une poignée de films dont la qualité est perceptible par le public, et pas seulement par leurs auteurs.

Par bonheur, le cinéma français a fait ainsi preuve de plus d'authentique diversité que les monotones rabâcheurs de la diversité.

Encore faut-il remettre à sa vraie place ce relatif regain. Comme ose l'écrire avec raison Dominique Moïsi : « L'ironie de ce débat est renforcée par le fait que, l'année dernière, le symbole de la résistance réussie de la France à l'hégémonie de Hollywood a été une comédie, agréable mais très superficielle, *Le Fabuleux Destin d'Amélie Poulain*, un film qui n'est ni plus ni moins qu'une suite de clips "branchés" dans le style publicitaire, manquant lamentablement de contenu social ou intellectuel. Par comparaison, les films de Ken Loach, quoique ne bénéficiant pas de ce climat d'exception culturelle, reflètent la profondeur d'une diversité culturelle à la fois stimulante et rafraîchissante[1]. » Et Moïsi déplore qu'au débat sérieux que mérite la question du dosage entre le libre arbitrage du public et le volontarisme (ou le favoritisme...) de l'État, nous

---

1. *Les Échos*, 14 janvier 2002, « Les deux France ». Notons toutefois que les deux principaux succès du cinéma français en 2001-2002, *Le Fabuleux destin d'Amélie Poulain* et *Astérix et Obélix : mission Cléopâtre*, ont été tournés dans des studios allemands et anglais. Pourquoi ? Parce que l'État français dévalise les producteurs qui réussissent pour subventionner les raseurs.

ayons substitué, dit-il, « une explosion de délire verbal pour défendre la nature universelle de l'exception française ».

Nul besoin d'être Aristote ou Leibniz pour saisir que l'exception universelle est effectivement, sur le plan de la plus élémentaire logique, une contradiction dans les termes. Ce n'est pas la seule, dans cette empoignade confuse, où les passions se déchaînent plus que les arguments ne s'enchaînent. Ainsi, Denis Olivennes, directeur de Canal +, chaîne de télévision jouant un grand rôle dans le financement du cinéma français, allègue que l'un des piliers de ce financement est un prélèvement sur toutes les entrées en salle. De la sorte, écrit-il[1], « le cinéma américain, qui représente de l'ordre de la moitié des entrées en salles, contribue pour moitié au financement des fonds de soutien ». Admirable glissement de sens ! Car il ressort clairement du texte que ce n'est pas le *cinéma américain* qui contribue au fonds de soutien, c'est bien plutôt le *spectateur français* qui va voir des films américains. Plus généralement, l'opposition entre l'État et le marché en art, entre argent public et argent *du* public, est une opposition trompeuse. Le seul argent « public » qui existe est celui que l'État prélève sur *le* public, par un moyen ou par un autre, directement ou indirectement. Mais c'est toujours le public qui paye. La seule question est de savoir quelle est la part de sa contribution qui provient de son libre choix et quelle est celle qui émane d'un prélèvement autoritaire, dont le produit est ensuite utilisé de façon discrétionnaire par une minorité de décideurs politiques et administratifs ou

---

1. *Le Monde*, 12 janvier 2002. M. Olivennes a démissionné en avril 2002.

de commissions dont les membres sont nommés et non élus.

Une culture entre en décadence lorsque, ne consistant plus qu'en louanges qu'elle s'adresse à elle-même, elle s'exalte en dénigrant les autres cultures. Ainsi les professionnels français de l'audiovisuel ressassent à longueur de journée et finissent même par croire et par faire croire au public que les téléfilms américains, obéissant à la préoccupation exclusive de « faire de l'argent », sombrent dans la facilité commerciale et fuient tous les sujets consacrés à des problèmes sociaux ou politiques controversés. Les séries françaises, au contraire, dit-on et répète-t-on aveuglément, s'inscrivent dans une tradition de télévision d'État, financée par l'argent public. Même celles de nos chaînes devenues privées suivent les canons esthétiques de cette tradition. Elles échapperaient de la sorte à la « dictature du profit » et pourraient donc prendre le risque de déplaire à une partie des téléspectateurs en montrant avec courage des situations douloureuses ou grosses de polémique.

Or c'est le contraire qui correspond à la réalité. Michel Winkler l'a amplement illustré, nombreux exemples à l'appui, dans son livre *Les Miroirs de la vie*, sous-titré *Histoire des séries américaines* (Éditions du Passage, 2002).

Dans un entretien donné au *Monde télévision* (9 février 2002), Winkler (par ailleurs médecin et romancier, auteur, en particulier, de *La Maladie de Sachs*, grand succès de l'année littéraire 1998) déclare : « Les séries françaises ne sont pas faites pour donner à réfléchir. Les trois principales chaînes ont une même et seule politique de fictions : (...) conforter le conformisme. Le téléspectateur fantasmé est assimilé à un veau. » À l'inverse, aux États-Unis, ajoute-t-il, « la télévision a relayé la critique sociale qu'exerçait le cinéma des années 1930 à 1950 ». La production conventionnelle française tient le public d'autant plus captif que 15 % seulement des Français ont le câble ou le satellite, contre 80 % des Américains.

Apportant de l'eau à ce moulin, je rappellerai à nouveau le téléfilm en plusieurs épisodes tourné et diffusé aux États-Unis sur l'affaire du Watergate, à chaud, très peu de temps après cette affaire même et la démission de Richard Nixon, au milieu des années soixante-dix. On y voyait un acteur qui était presque un sosie du président jouer le rôle de Nixon. Tous les autres personnages correspondaient eux aussi à des individus réels et parfaitement identifiables. Et ce n'est pas le seul scandale national qui ait fourni en Amérique la trame de scénarios destinés au petit ou au grand écran, et de scénarios qui serrent au plus près les événements et les figures historiques. En revanche, j'attends toujours un téléfilm français sur le délit d'initiés commis à l'occasion du rachat de Triangle par Pechiney, sur ces initiés mêmes, situés, semble-t-il, au plus haut niveau de l'État français. Ou encore sur le scandale du Crédit lyonnais ou celui d'Elf. Pour se comparer aux modèles américains et à leur courage, ces téléfilms français devraient être à l'écran la transposition fidèle de ces épisodes historiques peu flatteurs pour la France, avec des interprètes scrupuleusement calqués sur les caractères originaux. Nous risquons de les attendre encore longtemps.

Remâchant les débris du marxisme le plus moisi, Catherine Tasca, ministre français de la Culture, confie au *Figaro Magazine* (9 février 2002) : « Les lois du marché sont les pavillons de la puissance américaine. »

Mais non ! elles n'en sont pas les pavillons : elles en sont l'explication.

Dans le domaine de la culture comme dans les autres, la querelle de la mondialisation, qui a surgi et s'est envenimée durant la dernière décennie du XXe siècle, traduit en fait ce qui voudrait être une résistance à l'américanisation. Et, dans ce domaine culturel comme dans les autres, nous devons distinguer ce qui, dans notre perception de l'américanisation en tant que menace ou maladie, est imaginaire ou fantasmatique et ce qui est justifié. Et nous devons également nous demander s'il n'y a pas, dans la culture américaine, des réalisations positives par lesquelles il n'est pas entièrement mauvais que les autres cultures soient influencées, voire quelques solutions originales dont les civilisations européennes, asiatiques ou africaines gagneraient éventuellement à s'inspirer sans pour autant les copier mais en les transposant.

La crainte de voir les « identités » culturelles noyées dans une sorte d'uniformisation planétaire, qui serait aujourd'hui à coloration américaine dominante mais qui fut censée jadis en avoir d'autres, ne s'appuie ni sur une expérience historique attestée, ni sur une bonne observation du monde contemporain. La compénétration des cultures, avec prépondérance tantôt de l'une tantôt de l'autre, tantôt dans une de ses manifestations tantôt dans une autre, a toujours conduit, dans l'Antiquité comme dans les périodes médiévale, moderne et contemporaine, non à l'uniformité mais à la diversité. C'est ce qui se passe également aujourd'hui et c'est ce que montre, parmi bien des auteurs, l'essayiste suédois Johan Norberg, à peu près dans les termes où je l'ai fait un peu plus haut. « Bien des gens, écrit-il, craignent une "mcdonalisation" du monde, une standardisation où chacun finirait par porter les mêmes vêtements, par voir les mêmes films. Mais ce n'est pas là une description exacte du processus de globalisation. Quiconque se promène dans Stockholm actuellement n'aura évidemment aucune difficulté à trouver des hamburgers et du Coca-Cola, mais il trouvera tout aussi aisément en abondance kebab, sushi, tex-mex, canard à la pékinoise, fromages français, soupe thaï. » Et, l'auteur rappelle ce qu'on oublie fréquemment : la culture américaine, ce n'est pas seulement les chansons de Madonna et les films de Bruce Willis, c'est aussi le pays où il y a 1 700 orchestres symphoniques, 7,5 millions d'entrées par an à l'opéra et 500 millions d'entrées dans les musées – assez souvent gratuites[1]. En outre, les musées américains dans leur quasi-totalité, rappelons-le, doivent leur existence et leurs crédits de fonctionnement à des financements privés.

Il est surprenant que des artistes aient si peu d'estime pour leur art qu'ils en attribuent l'éventuelle diffusion internationale à la seule puissance de l'argent et de la publicité. Ainsi Bertrand Tavernier, que j'ai pourtant connu, avant qu'il ne devînt lui-même réalisateur, fin connaisseur de l'art cinématographique américain, en explique plus tard le succès en ces termes : « Avec la complicité de certains politiciens et même des journaux (...) s'appuyant sur un système de distribution à l'épreuve des bombes[2], les Américains nous imposent leurs films[3]. » Tavernier devrait pourtant savoir que

---

1. Johan Norberg, *In defence of global capitalism*, Timbro éditeur, 2001. De l'original suédois : *Till Kärldskapitalismens förvar*, traduit en anglais par Roger Tanner.
2. *Sic.* Faut-il donc supposer que le nôtre a été bombardé ?
3. Déclaration à l'AFP, 5 novembre 1992. Cité par Mario Roy, *Pour en finir avec l'antiaméricanisme*, Éditions du Boréal, Québec, 1993.

l'on n'impose jamais par la contrainte ni même par la publicité une œuvre littéraire ou artistique, encore moins une œuvre de simple divertissement, à un public qu'elles ne séduisent pas. Toute la puissance de coercition de l'Union soviétique ne parvint jamais à « imposer », autant que l'auraient voulu les autorités, la littérature officielle aux lecteurs, qui lui préféraient les œuvres clandestines ronéotées qui circulaient sous le manteau, les fameux « samizdat » (littéralement · autoédition). La police, quand elle attrapait les auteurs ou les diffuseurs de ces samizdat, les envoyait en prison, au camp ou à l'hôpital psychiatrique spécial, sous l'inculpation de « cosmopolitisme », autre nom de la mondialisation.

En janvier 2002, lorsque Yves Saint Laurent annonça de façon inattendue sa décision de prendre sa retraite, mettant soudain un terme à son activité de grand couturier, l'émotion fut énorme dans le monde entier, précisément parce que le talent de Saint Laurent avait rayonné dans le monde entier. Et pas seulement le sien d'ailleurs, mais aussi celui de nombreux prédécesseurs qui, depuis plus d'un siècle, avaient instauré et perpétué la prépondérance internationale de la haute couture française (ce qui n'enlève rien au mérite d'autres écoles, notamment l'école italienne).

On n'a pas lu, à ce moment-là, dans la presse étrangère, que cette prééminence traditionnelle de la haute couture française et l'incandescence de Saint Laurent n'étaient dues qu'à « un système de distribution à l'épreuve des bombes » qui, avec la louche complicité de « politiciens et de journaux », parvenait à « imposer » chez les autres les robes des artistes parisiens. Les auteurs de tels articles se fussent ridiculisés.

Mais les Français, eux, se gardent trop rarement

hélas ! de tomber dans ce genre de ridicule. Ainsi, entre 1948 et 1962, lors des Biennales de Venise, la plupart des grands prix furent attribués à des artistes de l'école de Paris. Mais, lorsque en 1964 le jury décerna le grand prix de peinture à Robert Rauschenberg, le plus récent chef de file d'une école de New York dont la vitalité s'affirmait depuis vingt ans, les Français crièrent au scandale, à l'impérialisme, à la collusion du jury avec les marchands, parlèrent de pressions du gouvernement américain[1] sur le gouvernement italien et autres élégances qui ne montrèrent pas certains de nos officiels sous leur plus noble jour.

S'inspirant de ce que Giancarlo Pajetta, un important dirigeant communiste italien, disait un jour : « J'ai enfin compris ce que c'est que le pluralisme ; c'est quand plusieurs personnes sont du même avis que moi », les gouvernements et les élites sont un peu partout en faveur de la mondialisation culturelle à condition que leur pays en soit la source et le modèle. Présentant un « Projet culturel extérieur de la France », en 1984, le gouvernement français disait d'abord, avec une insigne modestie, que ce manifeste n'avait « probablement d'exemple dans aucun autre pays ». On a du génie ou on n'en a pas. Toutes les cultures se valent, concédaient les auteurs du texte gouvernemental (ce qui pèche par simplisme « politiquement correct »), mais la nôtre est prédestinée : son rôle doit être celui de médiateur universel car elle est « partagée par des hommes de tous les continents ». Touchant optimisme, qui poussait naturellement à cette conclusion que « l'avenir de la langue française

---

1. Ce qui était d'autant plus stupide que le jury de la Biennale est international.

dans le monde ne peut être que solidaire du destin des peuples et promoteur de développement ». L'uniformisation culturelle du monde, pour les auteurs de ce manifeste gouvernemental, ne présentait que des avantages, dès lors qu'elle était française – dans leurs illusions du moins.

L'uniformisation culturelle du monde, où l'on voit aujourd'hui le plus souvent son américanisation, n'est d'ailleurs américaine, dans la mesure où elle existe, que pour une partie de la culture, et pas la plus profonde ni la plus durable. Elle véhicule surtout la culture dite de masse, le divertissement, certains spectacles, certaines modes vestimentaires ou alimentaires chères à la jeunesse, certaines musiques populaires, mais pas toutes, tant s'en faut. Il s'agit là d'un emploi du mot culture dans un sens élargi, je dirai même relâché, qui a prévalu parce que ce sont les professions du spectacle qui, pour des raisons économiques, dirigent le chœur des lamentations contre la puissance des producteurs américains. Cette puissance pose un problème, mais il est abusif d'y réduire la totalité de la vie culturelle.

N'en déplaise aux gens de cinéma, la culture c'est aussi un peu la littérature, la science, l'architecture, la peinture Or observons les faits : le moment où le roman américain a le plus influencé le roman européen se situe entre les deux guerres mondiales, à une époque où les États-Unis n'étaient pas encore la première puissance planétaire. Ce rôle était en ce temps-là plutôt attribué à la Grande-Bretagne. Après la Deuxième Guerre mondiale, quand les États-Unis deviennent politiquement dominants, c'est la littérature latino-américaine qui remporte en Europe un succès à la fois d'estime et de public bien supérieur à celui de la littérature nord-américaine d'alors, quoique celle-ci comptât autant de talents de premier ordre durant cette période qu'au cours de la précédente. « Il y a cinquante ans à peine, écrit Mario Vargas Llosa en octobre 2000, nous autres hispanophones étions une communauté refermée sur elle-même, qui s'exposait fort peu en dehors de ses frontières linguistiques. Aujourd'hui, en revanche, la langue espagnole fait preuve d'une vitalité croissante, et tend à gagner des têtes de pont et des positions parfois fortes sur les cinq continents. Le fait que les États-Unis comptent aujourd'hui vingt à trente millions d'hispanophones explique que les deux candidats actuels à la présidence américaine, le gouverneur Bush et le vice-président Al Gore, utilisent aussi l'espagnol dans leurs discours électoraux[1]. » Cet exemple montre que la mondialisation fait progresser la diversité culturelle, y compris aux États-Unis.

Il faudrait aussi parler de l'audience internationale de la littérature japonaise au cours de la seconde moitié du XXᵉ siècle, ou de la lente mais irrésistible accession à l'autorité littéraire mondiale d'un V.S. Naipaul, prix Nobel de littérature 2001, écrivain dont les racines culturelles sont multiples et complexes, à la fois antillaises, indiennes et anglaises, mais en tout cas pas américaines. Les auteurs dramatiques français, depuis 1950, sont beaucoup plus présents sur les scènes de tous les continents que les auteurs nord-américains. Les poètes italiens, Ungaretti ou Montale, plus renommés que leurs confrères américains.

Je pourrais continuer longtemps. On est confus de devoir aligner ces banalités de manuel, mais il le faut bien, pour tenter de contrecarrer les stupides et hypo-

---

1. « Cultures locales et mondialisation », *Commentaire*, automne 2000, nᵒ 91.

crites cris d'alarme sur les dangers qui menaceraient de nos jours la diversité culturelle, alors que cette diversité n'a jamais été aussi grande, puisque la mondialisation en marche depuis 1945 a précisément permis une circulation croissante des œuvres intellectuelles sur toute la planète et le croisement d'un nombre grandissant de formes esthétiques. Peut-on me dire combien il y avait d'auteurs français traduits en japonais au XIXe siècle et inversement ? Aujourd'hui, ils le sont presque tous.

Je ne vois pas non plus que les architectes italiens, scandinaves, sud-américains, français, suisses ou autres reçoivent moins de commandes que leurs confrères nord-américains. Toutes ces nationalités et bien d'autres ont fourni et continuent de fournir à l'art architectural des noms illustres. Leurs génies créateurs se sont inspirés mutuellement sans perdre leurs originalités respectives et, là encore, la diversité y a gagné. Quant à la peinture, si l'émergence de l'école de New York, vers 1960, comme je l'ai mentionné plus haut, a fait grincer des dents les peintres et les critiques français, habitués depuis deux siècles à leur position dominante, il est difficile de nier que cette floraison new-yorkaise ait diversifié plus qu'uniformisé l'art pictural, comme l'ont diversifié le groupe Cobra dans l'Europe du Nord ou le renouveau italien au même moment.

Contrairement à ce qu'a dit Jacques Chirac[1], la mondialisation n'est pas le « laminoir des cultures ». Elle en est, elle en a toujours été le principe fécondateur. Que l'on songe, par exemple, au facteur de renouvellement qu'a été la découverte ou, plutôt, une plus ample connaissance de la peinture japonaise, à la fin du XIXe siècle, pour la création artistique française, ou l'ar-

---

1. Cité par *Le Journal du dimanche* du 3 février 2002.

rivée en France de l'art africain, dix ou vingt ans plus tard. Les cas semblables pullulent. À moins d'être décervelé par les braillards de Seattle ou de Porto Alegre, on ne peut effacer la leçon multimillénaire de l'histoire des civilisations : c'est le cloisonnement qui lamine et stérilise les cultures, c'est la compénétration qui les enrichit et les inspire.

La science mérite d'être considérée à part. La recherche dépend beaucoup plus des moyens financiers mis à sa disposition que d'autres activités de l'esprit. C'est ce qui explique en partie la récente prépondérance américaine, mais en partie seulement. Elle vient aussi du fonctionnement des universités américaines, qui marient beaucoup plus intimement que leurs sœurs européennes, à l'exception des universités britanniques et allemandes, l'enseignement et la recherche. C'est une des raisons pour lesquelles les universités américaines attirent tant de professeurs et d'étudiants étrangers. Dans son rapport de l'année 2002, la Cour des comptes française a critiqué – une fois de plus ! – la sclérose du Centre national de la recherche scientifique (CNRS), le vieillissement de ses chercheurs, l'absence d'évaluation. Ce diagnostic pessimiste est une ritournelle qui revient périodiquement depuis des décennies mais qui, comme c'est l'habitude en France dans tous les domaines, n'a jamais entraîné la moindre réforme. Malgré ces pesanteurs, quelques prix Nobel sont allés à des chercheurs français au cours des récentes décennies, ainsi qu'à d'autres chercheurs de pays autres que les États-Unis, bien que ceux-ci en aient obtenu le plus grand nombre. Mais la diversité géographique de la recherche n'en persiste pas moins, encore que la notion de diversité en science n'ait pas grande signification, puisque la connaissance scienti fique ne saurait, contrairement à la sculpture ou à la musique, être différente à Tokyo, Rome ou Bombay de ce qu'elle est dans le Massachusetts ou la Californie. Il en ressort davantage encore que la mondialisation de la connaissance scientifique est, elle aussi, nécessaire à son progrès et à celui de chaque civilisation. Si Descartes n'avait pas rejeté la physique de Galilée par dogmatisme philosophique, c'est peut-être un Français qui aurait fait la découverte que devait faire plus tard Newton, dans une Angleterre où la pensée scientifique était beaucoup plus affranchie qu'en France des préjugés métaphysiques. Et si l'Islam n'avait pas refusé la science moderne, les pays islamiques ne souffriraient peut-être pas de l'« exception culturelle » plutôt négative qui est la leur depuis trois siècles.

Car l'affermissement et le rayonnement d'une culture reposent sur un fondement essentiel : l'ampleur et la qualité de l'enseignement dans le pays ou dans l'aire géographique de son implantation, et son adaptation aux évolutions de la connaissance. La dégradation des enseignements élémentaire et secondaire en France depuis 1970 environ est une catastrophe reconnue et aussi abondamment documentée que commentée. Mais on s'étend moins sur les insuffisances de l'enseignement supérieur français. Or, à une époque où une part croissante de la population peut y accéder, c'est de la qualité de cet enseignement que dépendent la vigueur d'une culture et l'attrait qu'elle peut avoir pour ceux qui l'observent du dehors.

Pourquoi des étudiants, des enseignants et des chercheurs en provenance de tous les pays du monde se bousculent-ils dans les universités américaines et pas dans les nôtres ? Dans une étude de la plus haute importance, *L'Université française du XIXᵉ au XXIᵉ siècle* (dans l'ouvrage collectif *La France du nouveau siècle*, sous la direction de Thierry de Montbrial, PUF, 2002), Jean-Claude Casanova expose avec une inexorable précision les causes de la panne de l'enseignement supérieur français, comparé à celui des États-Unis. Une première catégorie de causes tient à la simple insuffisance des moyens. Ainsi, rappelle Casanova, le capital de l'université de Harvard, soit *d'une seule* université américaine, qui n'est pas la plus grande, est de vingt milliards de dollars : soit plus du double de la dépense annuelle de la France pour *l'ensemble* de son système universitaire. Une deuxième catégorie de causes de notre faiblesse tient à une conception erronée qui, depuis le début du XIXᵉ siècle, a fait prévaloir la centralisation administrative. On a longtemps dit l'Université française et non *les* universités françaises. Dès la fin du XIXᵉ siècle, dans *Les Origines de la France contemporaine*, Hippolyte Taine avait décrit de façon convaincante, en pure perte, bien sûr, l'arthritisme culturel engendré par cet autoritarisme éducatif.

À cette absence d'une autonomie des universités qui avait pourtant prospéré au Moyen Âge s'ajouta la faute qui consiste à séparer l'enseignement de la recherche. Il y a cinquante ans que les conséquences néfastes en sont régulièrement dénoncées par de grands chercheurs français, surtout ceux qui ont l'expérience des universités allemandes, anglaises ou américaines. Mais là comme ailleurs, l'incapacité française à tenir compte des analyses les moins réfutables et à réformer (sauf dans un sens démagogique) a perpétué cet absurde divorce. Enfin, troisième aspect de notre infériorité, selon Casanova, « l'université française n'organise qu'avec un retard considérable la formation de masse, contrairement aux universités américaines qui s'y attel-

lent, les premières du monde, dès le milieu du
XXe siècle. »

La vraie culture transcende toujours les frontières
nationales. Pourtant, c'est une étrangeté que, parmi les
contradictions de l'antiaméricanisme, on trouve la
condamnation de l'internationalisme culturel *même
dans les cas où c'est la culture américaine qui s'inspire
de la culture européenne, asiatique ou autre.* Et même
quand cette influence s'exerce sur la culture de masse.

Ainsi, une journaliste québécoise tonne contre « le
fast-food culturel de l'heure... *The Phantom of the
Opera*, un produit culturel s'apparentant de très près
au sandwich vedette de la chaîne McDonald's, le Big
Mac[1] ». Outre qu'en l'occurrence le spectacle dont
parle Mme Vaillancourt est de conception non pas
américaine mais britannique, nul journaliste n'ignore
ou ne devrait ignorer qu'il est tiré d'un célèbre roman
français, paru en 1910, *Le Fantôme de l'Opéra*, dû à
Gaston Leroux, par ailleurs père de Rouletabille et de
Chéri Bibi. Nous devrions donc, de notre point de vue,
nous réjouir de ce que la littérature populaire française
se trouve, à travers la production américaine, transpo-
sée sur les écrans mondiaux. Mais, selon le juste
commentaire de Mario Roy, « il n'a jamais été question
de devoir tenir compte des faits, bien entendu ».

La haine pour les Américains est ainsi parfois poussée jusqu'au point où elle se transforme en haine pour
nous-mêmes. C'est ce que l'on vit lors de l'installation
d'un Disneyland près de Paris, en 1992. Cet événement
fut dénoncé par nos intellectuels comme un « Tchernobyl culturel ». Or on remarquera, sans avoir à faire

---

1. Julie Vaillancourt dans *Le Devoir*, 22 décembre 1992. Cité par
Mario Roy dans *Pour en finir avec l'antiaméricanisme, op. cit.*

preuve d'une exceptionnelle érudition, qu'une grande partie des thèmes inspirateurs de Walt Disney, notamment dans ses longs métrages, sont puisés à des sources européennes. *Blanche Neige et les sept nains*, *La Belle au bois dormant*, le *Pinocchio* de Carlo Collodi, les partitions musicales de *Fantasia* ou la reconstitution du navire des pirates de *L'Île au trésor* de R.L. Stevenson représentent des emprunts – et des hommages – de l'Amérique au génie européen, comme elle rend d'autres hommages à d'autres chefs-d'œuvre traditionnels appartenant à d'autres cultures, par exemple les *Mille et Une Nuits*.

Que ces contes populaires, fruits, au cours de tant de siècles, de l'imagination de tant de peuples divers, et longtemps transmis de génération en génération par la voie orale, puis fixés sous forme écrite par les divers auteurs qui les recueillaient, se matérialisent enfin à l'écran, grâce à l'invention du cinéma et au talent d'un artiste californien, n'est-ce pas là un exemple du cheminement et du croisement imprévisibles des cultures ? Leur dynamique mondialisatrice emprunte les instruments de transmission les plus divers, anciens ou modernes, et se moque des pudibonderies chauvines des protectionnistes bornés[1].

Ceux-ci objecteront sûrement que l'exploitation de ces légendes occidentales ou orientales par l'industrie américaine du spectacle ne peut qu'en trahir l'originalité, la déformer, la mercantiliser. Hollywood, chacun le sait ou devrait le savoir, n'a jamais été que la capitale du mauvais goût, de la vulgarité, de la banalité. La pro-

---

1. Je me permets, pour de plus amples développements, de renvoyer sur ce point à mon article « Le péril suprême : Disneyland », paru dans *Le Point* du 21 mars 1992 et repris dans mon recueil *Fin du siècle des ombres*, *op. cit.*, p. 389.

duction américaine de spectacles détruit la culture des autres plus qu'elle ne la met en valeur. À ce point, nous avons quitté la sphère rationnelle pour nous enfermer dans celle du délire contradictoire.

Et d'autant plus contradictoire que cette diatribe triviale s'accompagne souvent, dans les pays où elle retentit quotidiennement, d'une propension suicidaire à détruire leur propre patrimoine culturel.

Dans son *Histoire du vandalisme, Les monuments détruits de l'art français*[1], Louis Réau, qui consacra toute sa carrière d'historien à cet art français, dresse l'épouvantable comptabilité des chefs-d'œuvre de notre architecture qui furent démolis, brûlés ou défigurés, à toutes les époques, mais surtout pendant et depuis la Révolution française. C'est-à-dire, par une incompréhensible incohérence, durant la période où s'est épanoui avec le plus de virulence le nationalisme culturel. En mettant à jour l'ouvrage de Réau, MM. Fleury et Leproux font le tableau non moins consternant de notre vandalisme depuis 1958, autrement dit sous la Vᵉ République, régime où la prétention redoublée d'affirmer une « politique culturelle de la France » s'est accompagnée, sous prétexte de modernisation, d'un enlaidissement méthodique de Paris, au prix de la destruction ou au mépris de l'entretien d'œuvres précieuses du patrimoine architectural[2]. En outre, la loi de décentralisation, accroissant les pouvoirs des élus locaux, a *ipso facto* décuplé aussi les capacités provinciales de vandalisme. On ne compte

---

1. 1958. Nouvelle édition augmentée par Michel Fleury et Guy-Michel Leproux, Robert Laffont, coll. « Bouquins », 1994.
2. Voir spécialement sur ce sujet : André Fermigier, *La Bataille de Paris. Des Halles à la Pyramide*. Édition et présentation par François Loyer, Gallimard, coll. « Le Débat », 1990.

plus les édifices destinés à abriter les conseils municipaux, départementaux ou régionaux qui ont été élevés sur les ruines d'un monument historique à moins que l'on n'ait « aménagé » ce monument de façon à le mutiler à tout jamais. En 1990, par exemple, le conseil municipal de Nîmes vote la démolition d'une maison médiévale ornée de fresques d'époque. Comme un des conseillers municipaux, un maniaque passéiste et isolé, protestait contre ce sacrilège, il s'entendit répondre par le premier adjoint et l'adjoint culturel : « Cet hôtel particulier n'était pas du Moyen Âge ; il datait du XIVᵉ siècle[1]. » Pour être ignares à ce point sur les diverses périodes de l'histoire de France et d'Europe, ces deux vandales devaient sans doute être américains.

À partir de l'an 2000, cette rage de saccager les monuments historiques a gagné l'organisme administratif chargé précisément de les préserver, de les gérer, de les mettre en valeur et de les ouvrir au public : le Centre des Monuments nationaux. Saisis d'une transe pseudo-moderniste, ces fonctionnaires ont décidé que, le patrimoine tel qu'il est, n'offrant probablement plus à leurs yeux aucun intérêt par lui-même, devait désormais servir à l'« animation culturelle », expression servant à désigner le bavardage creux et conformiste. Le patrimoine allait « s'ouvrir à la création contemporaine ». Il est fort louable de vouloir encourager la création contemporaine, mais on comprend mal pourquoi cet encouragement devrait avoir pour condition l'annihilation de la création passée.

Pourquoi, par exemple, avoir défiguré l'hôtel de Sully, l'une des perles du Marais, une des rares demeures du XVIIᵉ siècle conservée intacte, avec ses

---

1. Séance du 24 juillet 1990.

tapisseries d'époque dessinées par Simon Vouet et la galerie des portraits de la famille Sully, pour en repeindre la grande salle en jaune et rose criards, et la souiller d'une décoration et de lustres « tendance » qui évoquent moins Henri IV ou Louis XIII que le hall d'un palace pour nouveaux riches dans une station balnéaire indonésienne ? De quel droit des fonctionnaires, chargés de veiller à l'entretien des monuments que le public vient visiter justement pour connaître son passé, prennent-ils sous leur bonnet de telles initiatives ? Le niveau de leur culture personnelle, il est vrai, semble avoir tragiquement baissé depuis une ou deux générations. Une sous-directrice de l'Action culturelle ne répondait-elle pas, au conservateur du château de Chambord qui proposait d'« animer » le château en y montant *Le Bourgeois gentilhomme* : « En dehors de *Phèdre* (*sic*), Molière est assommant[1] » ?

On peut conclure de ce bref aperçu que le vandalisme autodestructeur du patrimoine culturel français est plus redoutable et a d'ores et déjà fait plus de dégâts que le prétendu « laminoir » de la mondialisation. Et la France n'est certes pas le seul pays où sévit cette furie, d'origine très généralement idéologique ou faussement novatrice. Elle a causé aussi, par exemple, des pertes artistiques irréparables dans la Chine de Mao, comme Simon Leys a osé le dire en plein règne universel de la maolâtrie[2].

---

1. Rapporté dans *Le Figaro*, 2-3 février 2002, où Anne-Marie Romero consacre un long article très précis au scandale de l'hôtel de Sully et à d'autres.
2. Voir *Images brisées* (Laffont, 1976) et *Ombres chinoises* (*ibid.*, 1978).

La hantise de voir s'effacer la diversité des cultures au profit de la seule culture américaine est renforcée par une autre cause, bien réelle celle-là : la diffusion internationale de la langue anglaise. C'est la langue maternelle d'environ trois cent quatre-vingts millions d'êtres humains. À peu près autant l'utilisent comme seconde langue, sans compter le nombre encore supérieur de ceux qui n'en connaissent que quelques bribes, un minimum indispensable pour se débrouiller dans la vie pratique à l'étranger, en dehors même des pays anglophones. Si cette internationalisation de l'anglais résulte pour une large part de la superpuissance des États-Unis – non seulement politique et stratégique, mais économique, scientifique et technologique –, cela veut-il dire qu'elle entraîne une américanisation culturelle de la planète ? En aucune façon. Observons d'abord que maîtriser un anglais élémentaire, pour les besoins de la vie courante, des échanges commerciaux, des négociations financières, voire politiques et diplomatiques ne suppose pas que l'on ait une connaissance approfondie ni même superficielle de la *culture* et de la *pensée* anglo-américaines et qu'on abandonne les siennes propres en leur faveur. L'emploi utilitaire de l'anglais par des centaines de millions de nos contemporains est tout à fait compatible avec une ignorance abyssale des grands écrivains et penseurs, comme des événements historiques, politiques, religieux qui ont façonné les civilisations britannique et américaine. Inversement, quelqu'un qui ne sait pas un mot de russe peut être imprégné de sensibilité russe grâce à une lecture assidue des classiques, dans les traductions souvent admirables qui en ont été faites dans tant de langues.

Ensuite, la mondialisation est facteur de diversification également dans l'apprentissage des langues autres que l'anglais. Comme le dit encore Vargas Llosa, dans le texte cité plus haut : « Combien de millions de jeunes gens des deux sexes, par tout le globe, ont entrepris, grâce à la mondialisation, d'apprendre le japonais, l'allemand, le mandarin, le cantonais, l'arabe, le russe, le français ? À coup sûr, le chiffre est gros, et c'est là une évolution propre à notre époque, qui, par bonheur, ne fera que s'amplifier dans les années à venir. » En effet, ne l'oublions pas : la mondialisation, c'est aussi le voyage rendu plus facile. Les destinations les plus lointaines, jadis accessibles aux seuls riches, sont maintenant à la portée d'une innombrable foule cosmopolite, moyennant des sommes relativement modestes. C'est là aussi une source de diversité, non d'uniformité.

On peut, certes, à juste titre objecter que l'omniprésence de l'anglais altère souvent les autres langues, non point tant à cause des emprunts qu'elles lui font – ce qui est un phénomène linguistique normal et universel – qu'à cause des déformations dans les tournures et le vocabulaire qu'il leur imprime. En France, Etiemble dressa, dès 1964, un inventaire de ces contaminations, dans son fameux *Parlez-vous franglais ?* Si les anglicismes abusifs et d'ailleurs en général superflus ont tendance à envahir maintes langues, il faut toutefois souligner que la dégradation de certaines langues de haute culture a surtout des causes autonomes. Il en est deux principales : le déclin du niveau des études dans des pays où l'enseignement était naguère excellent et un modernisme de pacotille qui consiste à imputer toute volonté de préserver et développer les vertus propres d'une langue à un purisme passéiste et académique. La plupart des confusions de sens, impropriétés, incohérences syntaxiques qui émaillent aujourd'hui, par exemple, le français médiatique, sont d'origine saintement autochtone. Elles ne doivent rien à l'influence de l'anglais. Ce qui est vrai, en revanche, c'est que l'appauvrissement et le dérèglement d'une langue l'affaiblissent et la rendent donc de plus en plus perméable à l'invasion de termes et de tours bâtards calqués sur une autre langue – en l'occurrence, de nos jours, dans la plupart des cas, sur un mauvais anglais. Toute langue évolue, certes, on a raison de le rappeler. Mais on a tort d'oublier que toute évolution va nécessairement soit dans un bon sens soit dans un mauvais sens, dans celui du progrès ou dans celui du déclin. Le bombardement d'une cathédrale est indubitablement une forme d'évolution de l'architecture. Est-ce la plus souhaitable ?

Reste que, sur le terrain des langues aussi, la mondialisation se révèle source de diversité et non d'uniformité. D'une part, la diffusion de l'anglais – hé oui ! – facilite la communication entre les cultures et leur fécondation réciproque. Il n'est pas indifférent que, grâce à cette *lingua franca*, des Japonais, des Allemands, des Philippins, des Italiens, des Russes, des Français, des Brésiliens, etc., puissent participer à un même colloque et y échanger des idées et des informations. D'autre part, beaucoup plus de gens que par le passé parlent ou comprennent, en sus de leur langue maternelle, une ou deux langues étrangères, autres que l'anglais.

Ce qui constitue le vrai péril de mort pour la culture européenne, c'est, par phobie antiaméricaine et antimondialiste, le refus du progrès. Guy Sorman a montré à quelles reculades scientifiques et techniques nous conduirait cet obscurantisme, dans son livre *Le Progrès et ses ennemis*[1]. Ce n'est pas là une thèse « de droite » opposée à une vision « de gauche », c'est la thèse de la raison. Elle est défendue aussi bien par le libéral Sorman que par le socialiste Claude Allègre. Celui-ci s'élève contre l'idée que l'Europe devrait abandonner l'énergie nucléaire, les OGM et la recherche utilisant les cellules embryonnaires. Si les groupes de pression qui pèsent dans ce sens avaient gain de cause, « les États d'Europe, écrit Allègre, régresseraient, en vingt ans, au niveau des pays sous-développés, dans un monde qui serait alors dominé par le duo États-Unis-Chine[2] ». Les fanatiques de l'antiaméricanisme auraient ainsi réussi à rendre l'Europe encore plus dépendante des États-Unis qu'elle ne l'est aujourd'hui.

1. Fayard, 2001.
2. *L'Express*, 7 février 2002.

CHAPITRE SEPTIÈME

« SIMPLISME » DES DIRIGEANTS EUROPÉENS EN POLITIQUE INTERNATIONALE

On se souvient qu'en 1983, lorsque Ronald Reagan appela l'Union soviétique l'« empire du mal », il eut droit en Europe et surtout en France à l'habituelle bordée de ricanements apitoyés et réprobateurs. Pourtant il ne semble pas que les progrès de la recherche historique accomplis depuis lors sur le communisme russe autorisent vraiment à l'appeler « empire du bien ». Sur le moment, dans leur majorité, les peuples opprimés par le communisme se sentirent soulagés en constatant qu'un chef d'État occidental faisait preuve enfin d'un peu de compréhension pour leur triste situation. Surtout, il est clair en 2002 – et c'est une évidence notamment pour les anciens « satellites » d'Europe centrale – que la politique de Reagan, entre 1980 et 1990, précipita la désagrégation du système qui régnait à Moscou depuis presque trois quarts de siècle et dont la politique de « détente » de ses prédécesseurs n'avait réussi qu'à prolonger l'agonie.

Dix-neuf ans plus tard, en janvier 2002, après le traditionnel discours annuel du président des États-Unis George W. Bush sur l'état de l'Union, devant le

Congrès, un même concert d'imprécations accueillit en Europe l'expression « axe du mal ». George W. Bush désignait par là les pays soupçonnés d'aider le terrorisme international ou qui l'ont notoirement fait et qui, par ailleurs, accumulent clandestinement des armes de destruction massive. Le ministre français des Affaires étrangères, Hubert Védrine, déplora ce « simplisme » qui, dit-il, « ramène tous les problèmes du monde à la lutte contre le terrorisme ». Il condamna – refrain connu – l'« unilatéralisme », par lequel l'Amérique – comble de l'horreur – « prend des décisions fondées sur sa propre vision du monde et sur la défense de ses propres intérêts ».

Soit dit en passant, cette dernière phrase constitue une excellente définition de la politique étrangère « indépendante » revendiquée jadis pour la France par le général de Gaulle et dont se sont réclamés ensuite tous ses successeurs. En outre, le discours sur l'état de l'Union, comme son nom l'indique, est un compte rendu de l'année écoulée que fait le président des États-Unis à ses compatriotes. Il va de soi que l'essentiel de ce bilan traite de ce qui les concerne au premier chef. Et comment nier qu'après la catastrophe du 11 septembre 2001 le terrorisme fût ce qui les préoccupait le plus ?

Cette certitude ne signifie pas que Bush réduise *tous* les problèmes du monde à la lutte contre le terrorisme. Elle signifie que l'actualité a mis le terrorisme au premier plan. Le 11 septembre a modifié en profondeur la vision de la diplomatie et de la défense que les États-Unis et quelques autres démocraties avaient jusque-là. Cette analyse n'est pas celle du seul Bush. On ne compte plus, en Europe même, les articles et les livres développant la thèse que tout a changé depuis lors, que nous avons affaire à une « nouvelle guerre » et que cette nouvelle guerre « ne fait que commencer »[1]. Leurs auteurs n'affirment pas pour autant que l'intégralité des relations internationales se ramène à la lutte contre le terrorisme, et Bush non plus. Comme lui, ils se bornent à souligner que les nations, et en particulier les démocraties, doivent désormais impérativement intégrer ce nouvel et décisif élément.

Comment Bush aurait-il pu ne pas lui donner la priorité dans son discours, alors que pullulaient depuis cinq mois les accusations contre les défaillances des services de renseignement américains qui, pendant des années, disait-on, n'avaient pas compris la portée des signes avant-coureurs et des manifestations antérieures de l'hyperterrorisme ? On peut certes juger que l'« axe du mal », comme la « croisade » proclamée en septembre 2001, relève d'une rhétorique plutôt pompeuse. Mais que le dirigeant dont l'éloquence n'a jamais péché par hyperbole jette la première pierre ! Surtout, la forme ici importait moins que le fond. Il faudrait aussi que les informateurs et commentateurs soucieux de bien faire leur travail n'omettent pas de préciser que ce genre d'expressions renvoie aux fondements mêmes de la culture américaine et que leur traduction littérale en amplifie la portée bien au-delà de l'intention de ceux qui les emploient. De la même manière, l'habitude qu'ont les autorités politiques et culturelles françaises de parler à tout propos du « rayonnement » de la France peut paraître le comble du ridicule. Pris au pied de la lettre, ce mot implique en effet que nous prenons la France pour le soleil de l'humanité, l'astre

---

1. François Heisbourg et la Fondation pour la Recherche stratégique, *Hyperterrorisme : la nouvelle guerre*, Odile Jacob, 2001. Alain Bauer et Xavier Raufer, *La guerre ne fait que commencer*, Lattès, 2002.

dont la fonction est d'éclairer et réchauffer la planète entière. Mais on peut heureusement douter que tout orateur qui verse mécaniquement dans ce cliché ait pleinement conscience de l'image qu'il donne aux étrangers de notre vanité nationale.

Quant à l'unilatéralisme, pour qu'il n'y eût pas unilatéralisme, c'est-à-dire politique définie d'un seul côté, il faudrait qu'il y eût quelqu'un de l'autre côté, capable de proposer et de mener des actions stratégiques concrètes, adaptées aux nouvelles menaces, au lieu de se borner à marmonner des litanies réprobatrices. Or il apparaissait que, le temps passant, les Européens considéraient de plus en plus les attentats du 11 septembre comme une anomalie, une parenthèse qu'il y avait lieu de refermer. Une fois encore, au lieu de parer au danger, les Européens en niaient l'existence. Quelle erreur ! Un terrorisme nouveau, dirigé par des groupes fort bien organisés et certainement ou vraisemblablement hébergés ou aidés par des États, est en ascension constante depuis le début des années quatre-vingt. Avec ou sans Ben Laden, ces groupes ont continué d'être actifs après le 11 septembre 2001. Plusieurs alertes sérieuses ont été données par les services de renseignement, dans les mois qui suivirent le 11 septembre. L'une d'entre elles laissait craindre une autre attaque importante sur le territoire américain le 12 février, donc *après* le discours sur l'état de l'Union, par des suspects yéménites et saoudiens. Le malheur ayant servi de leçon, les réseaux terroristes, avec leurs ramifications planétaires, sont depuis septembre 2001 mieux surveillés et repérés. Si l'Europe tend à refuser d'y voir une menace, c'est peut-être parce que sa capacité d'intervention militaire s'est considérablement dégradée depuis dix ans, alors que celle des

États-Unis n'a cessé d'augmenter et de se perfection-
ner, creusant entre les deux Unions un écart stratégique désormais impossible à combler. De son
impuissance, l'Europe tire un principe.

Quant à la théorie selon laquelle le terrorisme pro-
viendrait des seules inégalités économiques et de la
seule pauvreté dans le monde, elle ne résiste guère à
l'examen. La plupart des terroristes sont issus des
milieux aisés des pays musulmans les plus riches. Ils
ont souvent fait des études universitaires en Occident.
La source du nouvel hyperterrorisme est essentiellement idéologique : c'est l'extrémisme islamique.

Comme l'écrit Francis Fukuyama, « le conflit actuel
ne constitue pas un choc des civilisations au sens où
l'on aurait affaire à des zones culturelles de même
importance, il est plutôt symptomatique d'un combat
d'arrière-garde mené par ceux qui se sentent menacés
par la modernisation et donc par sa composante
morale, le respect des droits de l'homme ». Pour les
terroristes islamiques, observe encore Fukuyama, l'ennemi absolu c'est « le caractère laïc de la conception
occidentale des droits, conception qui est à l'origine de
la tradition libérale »[1]. C'est cette tradition libérale qui,
remarquons-le, est également la bête noire des adversaires occidentaux de la mondialisation.

Cela ne veut pas dire qu'il ne faille pas tout faire
pour favoriser le développement des pays pauvres.
Mais l'aide n'y suffira pas, si elle est dilapidée et
détournée. Les remèdes de base, ce sont les réformes :
la bonne gestion économique, la démocratisation politique, l'éducation laïque, l'éradication de la corruption,
l'égalité entre hommes et femmes, la liberté de l'infor-

---

1. *Le Figaro*, 26 novembre 2001.

mation, le pluralisme des croyances, la tolérance – bref tout ce à quoi s'oppose, tout ce que hait farouchement l'extrémisme islamique et tout ce qu'il combat par son terrorisme. Le moyen, pour les pays pauvres, de réduire leur écart avec les pays riches, c'est la modernisation. Or c'est précisément ce dont les islamistes extrémistes ne veulent pas, du moins pas sous la forme qui serait efficace, puisqu'il leur faudrait, pour la mettre en œuvre, s'écarter de la charia. À ceux qui leur objectent que le christianisme a su s'adapter à la civilisation moderne et que l'islam ne saurait perpétuer intact son modèle de l'an mille, ils répondent qu'on ne peut pas infléchir des prescriptions dictées par Dieu lui-même au Prophète[1]. Les islamistes voudraient se moderniser sans s'occidentaliser. Mais il n'existe pas beaucoup de méthodes, autres que celles suivies par l'Occident depuis quelques siècles, pour réaliser la modernisation économique, politique et culturelle. Les islamistes se sont donc enfermés dans une contradiction insurmontable, source de leur ressentiment contre l'Occident, c'est-à-dire, vu l'actuelle répartition du pouvoir dans le monde, avant tout contre les États-Unis. D'autant que le terrorisme ne les aide évidemment pas non plus à surmonter cette contradiction. Ce n'est pas en faisant éclater des bombes dans le métro Saint-Michel, comme en 1995 à Paris, ou en prenant le vol Paris-Miami avec des explosifs dans les semelles de ses chaussures, ce que fit un terroriste anglo-arabe en décembre 2001, que l'on aura la moindre chance de favoriser la croissance économique des pays pauvres.

---

1. Voir, entre autres, sur ce sujet le livre du grand spécialiste de l'islam, Bernard Lewis, *What went wrong ; Western impact and Middle Eastern response* («Ce qui a mal tourné, impact occidental et réponse moyen-orientale»), Oxford university Press, 2002.

En outre, plaider que l'unique façon de lutter contre le terrorisme est de commencer par extirper la pauvreté et les inégalités dans le monde, c'est non seulement attribuer au terrorisme une cause que l'examen des faits ne corrobore pas, du moins en tant que cause exclusive, c'est surtout se dérober à toute résistance au terrorisme, en pratique et dans l'immédiat. Cette argutie eschatologique, subordonnant toute politique de défense à l'avènement préalable d'un univers parfait, autorise à patienter tranquillement jusqu'à la fin du monde. Elle n'est, chez les Européens, que le masque de leur impuissance à formuler *hic et nunc* une stratégie opérationnelle et, chez les Américains d'extrême gauche, qu'un nouvel avatar de leur vieille maxime : « *Blame America first.* » Par un sophisme identique les pacifistes et les neutralistes, au temps de la guerre froide, prêchaient que les démocraties n'auraient le droit de contenir, voire de blâmer, les régimes totalitaires qu'après avoir elles-mêmes effacé toutes les injustices en leur propre sein et au sein de leur sphère d'influence. Dans les deux cas, cette façon indirecte de justifier l'inaction dérive de la même idée fixe : l'antiaméricanisme. Puisque dans les deux cas les États-Unis sont à la tête de la coalition démocratique, leurs alliés doivent se désolidariser de cette coalition même dont ils sont pourtant membres et à laquelle ils doivent leur sécurité et leur liberté.

Les « alliés » européens approuvent dans l'ensemble mais désapprouvent dans le détail les opérations de refoulement ou de prévention du terrorisme, de la part des États-Unis. Tout comme, au temps de la guerre froide, ils adhéraient à l'Alliance atlantique dans son principe, tout en critiquant souvent, voire en contrariant parfois les initiatives américaines, quoiqu'elles fussent dictées par les nécessités de la politique d'endiguement et de dissuasion. Qu'on se souvienne des gigantesques manifestations qui inondèrent, entre 1979 et 1983, l'Allemagne, l'Italie, la Grèce, la France, l'Espagne contre le déploiement à l'Ouest des euromissiles, alors même que ce déploiement était indispensable pour contrebalancer les SS20 que l'Union soviétique venait d'installer à l'Est. Si le président Mitterrand, invité à parler devant les députés du Bundestag, au début de 1983, plaida courageusement en faveur des euromissiles, en revanche les socialistes du SPD allemand y restèrent jusqu'au bout farouchement hostiles. On se rappellera aussi les hurlements d'indignation qui, en cette même année 1983, retentirent contre l'intervention américaine à la Grenade. Il était pourtant avéré que l'Union soviétique avait fait clandestinement construire dans cette île un terrain d'aviation militaire et une base de sous-marins. Après l'assassinat du président en exercice, dû à la dextérité d'agents cubains, le gouvernement était passé entièrement sous la coupe soviétique. On y trouvait plus de Cubains que de Grenadins. Le danger devenait si évident que c'est à la demande de l'Organisation des Caraïbes orientales que l'intervention américaine avait été décidée. Rien, dans ce faisceau de données précises et notoires, ne put empêcher la majorité des médias européens de faire croire à leurs opinions que l'on avait assisté à une pure et simple agression américaine, sans autre motivation que l'impérialisme yankee. Je me souviens, participant à un déjeuner de presse, à Madrid, le jour même de l'opération, avoir été harcelé de questions sur le sujet. Je scandalisai bien des journalistes espagnols en leur répondant que je voyais dans les Soviéto-Cubains, auteurs du coup d'État, les véritables agresseurs.

Lorsque, en 1987, devant le Mur de Berlin, Ronald Reagan s'écria : « Monsieur Gorbatchev, qu'attendez-vous pour faire abattre ce mur ? » l'épouvante et le mépris fusèrent dans les chancelleries européennes, surtout en Allemagne de l'Ouest même – Helmut Kohl mis à part. Décidément, ce pauvre Reagan demeurait un danger public. On le savait idiot – de même que Kohl –, voilà qu'on le découvrait chaque jour plus irresponsable. Deux ans plus tard, le Mur de Berlin s'effondrait sous les coups des peuples opprimés par les Soviétiques, cependant que certains des dirigeants si intelligents d'Europe de l'Ouest se décarcassaient pour tâcher de maintenir en vie la RDA communiste et d'éviter la réunification allemande. On a le sens de l'avenir ou on ne l'a pas. En 2002, la fameuse phrase du dangereux imbécile Reagan accueillait les visiteurs à l'entrée d'une exposition sur l'histoire de Berlin, dans la capitale allemande même...

Ce ne sont là qu'un ou deux exemples. Une foule d'autres suggèrent également que si, durant la guerre froide, les États-Unis n'avaient pas fait preuve d'un minimum d'« unilatéralisme » vis-à-vis des éternels donneurs de conseils européens, l'Empire soviétique aurait duré beaucoup plus longtemps que ce ne fut le cas. Les peuples qu'il tyrannisait le savent, eux, fort bien. Ils placent Ronald Reagan au nombre de leurs bienfaiteurs. Adam Michnik, l'éditorialiste et patron de presse le plus influent de Pologne, aime à rappeler que l'Initiative de défense stratégique (« Guerre des étoiles »), tant décriée par les Occidentaux, fut le facteur décisif qui persuada les Soviétiques de leur incapacité à gagner la guerre froide, en rendant patente leur irrémédiable infériorité technologique. Ce fut un élément déclencheur de la perestroïka et de ce qui s'ensuivit.

À la différence des dirigeants américains, les dirigeants européens sont plus brillants sur le théâtre des idées (du moins le croient-ils) que sur celui des opérations. On peut, comme Reagan, n'être pas un grand intellectuel mais être un grand homme d'action – et inversement[1].

Devant les analyses des stratèges, qui traçaient les diverses lignes de front entre les zones démocratiques et celles de leurs ennemis, je notais, en 1987, que ces experts oubliaient un front très important, dépourvu de toute localisation géographique particulière : le front de la terreur[2]. Le phénomène terroriste a, jusqu'en 2001, été constamment sous-estimé, alors qu'il avait déjà souvent pris les dimensions d'une véritable guerre.

Après le 11 septembre 2001 et les destructions massives à New York et à Washington, nombre de commentateurs et de responsables, à commencer par le président George W. Bush lui-même, ont exprimé la conviction qu'il s'agissait là non plus seulement de terrorisme mais d'un acte de guerre, et même d'un type de guerre qui allait sans doute devenir celui du XXIe siècle[3]. L'énormité de l'agression et la quantité des victimes instantanées justifient de toute évidence ce diagnostic. Et pourtant, ce n'était pas la première fois que le terrorisme pouvait être considéré comme une forme de guerre.

Guerre civile, guerre de religion, guerre idéologique,

---

1. Voir Dinesh D'Souza : *Ronald Reagan, How an ordinary man became an extraordinary leader* (Comment un homme ordinaire devint un leader extraordinaire), The Free Press, 1992.

2. Voir mon livre *Le Terrorisme contre la démocratie*, Hachette, coll. « Pluriel », 1987. Préface.

3. Claude Imbert, « La guerre du XXIe siècle », *Le Point*, 14 septembre 2001.

guerre contre un pouvoir central au nom d'un nationalisme régional, les exemples ne manquent pas, dans le
présent et le passé, de cas où le terrorisme est utilisé
comme moyen stratégique. C'est bien du terrorisme,
puisqu'il ne s'agit pas du déploiement d'une armée
régulière subordonnée à un État pour lutter contre un
autre État, ni même d'une guérilla qui s'oppose à une
armée officielle. Mais ce sont là pourtant des guerres,
puisque nous avons affaire à des actions coordonnées
par une organisation au service d'objectifs politiques
précis ou qui paraissent tels à ceux qui les poursuivent.
Les Brigades rouges italiennes, la Fraction de l'Armée
rouge allemande, Action directe en France durant les
années soixante-dix et quatre-vingt du XXe siècle,
avaient un but de guerre : remplacer le capitalisme
démocratique par le communisme. On sait maintenant
que ces associations criminelles étaient « conseillées »,
entraînées et financées directement ou indirectement
par les services secrets de l'Est. Elles s'inscrivaient ainsi
dans le contexte de la guerre froide proprement dite,
dont elles étaient en quelque sorte les tentacules
« chauds », ce qui confirme encore davantage l'existence ancienne d'un terrorisme à visées stratégiques.

L'ampleur du nombre des victimes dans les attentats
des tours jumelles de New York et du Pentagone n'est
pas non plus une nouveauté absolue. De 1990 à 2001,
le terrorisme du GIA (Groupe islamique armé) a fait
en Algérie de 100 000 à 150 000 morts, auxquels
s'ajoutent les victimes des attentats meurtriers de Paris
en 1995. Le commando du GIA qui, en 1994, prit en
otage un Airbus d'Air France, et que la police française
parvint à neutraliser à l'aéroport de Marseille-
Marignane, entendait percuter la tour Eiffel en tuant
évidemment tous les passagers, plus quelques centaines

de visiteurs de la Tour. Cela préfigurait l'opération des tours jumelles. Ce sont là des terroristes, puisqu'ils emploient la terreur pour faire pression sur le gouvernement algérien et sur le gouvernement français (celui-ci étant supposé par eux complice du premier). Et ce sont aussi des gens qui se perçoivent comme des soldats participant à une guerre, puisqu'ils appuient leur entreprise sur une analyse géostratégique et poursuivent des objectifs politiques globaux. L'anarchiste italien qui assassina le roi Humbert Ier en 1900 était un pur terroriste. Son crime ne pouvait rien changer et ne changea rien au cours de la politique du pays. En revanche, les assassins du préfet Érignac, à Ajaccio, en 1998, se voyaient comme des combattants dans une guerre imaginaire entre la Corse et la France. Leur but politique était de libérer la première du « joug » supposé de la seconde et de pousser le gouvernement français à des concessions menant dans leur esprit à l'autonomie de l'île. Ils y parvinrent.

Lorsque, en 1986, les États-Unis firent bombarder la Libye en représailles d'actes terroristes commis en Allemagne contre des militaires américains, ils s'inscrivaient dans une incontestable logique de guerre. Kadhafi aussi, du reste, puisqu'il riposta en envoyant des missiles Scud sur l'île italienne de Lampedusa. Les habituelles saintes-nitouches européennes se voilèrent la face devant la nouvelle et périlleuse chevauchée du « cow-boy de série B » qui occupait la Maison-Blanche. Les gouvernements européens – sauf le gouvernement britannique – allèrent jusqu'à refuser aux avions de leur « allié » américain l'autorisation de survoler leurs territoires respectifs. En quoi ils se comportèrent en alliés de fait de Kadhafi. Ce fut notamment le cas de la France, toujours la plus zélée quand il s'agit d'aller

se prosterner devant un dictateur. Elle en fut récom-
pensée, puisqu'en 1989 des terroristes aux ordres de
Kadhafi provoquèrent l'explosion d'un avion d'UTA-
Air France sur la ligne Brazzaville-Paris, tuant 170 personnes. En 1988 avait eu lieu l'explosion au-dessus de
Lockerbie, en Écosse, d'un avion de la Pan Am (270
morts). Il était donc clair que, dans l'esprit de Kadhafi,
le terrorisme, c'était la guerre.

Malgré tous ces précédents, le sentiment d'avoir
changé d'époque, éprouvé par les gouvernements, les
opinions publiques et les commentateurs après le
11 septembre 2001, était et demeure justifié. Une mutation, un « saut qualitatif », comme disent les philosophes, se sont incontestablement produits et ont
transformé le type de menace auquel doivent faire face
les démocraties. Pour plusieurs raisons : la première est
la masse des victimes, plusieurs milliers, exterminées
en quelques minutes seulement. Une telle opération
s'apparente à un acte de guerre plus qu'au terrorisme
ordinaire, qui tue souvent autant de monde, mais plus
lentement. C'est pourquoi l'on a pu parler à ce sujet
d'un « hyperterrorisme », défini comme une nouvelle
variété de guerre. Ensuite, ou en d'autres termes,
l'agresseur qui n'est pas un État n'en agit pas moins
avec la même coordination dans les préparatifs et la
même méthode dans l'exécution que le plus efficace
des États. La longue préparation stratégique, le financement et l'utilisation des moyens les plus à jour de la
circulation planétaire de l'argent, la dissémination de
« taupes » ou « agents dormants » dans presque tous
les pays, la maîtrise des armements chimiques, biologiques, et même nucléaires font de cette organisation
multinationale la matrice d'un phénomène inédit : un

terrorisme moderne. Du moins dans ses moyens. Car, en revanche, il est archaïque dans ses motivations.

On a beaucoup glosé, après le 11 septembre, sur le « choc des cultures ». Mais, comme l'a fort bien dit le chancelier Gerhard Schröder, allant dans le même sens que Francis Fukuyama, « ce n'est pas là une bataille entre les civilisations, c'est une bataille pour la civilisation ». Pour la civilisation démocratique, laïque, multiconfessionnelle, où le droit est radicalement séparé de la religion, où la femme est juridiquement l'égale de l'homme et où la liberté de penser permet la science. C'est cette civilisation que l'islamisme intégriste veut détruire.

Aussi toutes les théories qui expliquent Ben Laden et sa multinationale terroriste, Al Qaeda (la « base » en arabe), par une volonté de lutte contre les inégalités économiques et la pauvreté dans le monde ne sont-elles pas pertinentes. Aucun des textes émanant d'Al Qaeda ne mentionne ce grief, pas plus que n'est invoqué l'« unilatéralisme » réel ou supposé de la politique étrangère américaine, sujet de récrimination des États, nullement des terroristes, qui s'en moquent. Les intégristes reprochent à la civilisation occidentale de contrarier par son existence même les enseignements du Coran. C'est en leur inculquant cette notion qu'ils fanatisent les exécutants des attentats-suicides.

Car, ne nous y trompons pas, l'hyperterrorisme islamique entend frapper l'Occident tout entier et non pas seulement les États-Unis, bien que ceux-ci, en tant que première puissance démocratique, soient évidemment leur principale cible. En 2000, la police néo-zélandaise arrête à Auckland un commando islamiste qui préparait l'explosion d'un réacteur nucléaire en Australie, à Sydney, à l'occasion des jeux Olympiques. Déjà en

1998, la cellule antiterroriste française avait déjoué les plans d'extrémistes islamistes qui s'apprêtaient à commettre un attentat au Stade de France lors de la Coupe du monde de football. En novembre 2001, furent arrêtés trois cent soixante agents de Al Qaeda répartis dans cinquante pays. En Espagne, le juge Baltazar Garzon envoya un groupe de huit suspects en prison, le 18 novembre. C'est en Europe que se trouve concentré le plus grand nombre de cellules hyperterroristes. Cependant, Al Qaeda, s'en prend aussi à plusieurs pays musulmans qui ont le tort de lutter contre l'intégrisme : par exemple la Tunisie, ou l'Egypte (une tentative d'assassinat a eu lieu contre le président Hosni Moubarak en 1995 et plusieurs dizaines de touristes occidentaux ont péri, victimes d'attentats islamistes, durant les années quatre-vingt-dix en Egypte).

Ainsi, l'hyperterrorisme emprunte à notre civilisation moderne ses moyens technologiques pour tenter de l'abattre et de la remplacer par une civilisation archaïque mondiale qui serait, elle, pour le coup, génératrice de pauvreté et qui serait la négation même de toutes nos valeurs. En ces termes se définit la « guerre du XXIᵉ siècle ».

Il apparaît ainsi de plus en plus clairement que l'attaque du 11 septembre 2001 contre New York et Washington a transformé notre vision des relations internationales. De 1990 à 2000, la diplomatie mondiale restait pour l'essentiel subordonnée à la logique de sortie de la guerre froide. Comment accompagner les anciens pays communistes dans leur évolution vers l'économie de marché et la démocratie politique ? Comment élargir l'Otan et l'Union européenne à l'Europe centrale et aux États baltes sans susciter l'hostilité russe ? Que faire des anciens traités sur l'équilibre nucléaire, datant du début des années soixante-dix ? Quelle politique suivre vis-à-vis de la Chine, en train de devenir économiquement capitaliste tout en tâchant de rester politiquement totalitaire ? Comment atteler l'ancien « tiers monde » au développement économique mondial et à la civilisation des droits de l'homme ? Quelle évolution prévoir dans les relations entre la nouvelle « superpuissance » américaine et ses alliés ?

Cette lecture de la planète à travers les grilles du demi-siècle écoulé a été reléguée dans le passé lorsque eut éclaté ce que certains commentateurs n'hésitent pas à appeler la « quatrième guerre mondiale[1] ». D'abord, la superpuissance américaine s'avère être la cible privilégiée du nouvel hyperterrorisme, ce qui l'affecte d'une vulnérabilité imprévue. Ensuite, les autres mutations survenues étonnent à la fois par leur ampleur et par leur rapidité. La Russie : jusqu'à l'automne 2001, son obsession était de défendre ce qui restait de son statut de grande puissance, sinon contre l'Occident du moins à l'écart de l'Occident. En 2002, Vladimir Poutine n'élève plus aucune objection à l'entrée dans l'Otan des anciens membres du Pacte de Varsovie. Il a cessé d'un seul coup de protester contre la présence de forces de l'Otan au Kosovo. Il décide soudain d'envisager l'abrogation par les États-Unis du traité interdisant les missiles antibalistiques, ce qu'il refusait auparavant avec la dernière énergie. Il a donné son accord à l'installation de bases militaires américaines dans les anciennes républiques soviétiques d'Asie centrale. Bref, la Russie s'est convertie en puissance occidentale.

---

1. Norman Podhoretz, *How to win World war IV* (« Comment gagner la IVe guerre mondiale »), *Commentary*, février 2002.

Cette métamorphose aurait paru improbable encore au milieu de l'année 2001.

Pourquoi ce retournement ? Parce que Poutine n'a pas tardé à saisir le sens de ce qui était advenu. Le 11 septembre a mis en lumière le caractère périmé de notre routinière perception des menaces. Mais pour nous en faire prendre conscience, il a fallu que de nouvelles menaces s'imposent à notre attention, étant exécutées sur une échelle gigantesque. Après ce séisme, qui pouvait croire encore en Russie que le danger fût que les États-Unis envoient une fusée intercontinentale sur Moscou ? Dans quel but ? Et à l'Ouest qui peut croire que Moscou veuille, en 2002, pulvériser par surprise Paris, Londres ou New York ? Les scénarios de la guerre froide sont donc bien maintenant aussi loin de nous que ceux de la guerre de Cent Ans. Ce qui préside à la division actuelle des camps, c'est qu'il y a d'un côté les groupes de la guerre terroriste, avec les États « voyous », de l'autre les gouvernements qui s'unissent pour se protéger, y compris des gouvernements de pays musulmans hostiles aux extrémistes. Ben Laden a été dans ce sens un utile professeur de stratégie. Il nous a forcés à regarder enfin dans la direction d'où proviennent les menaces futures.

Car, pendant près de vingt ans, les plus récentes agressions terroristes dont furent l'objet les pays occidentaux, les États-Unis, mais aussi la France (en 1986, 1994, 1995, à Paris et Alger, et en 1983 au Liban) sont restées impunies. Toutes ont été considérées comme des opérations isolées, des initiatives individuelles dues à des fanatiques, au lieu d'être analysées comme autant de morceaux d'un plan de guerre systématique. Je me réfère ici au seul terrorisme islamique, foncièrement distinct des autres terrorismes : basque, irlandais, corse, colombien ou péruvien. Depuis 1983 – quand le Hezbollah, armé par l'Iran et la Syrie, tua soixante-trois fonctionnaires de l'ambassade des États-Unis à Beyrouth au moyen d'un camion piégé, jusqu'à l'attentat d'octobre 2000 contre le cuirassé américain *Cole*, qui coûta la vie à dix-sept marins, en passant par le premier des attentats contre le World Trade Center, en 1993 et par la tentative d'assassinat de l'ex-président Bush (le père) par Saddam Hussein la même année au Koweït, ou par le bouquet des explosions de 1998, qui firent plusieurs centaines de morts dans les ambassades américaines de Nairobi et de Dar es-Salam –, on n'en finit pas d'égrener la litanie des offensives méthodiques d'un terrorisme islamique toujours mieux organisé, commandé, équipé, renseigné, financé et pourvu de recrues fanatisées, prêtes au suicide pour tuer les infidèles.

Mais ce que les historiens futurs signaleront en outre comme un fait extrêmement frappant dans ces deux décennies d'actes de guerre, c'est qu'aucune des puissances visées n'en a pris sur le moment une vue d'ensemble ni n'a esquissé à l'encontre de leurs instigateurs la plus petite tentative de représailles, sauf les États-Unis contre Kadhafi en 1986, à la consternation générale des prétendues démocraties européennes, ainsi que je m'en suis déjà étonné. Des cellules terroristes islamiques ont pu prospérer aux États-Unis, en France, en Grande-Bretagne, en Belgique, en Allemagne, en Espagne, pendant vingt ans, sans que les polices et les gouvernements de ces pays en mesurent apparemment la véritable portée. La leçon que les puissances terroristes ne manquèrent donc pas d'en tirer, c'est qu'elles pouvaient intensifier la guerre, sans avoir à redouter de réplique.

C'est dans ce contexte qu'il faut placer la phrase de George W. Bush, dans son discours sur l'état de l'Union, en janvier 2002, contre l'« axe du mal », nommément ou principalement l'Irak, l'Iran et la Corée du Nord. En dépit des glapissements effarouchés des Européens à l'énoncé de ce propos, il est prouvé que ces trois pays – pas seulement eux, mais ce sont les plus éclatants des pays dangereux – possèdent et fabriquent ou achètent des armes de destruction massive, en vendent ou en donnent, ce qui permet à des terroristes de s'en procurer. Bien des gouvernements, et pas seulement parmi les musulmans, peuvent être soupçonnés d'aider ou d'avoir aidé le terrorisme islamique, directement ou indirectement. Dans le cas de l'Iran, c'est tout à fait notoire.

La phrase de Bush constituait donc une *mise en garde* adressée à ces pays. Son message était : jusqu'ici, nous n'avons pas réagi, après les divers attentats dont nous étions la cible, contre les pays susceptibles ou convaincus d'avoir équipé les terroristes. Depuis le 11 septembre, tout est changé. Nous considérons que nous sommes en guerre. Dorénavant, toute agression terroriste vaudra à ses auteurs et à ses instigateurs, officiels ou cachés, une riposte proportionnelle à l'attaque. En langage stratégique, c'est ce que l'on appelle la dissuasion. La dissuasion du temps de la guerre froide redevient donc d'actualité, mais sous une forme modifiée et contre un autre type de menace.

N'en déplaise aux censeurs européens, que Bush, sans doute, entendait aussi prévenir par la bande, on ne voit pas ce que cet avertissement a de « simpliste ». Il est au contraire tout à fait pensé, mais il est transposé dans le contexte de la nouvelle guerre contre l'hyperterrorisme. On pourrait éventuellement mentionner que les trois gouvernements mis en accusation par Bush sont des régimes abominablement répressifs, où sévissent les internements arbitraires, les exécutions sommaires, les exterminations de masse. Ce détail ne dérange aucunement les hyperconsciences de gauche. Pour les observateurs du terrorisme international, de ses points d'appui stratégiques et de ses sources nourricières, classer ces dictatures selon un « axe du mal » n'a, en revanche, rien d'outrancier. C'est une simple description. La passivité, voire la semi-complicité dont certains gouvernements européens ont, depuis des années, fait preuve à l'égard de ces tyrannies sanguinaires ne figurera certainement pas, aux yeux de la postérité, parmi les pages les plus glorieuses de l'histoire de l'Europe.

Une des raisons de l'« unilatéralisme » américain est qu'en général les Européens rejettent systématiquement comme fausses les analyses des États-Unis et s'interdisent donc à eux-mêmes, d'être associés aux politiques qui s'en déduisent. Ce n'est certes pas toujours le cas. Mais, même quand les alliés agissent de concert avec l'Amérique, par exemple dans la guerre du Golfe en 1991 ou dans l'intervention en Afghanistan dix ans plus tard, ils s'empressent ensuite de se désolidariser d'elle dès qu'il s'agit de tirer les conséquences pratiques qui prolongent logiquement ces opérations. À quoi bon avoir participé à la guerre du Golfe, si c'est pour prendre le parti de Saddam Hussein après coup, quand le dictateur viole les engagements qu'il a signés après sa défaite, et pour accepter d'anéantir ainsi les bénéfices de cette dernière ? À quoi bon avoir envoyé des troupes européennes en Afghanistan, à l'automne 2001, si c'est pour nier en 2002 la persistance d'une menace hyperterroriste mondiale et pour contester la malfaisance des États « bandits » qui aident ou ont les moyens d'aider cet hyperterrorisme à renaître ? Les experts américains du contre-terrorisme estimant, au début de 2002, que les coups portés à Al Qaeda avaient provisoirement diminué mais pas définitivement éliminé la menace, c'est sur la base de ce diagnostic que l'Administration Bush élabore une certaine politique. Si les Européens écartent le diagnostic et condamnent donc la politique, comment pourraient-ils ensuite s'incorporer à une action « multilatérale » ? On répliquera que les États-Unis pourraient au moins tenir compte davantage des objections européennes. Mais justement il s'agit, la plupart du temps, non pas d'objections mais d'un refus intégral de l'analyse américaine et d'une obstination à tenir pour nulle, non avenue et dangereuse, la politique qui en résulte.

Du côté des Européens, le ressort de cette attitude est d'ailleurs moins politique que psychologique. De là vient leur penchant à déformer les faits, à les oublier volontairement ou à les imaginer, quand ces faits risqueraient d'affaiblir leur réquisitoire permanent contre les États-Unis. Ainsi, au moment même où l'Union européenne blâmait l'Amérique d'avoir préféré la confrontation à la négociation à l'égard des trois pays de l'« axe du mal », l'Iran refusait l'accréditation, en février 2002, d'un ambassadeur de Grande-Bretagne, alléguant qu'il était « juif et agent du MI-6 » (le service d'espionnage britannique). Or, s'il y a des espions dans toutes les ambassades, l'ambassadeur lui-même en fait rarement partie. En outre, le diplomate en question n'est nullement juif. Le serait-il, le prétexte invoqué par les ayatollahs n'en serait pas moins méprisable. La République islamique n'ignorait pas l'inanité des motifs avancés. Elle a voulu par son geste manifester tout simplement son hostilité à l'Occident, jetant bas ainsi deux ans d'efforts du Foreign Office en vue d'améliorer les relations avec Téhéran. Joli succès de la « négociation », tant prônée par l'Union européenne ! Mais l'UE n'a guère tiré la leçon de ce camouflet. Il lui aurait fallu, pour le faire, donner un peu raison aux État-Unis, douleur insupportable pour elle. Pourtant Washington dit clairement n'envisager contre l'Iran aucune opération militaire, observant que dans le pays un fort parti anticonservateur et un large courant dans l'opinion publique, notamment chez les jeunes, sont las du régime et qu'ainsi une évolution vers la démocratie est possible et mérite d'être encouragée.

Au sujet de la Corée du Nord, l'inexactitude euro-péenne confine au mensonge épais, et même assez déshonorant. Après le discours de Bush sur l'« axe du mal », en effet, un cantique fut entonné par maints diri-geants et journalistes européens : en lançant son aver-tissement brutal à la Corée du Nord, déploraient ces bons apôtres, le président cassait périlleusement le pro-cessus de rapprochement et de paix en cours entre les deux Corées. Or ce processus avait été cassé bien plus tôt, en juin 2000, soit six bons mois avant que Bush ne fût élu à la Maison-Blanche. C'est aussitôt après la visite historique de Kim Dae-jung, le président de la Corée du Sud, à Pyongyang, que Kim Jong-Il, le dicta-teur de la Corée du Nord, entreprit de saboter la poli-tique dite de « réchauffement » (*Sunshine policy*). Le Nord, préoccupé avant tout de la survie de son régime totalitaire, a en pratique neutralisé les efforts du Sud, se bornant à lui extorquer de l'argent sans rien concé-der en échange. Les États-Unis mêmes avaient depuis six ans poussé au « réchauffement » en prodiguant au

Nord une aide substantielle, et les Européens, de leur côté, ont soutenu et soutiennent toujours le totalitarisme de Pyongyang avec la jobardise qui leur est coutumière dès qu'ils ont affaire à une tyrannie.

La capitale de la Corée du Nord est, depuis quelques années, une des destinations favorites du tourisme politique. En 1994, les États-Unis ont négocié avec Pyongyang un accord aux termes duquel ils fournissaient au gouvernement nord-coréen une aide alimentaire, du pétrole et les moyens de construire deux centrales nucléaires civiles. En échange, Pyongyang s'engageait à suspendre son programme nucléaire stratégique et ses ventes de missiles à l'étranger. Le dictateur de la Corée du Nord, Kim Jong-Il, empocha les aides et ne suspendit aucun programme, se dérobant à toute inspection probante.

En 1998, il envoya même un missile balistique survoler le Japon, histoire de donner un avant-goût de son savoir-faire. On estime que, depuis 1985, la Corée du Nord a vendu au moins 540 missiles à la Libye, à l'Iran et autres pays de tout repos. Depuis 1998, elle aurait vendu 480 missiles de type Scud à l'Irak, à l'Iran et à l'Égypte. Quand on demande au Staline miniature de Pyongyang d'arrêter ces ventes, il répond qu'il ne peut se passer de l'argent qu'elles lui rapportent. Mais lorsqu'on lui verse cet argent pour qu'il s'abstienne, il n'en continue pas moins les ventes.

Et les pèlerins politiques n'en continuent pas moins, eux, de défiler à Pyongyang, convaincus de se livrer à de la haute diplomatie parce qu'ils proposent des crédits en échange de rebuffades et de promesses non tenues. En juin 2000, ce fut le président de la Corée du Sud, Kim Dae-jung, qui vint solliciter l'honneur de payer les factures. À l'automne 2000, Madeleine

Albright, le secrétaire d'État américain, participe à une fête célébrant le 50ᵉ anniversaire du Parti communiste nord-coréen ! Elle avait pour mission de préparer un voyage officiel du président Clinton, qui ne put finalement avoir lieu. Puis vint le tour, au printemps 2001, d'une délégation parlementaire belge qui, je cite *Le Monde*, « en rajouta dans l'obséquiosité » et sombra dans le ridicule. En mai vint faire hommage une délégation de l'Union européenne, dirigée par le Premier ministre suédois. Certains membres de l'UE (mais heureusement pas la France) ont alors promis de nouer des relations diplomatiques avec Pyongyang, sans contrepartie.

Pourtant, mis à part la technologie nucléaire et balistique dont l'Union soviétique l'avait équipée, la Corée du Nord est un des États les plus faibles de la planète. Économiquement, c'est un pays moribond, anéanti par le fléau collectiviste. Les experts évaluent à un ou deux millions les victimes de la famine qui y sévit depuis 1990 (sur une population de vingt-deux millions d'habitants). Des hordes d'enfants orphelins cherchent à subsister en fouillant dans les détritus. En dix ans, l'espérance de vie a reculé de six ans. Et ce, malgré des aides alimentaires généreuses : cent mille tonnes de nourriture livrées par Washington encore début mai 2001 et deux cents millions d'euros versés par l'UE. Encore faudrait-il être sûr que ces secours servent à améliorer le sort des populations. On a tout lieu de penser qu'ils servent plutôt à accroître l'arsenal militaire : au pire creux de la famine, en 1994, la Corée du Nord a acheté quarante sous-marins à la Russie.

De plus, cet État est, de tous les débris communistes qui surnagent, sans doute le plus cruel et le plus criminel. C'est une caserne totalitaire où la répression est sans faille, les camps de concentration bien garnis et où se pratiquent abondamment les exécutions publiques. Les suaves objurgations en faveur des droits de l'homme que susurrent les visiteurs souriants venus des pays démocratiques sont repoussées par Kim Jong-Il et sa junte avec un mépris de fer. Dans le domaine humanitaire comme dans le domaine stratégique, les humbles prières des pèlerins ne sont jamais exaucées, même quand elles s'accompagnent de substantielles offrandes.

Certes, les objectifs de cette politique sont des plus louables : l'ouverture à la démocratisation de la Corée du Nord, le redressement de son économie et, à terme, la réunification des deux Corées. Malheureusement, ils ne peuvent être atteints sans que soit remplie une condition sur laquelle Kim Jong-Il et sa nomenklatura ne sauraient être d'accord : la disparition du régime. Or, ce régime, la diplomatie du pèlerinage et des concessions unilatérales ne fait au contraire que le renforcer ou l'aider à se perpétuer au-delà de son terme naturel.

Au demeurant, malgré ses critiques contre la Corée du Nord, George W. Bush a maintenu ses offres de pourparlers. En vain, pour ce qui concerne 2001 et 2002. Il a même poursuivi l'aide financière américaine aux livraisons de pétrole et à la construction des deux centrales. Il a continué aussi à fournir aux Coréens du Nord une aide humanitaire généreuse, principalement alimentaire, en compagnie de la Corée du Sud, du Japon, de la Chine et de l'Europe. Kim Jong-Il n'en a pour autant ni repris les pourparlers ni accepté les inspections et les contrôles, qui avaient été convenus, de ses armes de destruction massive. Ce sont là des faits précis que, si l'on est de bonne foi, il est aussi difficile d'oublier que facile de vérifier [1]. « En échange des centaines de millions de dollars d'aide humanitaire que le Sud a accordés au Nord, écrit le *New York Times* [2], en échange de tous les investissements réalisés par les entreprises sud-coréennes, la plupart y perdant de l'argent, la Corée du Nord n'a pratiquement rien fait pour démanteler sa posture de préparation à la guerre dans la péninsule. »

Cette opiniâtreté ne rend pas insensé, on en conviendra, que les États-Unis exercent une certaine pression sur cet État dangereux. Le constat est encore plus démonstratif dans le cas de l'Irak, seul des trois pays de l'« axe du mal » contre lequel l'Administration Bush laissa entendre dès janvier 2002 qu'elle envisageait même une action proprement militaire. Les Européens sont libres de se désolidariser des États-Unis quant aux trois pays concernés et à bien d'autres choses. Mais ils ne proposent eux-mêmes aucune solution pour parer au danger terroriste et à celui de la propagation des armes de destruction massive. Car répéter, comme ils ne cessent de le faire, qu'il faut recourir à une solution « politique », c'est brasser du vent. Les solutions « politiques » proposées à Saddam Hussein ont toutes été repoussées par lui depuis 1990. En s'obstinant à ressasser ce mot vide de sens face à l'interlocuteur irakien, les Européens avouent ne pas vouloir prendre même en considération l'aspect actuel peut-être le plus important du problème de la sécurité internationale. Déclarant ainsi forfait, qu'ils ne viennent pas ensuite maugréer contre l'unilatéralisme de la diplomatie et de

---

1. Pour une claire mise au point sur la période que je viens d'évoquer, voir Pierre Rigoulot, « Séoul-Pyongyang : Radioscopie d'un naufrage », *Politique internationale*, n° 94, hiver 2001-2002.

2. 4 mars 2001. Cité par Rigoulot, *ibid.*

la stratégie américaines. Cet unilatéralisme est leur œuvre.

Pourtant, d'après certains observateurs, il semblerait que les Européens, après s'être livrés à leurs rituelles invectives antiaméricaines contre le rapport sur l'état de l'Union, aient quelque peu adouci leurs diatribes, un mois plus tard. Selon l'éditorialiste britannique John Lloyd[1], le « fossé qui sépare l'Europe des États-Unis est moins large qu'on ne le dit ». La déclaration de Chris Patten[2] contre l'unilatéralisme américain a suscité en Grande-Bretagne, dit Lloyd, « une réaction unanime de mépris » tant chez les conservateurs que chez les travaillistes. C'est possible. Je noterai toutefois qu'en annonçant son intention, exceptionnelle en Europe, d'associer éventuellement son gouvernement à une opération militaire américaine contre l'Irak, le Premier ministre Tony Blair a vu se dresser contre lui, en mars 2002, de nombreux députés de son propre parti travailliste et jusqu'à des ministres de son gouvernement. Quant à Hubert Védrine, le ministre français des Affaires étrangères, il aurait précisé que sa remarque sur le « simplisme » américain n'impliquait de sa part aucune agressivité. C'est là du Védrine pur. Ses constantes attaques contre l'Amérique ne sont jamais, à l'en croire, que l'expression de sa bienveillance. Il ajouta, toujours d'après Lloyd : « Il y a peut-être plus de sentiment antifrançais aux États-Unis que d'antiaméricanisme en France. » Pour ma part, je ne l'ai jamais constaté. Bien sûr, étant donné que le dénigrement des États-Unis occupe les neuf dixièmes de la pensée française, les Américains, la presse notamment,

---

1. *Les Échos*, 27 février 2002.
2. Commissaire européen aux Affaires étrangères et membre éminent du parti conservateur britannique.

voient leur patience mise à rude épreuve presque chaque jour et répliquent fréquemment de façon mordante. Mais, en dehors de ces échanges polémiques, je n'ai jamais perçu en Amérique à l'égard de la France la même malveillance *fondamentale* que l'on perçoit en France vis-à-vis de l'Amérique.

Rarement cette malveillance aura été aussi patente que dans l'affaire des terroristes d'Al Qaeda détenus à Guantanamo. Certaines organisations ne défendent ce qu'elles appellent, selon leur point de vue très spécial, les droits de l'homme, que lorsqu'il s'agit de disculper les pires adversaires des démocraties et d'interdire à ces dernières de se protéger contre eux. Ces ligues de vertu se sont souvent mobilisées pour protester contre l'incarcération loin du Pays basque des assassins de l'ETA militaire – éloignement qui avait de toute évidence pour objet de rendre plus difficiles leurs contacts avec ceux de leurs complices qui étaient encore en liberté. Ces mêmes curieuses organisations ont redoublé de zèle pour réclamer, en faveur des sbires de Ben Laden internés à Guantanamo, le statut de prisonniers de guerre, tel qu'il est défini par la Convention de Genève, ou plutôt *les* Conventions de Genève, car il y en a trois. Or on a beau relire ces textes dans tous les sens et les interpréter avec la plus indulgente largeur d'esprit, on n'y trouve pas que leur définition du combattant portant l'uniforme d'une armée régulière et fait prisonnier puisse s'appliquer à un terroriste habillé en civil, passant inaperçu et qui, en temps de paix, tue au hasard et à l'improviste d'autres civils, dans une ville, un avion, une ambassade, une église ou un temple. Est-ce se comporter en combattant digne d'être traité comme un prisonnier de guerre, que d'égorger un journaliste, Daniel Pearl, puis de le décapiter, en prenant soin de filmer la scène et d'envoyer la cassette à sa veuve ? « Daniel Pearl, écrit le directeur de *L'Express*, Denis Jeambar, était américain, mais c'était d'abord un journaliste et, à ce titre, un défenseur de ces valeurs universelles que sont les libertés de penser et de publier... L'indignation française et européenne, si prompte à se manifester pour dénoncer le traitement des prisonniers taliban de Guantanamo, aurait donc dû retentir haut et fort. Hélas ! nous n'avons rien entendu. Ou si peu [1]. »

On a placé les hommes de main d'Al Qaeda à Guantanamo pour leur interdire toute évasion et pour pouvoir, en les interrogeant, obtenir d'éventuels renseignements sur des opérations en cours de préparation, c'est-à-dire pour prévenir des meurtres possibles. Les prétendus défenseurs des droits de l'homme tiennent-ils tant à ce que ces meurtres aient lieu ?

C'est probable, puisqu'ils se sont également déchaînés, en Europe comme aux États-Unis, contre les modestes mesures de sécurité policière que les autorités ont mises en vigueur dans les démocraties, après le 11 septembre 2001, pour faciliter l'interception d'explosifs ou d'armes à l'intérieur des véhicules ou des bagages. Ces mesures, avons-nous entendu hurler, sont liberticides, elles jettent bas l'état de droit ! Or, observe justement Hervé Algalarrondo, « en quoi, par exemple, le fait d'autoriser les policiers à fouiller les voitures, dans certaines conditions bien définies, serait-il attentatoire aux libertés ? Les douaniers peuvent le faire depuis toujours, sans que cela ait jamais troublé personne [2] ». L'auteur note en particulier que Robert

---

1. *L'Express*, 28 février 2002.
2. *Sécurité, la gauche contre le peuple*, Robert Laffont, 2002. Hervé Algalarrondo est rédacteur en chef-adjoint du service politique du *Nouvel Observateur*.

Badinter, le célèbre ancien ministre de la Justice et ancien président du Conseil constitutionnel, homme entre tous peu suspect de nourrir des penchants « liberticides », a soutenu la légitimité de ces mesures en arguant : « L'état de droit n'est pas l'état de faiblesse. » Personne, déplore Algalarrondo, ne s'est donné la peine de répondre à Robert Badinter...

Et pour cause. Car la racine de cette croisade à l'envers pour les libertés, c'est en fait la haine des libertés, de la démocratie, haine encore exacerbée quand cette démocratie s'appelle les États-Unis. Nous retrouvons ici les « intellectuels » qui ont jugé qu'avec les attentats du 11 septembre les Américains n'avaient eu en somme « que ce qu'ils méritaient », voire que ces attentats n'avaient jamais eu lieu, puisque cette thèse folle, élaborée par un cerveau dérangé, a eu cours quelques instants en France et fut même accueillie avec faveur et propagée avec ferveur par les médias français. Les authentiques soldats de la liberté, ce seraient ainsi les terroristes qui font éclater des bombes dans le métro. Malheureusement, avec la mondialisation américanisée, ils sont trop souvent refoulés par les ennemis de la liberté. « L'idée même de liberté, écrit le philosophe français Jean Baudrillard, est en train de s'effacer des mœurs et des consciences (...) La mondialisation libérale est en train de se réaliser sous une forme exactement inverse : celle d'une mondialisation policière, d'un contrôle total, d'une terreur sécuritaire[1]. »

Qui donc osera dire que la France n'a plus de grand penseur ?

---

1. *Le Monde*, 3 novembre 2001.

Même quand nos critiques des États-Unis sont fondées, elles sont souvent contradictoires entre elles et de plus en contradiction avec ce que nous-mêmes, Européens, professons et pratiquons. Examinons la décision américaine, en mars 2002, de prélever jusqu'à 30 % des droits de douane sur les importations d'acier, pour tenter de protéger une industrie déclinante, où s'étaient multipliées les faillites. Décision politique opportuniste, prise sous la pression du lobby des compagnies, des actionnaires et des syndicats ouvriers de la sidérurgie. Décision économique exécrable, et dénoncée aussitôt comme telle aux États-Unis mêmes, y compris dans le parti républicain. C'est ainsi que George F. Will, éditorialiste réputé conservateur, accuse Bush d'avoir « concocté un amalgame indigeste de droits et de quotas qui jette le ridicule sur sa rhétorique libre-échangiste[1] ».

Les protestations européennes ou asiatiques étaient donc non seulement justifiées mais largement approuvées dans la presse et les milieux politiques des États-Unis, d'autant plus que ces droits et quotas ne pouvaient avoir pour effet que de faire payer l'acier au-dessus du cours mondial sur le marché intérieur américain. Seulement, les Européens, et surtout les antimondialistes, toujours prompts à tonner contre le libéralisme « sauvage » prêté par eux à l'Amérique, sont mal placés pour lui reprocher simultanément son protectionnisme quand celui-ci se manifeste. Nous

---

1. « George W. Bush has cooked up an unpalatable confection of tariffs and import quotas that mock his free-trade rhetoric. » *International Herald Tribune*, 8 mars 2002. George F. Will écrit dans le *Washington Post*, mais ses éditoriaux sont repris dans de très nombreux autres journaux américains, pour lesquels il est « syndicated columnist. »

aimerions savoir ce qui est nuisible ; est-ce la liberté du commerce ou est-ce son contraire, la barrière douanière ?

À cette incohérence intellectuelle, les Européens ajoutent une contradiction entre leurs principes et leurs actes. Les Français sont les champions de ce double jeu, aussi bien vis-à-vis des États-Unis et de l'Asie que vis-à-vis de leurs partenaires européens. On put le constater quelques jours après la décision de Bush sur l'acier. Les quinze membres de l'Union se réunissaient le 16 mars à Barcelone, avec, pour programme de leur sommet, la libéralisation du commerce de l'énergie en Europe. Le débat autour de cette question s'éternisait depuis des années, il avait fait l'objet de sommets antérieurs, à Lisbonne, puis à Stockholm, sans avancer. Il n'avança pas davantage à Barcelone, pour une raison qui accapara du reste toute l'attention de la presse : l'obstruction de la France. En violation des engagements souscrits et même des traités signés, plus précisément de l'article 86 du Traité de Rome, qui prévoit la libre concurrence, l'obstination française parvint une nouvelle fois à faire ajourner la mise en œuvre de cette même libre concurrence dans le domaine de l'énergie. Le président de la République Jacques Chirac et le Premier ministre Lionel Jospin, par ailleurs hargneux rivaux dans la campagne électorale alors en cours, se réconcilièrent provisoirement pour mener et gagner avec une patriotique unanimité cette bataille retardataire contre la liberté. Pourquoi ? À cause de la peur que leur inspirait la perspective de troubles sociaux inévitables au cas où ils accepteraient de commencer à envisager la privatisation de l'un des plus féroces mammouths du secteur nationalisé français : Électricité de France, qui de surcroît est entre les mains du syndicat communiste, la CGT (Confédération générale du travail), laquelle détient ainsi un monopole dans le monopole, et dont l'omnipotence n'est menacée, depuis peu, que par un syndicat encore plus extrémiste et antilibéral qu'elle : Sud. Comme les Chemins de fer, l'Éducation nationale ou les Transports parisiens, EDF dispose de redoutables moyens de rétorsion que les gouvernements ont rarement le courage d'affronter, surtout en période électorale, ce qui explique la glorieuse résistance française à Barcelone contre l'UE.

Pour en saisir le coût, il est bon de noter que la libre concurrence permettrait une baisse importante des tarifs du gaz et de l'électricité pour les consommateurs français, entreprises ou particuliers. Elle induirait donc une augmentation du pouvoir d'achat des ménages et une diminution du prix des produits vendus par les entreprises aux consommateurs. Une fois de plus, donc, comme c'est habituel en France, un lobby catégoriel puissamment organisé est parvenu à maintenir sa position dominante et ses avantages en les faisant payer au-dessus du prix normal par les usagers et les contribuables [1]. Contrairement à ce que Lionel Jospin, le Premier ministre, a soutenu à Barcelone au mépris des faits les plus notoires, l'électricité coûte en Europe en moyenne 30 % de plus qu'aux États-Unis ; et, dans les nations européennes où elle a été libéralisée – pays scandinaves, Grande-Bretagne, Allemagne –, les tarifs ont baissé de presque 25 % [2]. Mme Loyola de Palacio, le commissaire européen à l'Énergie, calcule que l'insuffisante libéralisation de ce marché coûte chaque

---

1. Voir sur ce vaste sujet : Jacques Marseille, *Le Grand Gaspillage*, Plon, 2002.
2. Voir *Time*, édition européenne, 18 mars 2002, « A French exception, the not so free market ».

année aux États membres quinze milliards d'euros[1]. La France a néanmoins arraché aux quatorze autres membres de l'UE la concession de retarder la libéralisation de l'énergie sur son marché intérieur jusqu'en 2003, voire 2004 pour les entreprises, et en 2005 pour les particuliers. En supposant qu'à ces dates elle n'extorque pas un nouvel ajournement – puisque déjà elle avait promis d'adopter à Barcelone ce qu'elle avait écarté à Lisbonne puis à Stockholm et n'avait pas tenu parole – on peut s'étonner de cette décision d'infliger à des millions de particuliers la pénalité d'avoir à payer un an de plus que les entreprises leur gaz et leur électricité à un prix supérieur au cours moyen européen. Et on appelle ça l'Europe sociale !

Tout était irrationnel, il est vrai, à Barcelone, puisque, en outre, trois cent mille antimondialistes ont dévasté la ville pour s'insurger contre le libre-échange, alors que, justement, les puissances européennes, à l'instigation de la France, venaient d'exaucer spontanément leurs vœux. Avec une égale logique, déjà évoquée au chapitre troisième, les antimondialistes avaient, trois ans auparavant, mis à sac Seattle pour s'opposer à l'Organisation mondiale du commerce et pour réclamer la régulation des échanges, alors que l'OMC a précisément pour fonction de réguler les échanges ! Elle a condamné à plusieurs reprises les États-Unis, par exemple encore en janvier 2002, pour avoir permis à des entreprises américaines de délocaliser leurs bénéfices à l'exportation dans des paradis fiscaux, ce qui revenait à les subventionner indirectement[2].

---

1. Entretien accordé au *Figaro Économie*, 15 mars 2002.
2. On peut lire tous les détails de cette condamnation par l'OMC et de ses motifs dans *Les Échos* du 15 janvier 2002 (article de Laurence Tovi).

L'énorme et chronique déficit commercial des États-Unis, s'il est un inconvénient pour eux, est un avantage pour le reste du monde. Quand l'économie américaine ralentit, comme elle l'a fait en 2001, l'économie mondiale rétrograde, à cause de la baisse des commandes de son principal acheteur. Des dizaines de pays, allant de la Thaïlande au Nigeria, ont expédié plus de 10 % de leur produit national brut en 2000 aux États-Unis, qui achètent 6 % de l'entière production de biens et services de l'ensemble du monde, dans lequel l'emploi de six travailleurs sur cent dépend donc directement du client américain [1].

L'Europe et l'Asie, l'Amérique latine et l'Afrique, ont donc autant intérêt, sinon même plus, que les États-Unis à la liberté du commerce. C'est ce qui explique les hurlements qui montent de tous les conti nents dès que les Américains prennent la moindre mesure protectionniste. Et c'est ce qui rend absurdes, du point de vue même des antimondialistes, qui prétendent défendre les intérêts des pays pauvres, les couplets réactionnaires contre la libéralisation des échanges.

---

1. Évaluations dues à Klaus Friedrich, économiste en chef du groupe Allianz et de la Dresdner Bank. Dans l'*International Herald Tribune* du 27 février 2002.

CHAPITRE HUITIÈME

L'AMÉRIQUE COMME ÉCHAPPATOIRE

Il faut distinguer entre l'antiaméricanisme et la critique des États-Unis. La critique des États-Unis, j'y insiste de nouveau, est légitime et nécessaire, à condition de s'appuyer sur des informations exactes et de porter sur des abus, des erreurs ou des excès qui existent réellement, sans ignorer, de propos délibéré, les bonnes décisions, les interventions salutaires ou bien intentionnées, les actions couronnées de succès. Dans ce sens, la véritable critique de l'Amérique, la seule utile, parce que précise, judicieuse et motivée, ne se trouve guère... qu'en Amérique même, dans la presse quotidienne ou hebdomadaire, les médias, la classe politique, les revues mensuelles de haut niveau qui, là-bas, ont une large diffusion, beaucoup plus qu'en Europe.

L'antiaméricanisme, pour sa part, repose sur une vision totalisante, sinon totalitaire, dont l'aveuglement passionnel se reconnaît notamment à ce que cette censure universelle flétrit, dans l'objet de son exécration, une conduite et son contraire à quelques jours de distance, voire simultanément. J'ai donné plus haut maints exemples de cette contradiction et j'en exposerai ci-après quelques autres. Selon cette vision – au sens que donne à ce mot Littré : « vaine image que l'on croit voir, par peur, par rêve, par folie, par superstition » – les Américains ne font *que* des erreurs, ne commettent *que* des crimes, ne profèrent *que* des sottises et sont coupables de *tous* les échecs, de *toutes* les injustices, de *toutes* les souffrances du reste de l'humanité.

L'antiaméricanisme ainsi défini est, le plus souvent, un parti pris des élites politiques, culturelles et religieuses beaucoup plus qu'il n'est un sentiment populaire. On répondra que la « rue », la fameuse « rue » musulmane représente bien les masses. Mais, comme presque aucun pays musulman n'est démocratique, il est difficile d'apprécier jusqu'à quel point les manifestations antiaméricaines dans ces sociétés sont spontanées et la part qui en est organisée par le pouvoir. Dans les pays où ce pouvoir s'est rapproché des États-Unis et où il combat ses propres intégristes, ce sont les imams qui, par leurs sermons enflammés et xénophobes, se chargent d'exciter des foules par ailleurs en majorité analphabètes et incapables de recueillir une information indépendante, que, de toute manière, la censure intercepte, même et surtout à la radio et à la télévision. Il est avéré, depuis 1995 au moins, qu'en Iran, par exemple, les ayatollahs de la République islamique ne parviennent plus à cacher que leur population, surtout dans la tranche d'âge des 15 à 25 ans, a cessé de les suivre dans leur diabolisation du Grand Satan et affiche ouvertement son penchant pour les produits, les divertissements et les modes de vie américains. Ce penchant n'est pas l'effet d'un « impérialisme culturel » américain que les pleureuses européennes ne manqueront pas d'incriminer. La dictature théocratique, obscurantiste et sanguinaire des ayatollahs opprime et appauvrit le peuple iranien tout en s'efforçant de régenter ses mœurs par des méthodes policières, inquisitrices et brutales. Les flics d'Allah persécutent avec une particulière cruauté la jeunesse, désireuse plus que ses pères d'épouser la vie moderne. Vu ce contexte étouffant, la civilisation américaine, fût-ce dans ses traits les plus triviaux, apparaît aux Iraniens comme porteuse non d'impérialisme mais bien de liberté, ainsi qu'il lui est arrivé si souvent de l'être dans de nombreuses parties du monde. Après tout, rien n'empêchait l'Europe de jouer ce rôle de messagère de la liberté au Proche et au Moyen-Orient. Si elle ne l'a pas assumé, c'est, une fois de plus, que, par pur anti-américanisme, elle a jugé bon de recommander le « dialogue », c'est-à-dire la complicité avec les tyrans et non avec leurs victimes. Les Iraniens, s'ils accèdent un jour à la démocratie, ne devront guère de reconnaissance aux Européens, pas plus que ne leur en devront les Irakiens quand ils seront délivrés de leur despote.

Un même contraste s'observe en Chine entre l'anti-américanisme officiel et l'appétit populaire pour tout ce qui vient des États-Unis. « Comparer la vie d'il y a dix ans et celle d'aujourd'hui, c'est comme comparer la Terre et le Ciel », déclare un Chinois à une journaliste américaine[1]. « Les Américains ne nous vendent pas seulement des produits mais une culture », ajoute-t-il, « et c'est une culture que de nombreux Chinois veulent. Ils disent : si vous achetez cela, vous accéderez

---

1. « In China, a big appetite for Americana », par Elizabeth Rosenthal, *International Herald Tribune*, 26 février 2002.

à un nouveau genre de vie. » Cette impression est peut-être trompeuse, mais elle est un fait historique.

En Amérique latine, les flux affectifs sont gouvernés par une très vieille rancune, celle de l'Amérique qui a échoué contre l'Amérique qui a réussi, traumatisme historique analysé dans le livre inégalé de Carlos Rangel, *Du bon sauvage au bon révolutionnaire.* Pourtant, là encore, ce sont les dirigeants politiques et surtout les intellectuels qui, les premiers, perpétuent cette rancune, au prix, d'ailleurs, d'un dédoublement de la personnalité qui confine à la bisexualité politico-culturelle, puisque la plupart sont disciples et clients des États-Unis tout en les vitupérant quand ils haranguent leurs concitoyens. Les peuples, eux, suivent le mouvement, quoique l'inégalité entre le nord et le sud du continent se soit considérablement réduite depuis 1950, ce qui n'exclut pas de fréquentes régressions, quand tel ou tel pays retombe dans les aberrations de jadis. Mais l'antiaméricanisme populaire est plus conformiste que militant et il s'accompagne d'un désir omniprésent de s'incorporer à la machine économique et à la civilisation de l'Amérique du Nord.

C'est en Europe que l'on peut le mieux mesurer l'écart entre les élites et les autres citoyens, grâce à la précision des instruments d'étude de l'opinion publique. D'après une enquête de la Sofres de mai 2000[1], 10 % seulement des Français éprouvent de l'antipathie pour les États-Unis. Commentant ce sondage, Michel Winock souligne donc que « l'antiaméricanisme en France n'est pas un sentiment populaire, il est le fait d'une certaine partie de l'élite ». L'historien note que l'une des causes au XXe siècle en est l'influence

---

1. Reprise par *Le Monde* des 25-26 novembre 2001.

du communisme sur de vastes secteurs de l'intelligentsia française, mais il rappelle aussi que, dès le XIXe, le mépris pour l'Amérique et l'animosité envers elle furent inaugurés par la droite intellectuelle, qui n'a guère reconsidéré son jugement depuis lors. Bonald, sous la Restauration déjà, ne voyait dans l'Amérique – où, cela va de soi, il n'était jamais allé – que conformisme, matérialisme, bourgeoisisme, inculture et idolâtrie de l'argent, souligne Michel Winock.

Un autre historien, Laurent Theis, résumant « deux cents ans d'amours contrariées » entre les deux peuples[1], relate qu'au XIXe siècle l'antique attachement, depuis La Fayette, des Français pour les Américains, est remplacé par une répulsion déjà poussée au paroxysme. Theis écrit : « Apparaissent alors le nom et la figure du Yankee nordiste, aux antipodes du noble planteur du Sud. Instincts bruts, appétits charnels, passions pécuniaires », naturellement hypocrisie, la Bible à la main, autant de stéréotypes qui, chez les publicistes de tous bords, viennent prendre le contre-pied des idées précédemment reçues. La démocratie américaine, qui se révèle être « la loi du plus fort », cesse de faire rêver. Le bon sauvage, la pure et vaillante jeune fille, l'austère quaker deviennent des personnes de comédie. Quel est, écrit-on, « ce peuple de boutiquiers ignorants et d'étroits industriels, qui n'a pas sur son vaste continent une seule œuvre d'art », ce pays « sans Opéra » ? Ce verdict émanait de la mince pellicule de la société française qui tenait professionnellement une plume et disposait de colonnes dans les journaux. Que pensaient de l'Amérique les autres Français, s'ils en pensaient quelque chose ? Il est fort ardu de l'entre-

---

1. *Le Point*, 28 septembre 2001.

voir. Pour notre temps, on le sait fort bien. Après les attentats du 11 septembre 2001, selon un autre sondage[1], 52 % des Français déclarent s'être toujours sentis proches des États-Unis et 9 % que leur opinion sur eux a changé en bien récemment (contre 32 % et 1 % en sens opposé).

Les intellectuels européens croyaient voir en Amérique au XIXe siècle un vide culturel, lequel n'était en réalité que le vide de leur propre information. Il fallut que Charles Baudelaire, en 1856, traduisît Edgar Poe pour leur révéler qu'il existait vaguement aux États-Unis ce qu'on pouvait appeler une littérature. Le mythe de la barbarie culturelle d'un peuple vu comme asservi au seul appât du gain (pulsion notoirement étrangère à l'âme pure des Européens) se perpétua jusqu'au milieu du XXe siècle, alors même que la réalité le réfutait et qu'en particulier le plus généreux mécénat qu'on eût jamais vu créait et entretenait par milliers musées, universités et jusqu'à ces opéras dont Stendhal (car c'était lui) stigmatisait l'absence. Puis, aux quolibets déversés sur le prétendu néant culturel des Américains succédèrent soudain les récriminations contre leur « impérialisme » culturel. Nous passions du vide au trop-plein. Dans ce domaine aussi, quoi qu'il arrive, les États-Unis ne peuvent jamais avoir raison ! Sans doute ont-ils culturellement tort aussi lorsque leur Congrès adopte, pour l'année 2002, le budget le plus élevé qu'on ait jamais voté dans aucun pays pour la recherche publique : cent quatre milliards de dollars (auxquels il faut ajouter les dépenses privées de recherche, également les plus amples du monde). Suivant la voie inverse, celle du déclin, les dépenses de

---

1. *Ibid.*

recherche et la recherche même ne cessent de se réduire en France, ce qui n'empêche pas la chorale médiatico-politique française de brandir bien haut le drapeau de notre supériorité culturelle[1].

Malgré son indifférence supposée à toutes les activités de l'esprit, ce fut l'Amérique qui, parmi les nations les plus développées, instaura la première – cinquante ans avant Jules Ferry en France – l'instruction élémentaire gratuite et obligatoire, d'abord dans l'État de New York en 1832, puis, très vite, dans les autres États. Cette alphabétisation précoce explique pour une part une autre cause de l'aigreur antiaméricaine : l'ancienneté et la rapidité du décollage économique des États-Unis. Dans *L'Enfance du monde*[2], Emmanuel Todd montre combien ce facteur est décisif. Tout pays qui « décolle » se trouve avoir franchi le seuil critique d'alphabétisation, 50 % de la population ou, critère plus expressif encore, 70 % des jeunes compris entre 15 et 25 ans. Ainsi la Suède et la Suisse, pays encore presque entièrement ruraux au milieu du XIXe siècle, sont au même moment les plus alphabétisés d'Europe, ce qui fournit l'une des clefs de leur rapide développement industriel ultérieur. En 1848, la France compte au moins 50 % d'illettrés, dont une partie importante ne parle pas le français.

L'avance américaine dans la démocratisation de l'enseignement n'éveillait, bien sûr, en rien la réflexion du vicomte de Bonald qui, du haut de sa condescendance

---

1. Voir l'article d'Olivier Postel-Vinay dans la revue *La Recherche* d'avril 2002. La France se classe, pour le nombre de publications scientifiques, au quatorzième rang des pays de l'OCDE (Organisation de coopération et de développement économique, autrement dit les pays les plus riches.)
2. Seuil, 1984.

monarchique, ne prisait aucune forme de démocratie et, par conséquent, s'interdisait d'envisager qu'il pût y avoir un lien entre démocratie politique, libéralisme économique, instruction publique et prospérité. Aussi ne comprit-il pas non plus – et il était loin d'être le seul en Europe avant que vînt Tocqueville et même après sa grande œuvre – l'importance de l'avance qu'avaient prise les États-Unis dans l'instauration du suffrage universel. Ce suffrage y fut instauré dès 1820 pour les hommes[1]. Et pour les femmes aussi l'Amérique devança les autres démocraties. Les femmes purent voter dès 1869 dans le Wyoming, suivi par onze autres États entre 1869 et 1914, puis par le pays tout entier en 1920. Elles durent attendre 1944 en France.

Ces faits, qui relèvent – précisément – d'une instruction élémentaire, heurtent de front la répugnance des Européens à admettre que les États-Unis soient une vraie démocratie. Si nous leur dénions facilement l'appartenance à ce régime politique, les Africains et les Latino-Américains la leur contestent plus encore, eux dont les titres à parler au nom de la démocratie sont, de toute évidence, éclatants. On connaît les principaux chefs d'accusation à l'encontre de l'Amérique dans ce domaine : l'esclavage, puis les discriminations dont furent victimes les Noirs, le maintien de la peine de mort ou encore le soutien accordé à des dictatures, en Amérique latine notamment.

Dans *Tous Américains*[2], le directeur du *Monde*, Jean-Marie Colombani, se justifie d'avoir écrit dans son

---

1. 1848 en France. Encore ne fut-il exercé que dans des conditions bien particulières d'« encadrement » sous le Second Empire. Ce n'est qu'avec la IIIe République qu'il fonctionne réellement, grâce au pluripartisme.
2. Fayard, 2002.

journal, au lendemain des attentats du 11 septembre, un article intitulé « Nous sommes tous Américains »[1]. Nombreuses et immédiates avaient été les réactions hostiles à cet article et à son titre, tant parmi les lecteurs du *Monde* que parmi ses rédacteurs. C'est que la gauche ne saurait renoncer sans douleur, même après le massacre de plusieurs milliers de civils à New York et Washington, à son image diabolisée des États-Unis, image dont elle a d'autant plus besoin que le socialisme a fait naufrage. Si le Bien auquel elle vouait son culte a sombré, elle se console en continuant du moins à exécrer le Mal qui en était l'antithèse. Malheur à qui semble vouloir la priver de son Lucifer de service, sa dernière bouée de sauvetage idéologique !

Il faut du courage et de l'abnégation pour argumenter, comme le fait Colombani, contre le fanatisme, lequel a précisément pour fonction de rendre imperméables aux arguments les esprits qu'il a investis. Après avoir rappelé qu'en écrivant à chaud son article il obéissait à un mouvement de compassion et de décence, Colombani procède à quelques rappels historiques et politiques qui écrasent la croyance délirante selon laquelle l'Amérique n'aurait jamais œuvré en faveur de la défense et de la propagation de la liberté. Il évoque, bien entendu, la libération de l'Europe en 1944 et 1945. Il demande s'il fallait éconduire ce libérateur, afin de « refuser l'Amérique et sa ségrégation raciale (...) un pays qui déjà soutenait Ibn Saoud, le dictateur Somoza au Nicaragua ».

Ces dernières réserves sont fondées. Mais si elles suffisaient pour établir que l'Amérique n'était pas et n'est toujours pas démocratique, il faudrait aussi déchoir de

---

1. *Le Monde*, 12 septembre 2001.

cette qualification et la France et la Grande-Bretagne. L'histoire de l'Afrique et de l'Asie grouille en effet de dictatures de toutes tendances soutenues par ces deux pays. De 1945 à 1965, les États-Unis éliminèrent chez eux toute ségrégation, du moins officielle, grâce à une action volontariste du pouvoir fédéral et de la Cour suprême contre les États traditionnellement racistes. Durant la même période, la France se livrait, en Indochine, à Madagascar et en Afrique du Nord, à des combats d'arrière-garde dont les victimes civiles se comptent par centaines de milliers et à des répressions qui recouraient sur une vaste échelle à la torture et aux exécutions sommaires. Pourtant, on aurait beaucoup surpris les Français vivant sous la IVe République et au début de la Ve en leur affirmant que leur régime n'était pas démocratique.

De même, je compte parmi ceux qui s'indignent de voir persister aux États-Unis la peine de mort. Douze États l'ont abolie, trente-huit l'ont conservée, dont seize l'appliquent. C'est encore beaucoup trop. Mais il faut se souvenir que le gouvernement fédéral n'a pas toujours le pouvoir d'imposer ses préférences aux législateurs des États, qui adoptent ou abrogent leurs lois propres en fonction des vœux exprimés par leurs électeurs sur place. En outre, certains pays où l'abolition est, somme toute, très récente – 1964 pour le Royaume-Uni, 1981 pour la France – ont tendance à perdre la mémoire lorsqu'ils se drapent dans la blanche robe humanitaire pour précipiter à ce titre l'Amérique dans le gouffre de l'antidémocratie. Devons-nous décréter que, vers 1937, à l'époque de notre cher Front populaire, la République française n'était pas une démocratie, pour la raison qu'elle maniait avec dextérité la guillotine ? L'acceptation ou le rejet d'un type de châtiment barbare dépendent plus de l'évolution des mœurs et de la sensibilité que de la nature des institutions politiques. À l'entrée dans le XXIe siècle, quatre-vingt-sept pays dans le monde pratiquent encore la peine de mort, certains d'entre eux – Chine, Irak – à doses massives, et sans garanties dans la procédure ni respect des droits de la défense. Mais les anathèmes internationaux se concentrent sur les seuls États-Unis, ce qui éveille le soupçon que ces diatribes visent parfois moins la peine de mort elle-même que les États-Unis. Comment expliquer autrement que ce qui est déshonorant à Austin soit véniel à Pékin ou à Lhassa ?

Nous retrouvons donc les deux traits les plus voyants de l'antiaméricanisme obsessionnel : la sélection des preuves et la contradiction interne du réquisitoire.

Comme exemple du premier, revenons sur le cas de Somoza. Preuve indiscutable, nous dit-on, que les Américains soutiennent les dictateurs réactionnaires. Mais alors, que fait-on de la bataille politique et économique livrée par les États-Unis au dictateur de Saint-Domingue, Rafael Trujillo ? Ils lui infligèrent et lui firent infliger par l'Amérique latine (dans le cadre de l'OEA, Organisation des États américains) des sanctions économiques qui finirent par mettre Trujillo à genoux, avant même qu'il ne pérît assassiné en 1961. Les sanctions qui frappèrent ce dictateur d'extrême droite furent beaucoup plus dures que l'embargo que l'Amérique devait appliquer plus tard à Castro. À propos de Castro, combien de journalistes ou de politiques mentionnent que celui-ci prit le pouvoir avec l'aide de la CIA ? Washington désirait mettre fin à la dictature de Fulgencio Batista et organisa sa chute avec le concours de Castro[1]. Les États-Unis furent le deuxième pays au monde, après le Venezuela, à reconnaître, dès le 7 janvier 1959, le nouveau régime de La Havane. Ce fut seulement par la suite, quand Castro eut installé dans l'île une dictature stalinienne et se fut placé aux ordres de Moscou, que les États-Unis se retournèrent contre lui. Encore la tricherie de la sélection des preuves fait-elle vaguement appel à la notion de preuve. Mais l'antiaméricanisme peut également pousser la virtuosité jusqu'à recourir à l'absence totale de preuve. On a vu cet exploit en France avec le livre, paru en mars 2002, d'un certain Thierry Meyssan, *L'Effroyable Imposture*, livre auquel j'ai déjà fait plus haut une fugitive allusion. D'après Meyssan, aucun avion ne s'est écrasé sur le Pentagone le 11 septembre 2001. Il s'agissait d'un coup de propagande et de désinformation, monté par les services secrets américains et par le « complexe militaro-industriel » pour justifier, auprès d'une opinion publique bouleversée, une future intervention armée en Afghanistan et en Irak. Tout individu est bien libre de forger dans le vide une théorie amusante, par exemple que la défaite française de juin 1940 fut une pure invention de la droite pour fournir au maréchal Pétain un prétexte au changement de régime politique. Mais l'on passe du fou rire à l'inquiétude si des centaines de milliers de gens ajoutent foi à ces billevesées, au mépris des preuves matérielles les plus accessibles à la perception visuelle de tout un chacun. C'est ce qui se produisit en France face aux élucubrations du sieur Meyssan. Non seulement nos médias audiovisuels se transformèrent avec complaisance en caisses de réso-

---

1. Voir Tad Szulc, *Fidel Castro, trente ans de pouvoir absolu*, traduit de l'anglais par Marc Saporta, Payot, 1987.

nance de ses lubies, mais son livre fut un immédiat et gigantesque succès de vente. Cette ruée vers l'absurde en dit long sur la crédulité des Français et elle inspire des perplexités douloureuses sur le niveau intellectuel du peuple « le plus intelligent de la terre ».

Quant au deuxième symptôme, le recours constant à des reproches contradictoires qui s'alignent bout à bout en se détruisant les uns les autres sans que les procureurs aient conscience de leur incohérence, on en pêche quelques brillantes illustrations dans le dossier du Proche-Orient. Ce dossier est aussi, bien entendu, plein de trous dus à la sélection des preuves par les commentateurs européens. Un seul exemple : c'est devenu un axiome, à force d'être martelé, qu'Israël a « envahi » le Liban en 1982 parce que Sharon voulait aller chercher Arafat à Beyrouth et qu'aujourd'hui il se venge parce que le chef de l'OLP lui avait échappé. Outre que Sharon, alors ministre de la Défense, n'avait aucun pouvoir de décider seul une guerre, c'est là oublier un autre tout petit détail : en 1982, Israël n'est intervenu que pour répliquer à l'invasion du Liban par la Syrie qui occupait ce pays depuis plus de quatre ans, avait détruit la moitié de Beyrouth en 1978 avec ses « orgues de Staline », et dont l'armée s'approchait toujours plus près de la frontière israélienne. Je ne suis pas un expert orientaliste, mais je m'intéresse au fonctionnement de l'esprit humain : pourquoi cet enchaînement de causes et d'effets historiques bien connus est-il régulièrement tronqué et réduit à son dernier épisode lorsqu'il est évoqué par nos « informateurs » à propos de la crise israélo-palestinienne de 2001-2002 ? Parce qu'il faut à tout prix « démontrer » que Sharon veut se « venger » de n'avoir pu capturer Arafat en 1982. Je suis conscient des fautes de Sharon, nul besoin de lui en prêter qu'il n'a pas commises.

Tout au long de cette même crise, ce fut un instructif spectacle que la valse chaloupée des jugements européens sur la politique américaine. Après avoir longtemps reproché aux Américains de se tenir pour seuls acteurs compétents au Proche-Orient, nous avons vivement blâmé la passivité de George W. Bush qui, au lieu d'intervenir pour résorber la crise, restait passif et se dérobait à son devoir. Lorsque l'Amérique a fini par indiquer qu'elle allait prendre une initiative, nous avons annoncé que celle-ci serait nécessairement, en faveur d'Israël, d'une partialité qui lui enlèverait toute légitimité. Lorsque Bush et son conseiller à la Sécurité, Condoleezza Rice, mirent en demeure Israël d'évacuer « sans délai » les territoires palestiniens occupés, nous proclamâmes aussitôt que leurs exigences seraient vaines et que serait inutile le voyage projeté du secrétaire d'État Colin Powell au Proche-Orient.

Ce ne sont pas tant les erreurs d'appréciation et les procès d'intention sur lesquels reposent ces jugements qui sont graves, ce sont surtout leurs incompatibilités réciproques. Ce qui est frappant, c'est aussi notre incapacité à reconnaître que nous nous sommes trompés quand l'événement nous le montre.

Dans l'ensemble et dans la durée, les gouvernements, les médias et l'opinion, en Europe, considèrent que les États-Unis, au Proche-Orient, ont toujours soutenu et soutiennent Israël de façon beaucoup trop inconditionnelle et partiale. Mais lorsque les États-Unis adoptent une attitude neutre et décident de se mêler moins directement des affaires israélo-palestiniennes, recul que prit George W. Bush en 2001 et jusqu'au début de 2002, aussitôt l'Europe s'indigne de ce qu'elle juge être une coupable irresponsabilité américaine et elle adjure Washington de prendre ses responsabilités. Puis, lorsque le président, au début d'avril 2002, envoie sur place plusieurs émissaires et lance une déclaration énergique, presque un ultimatum, pour exiger que le Premier ministre israélien, Ariel Sharon, retire ses troupes du territoire palestinien « et pas demain, mais sans retard et tout de suite », la netteté de cette position incite fort peu d'Européens à reconnaître que leur thèse antérieure sur le soutien à jamais « inconditionnel » des États-Unis à Israël était donc erronée. Tout comme l'était une autre thèse (au surplus incompatible avec la précédente) d'une égoïste indifférence américaine au drame du Proche-Orient. Que les États-Unis, en mars et en avril 2002, aient voté avec l'ensemble du Conseil de sécurité de l'Onu pour condamner Israël et décider de la création d'une commission d'enquête onusienne sur les éventuels crimes de guerre israéliens à Jénine, n'a pas empêché chaque ouvreur ou ouvreuse de journal radiophonique français de continuer imperturbablement à affirmer que Washington opposait toujours son veto aux motions défavorables à Israël du Conseil de sécurité.

En réalité, comme le rappelle à bon droit Henry Kissinger, « depuis trente ans, la diplomatie américaine a été le catalyseur de quasiment tous les progrès qu'a faits le processus de paix destiné à rapprocher les Israéliens des Arabes, surtout des Palestiniens ». C'est ce que montre une récapitulation rapide. Outre les « navettes » (la *shuttle diplomacy*) de Kissinger entre Jérusalem, Le Caire, Damas et Amman de 1972 à 1976, a lieu en 1978 à Camp David une conférence entre les présidents Sadate et Carter, et le Premier ministre Begin. Cette conférence débouche sur le traité de paix israélo-égyptien, signé à Washington en 1979. Le processus de paix proprement israélo-palestinien est pour sa part enclenché à la conférence de Madrid en 1991. Il se poursuit en 1993 avec l'accord d'Oslo, ratifié en décembre de la même année à Washington par Rabin et Arafat, qui se serrent la main, en présence de Clinton et des caméras du monde entier. C'est la « Déclaration de principe sur l'autonomie palestinienne », d'inspiration américaine. Elle est suivie, toujours sous l'impulsion des États-Unis, en 1995, par l'accord de Taba (en Egypte), dite aussi « Oslo II », qui concerne « l'extension de l'autorité palestinienne à toute la Cisjordanie ». Puis vient en 1998 le mémorandum de Wye Plantation (Maryland), suivi en 1999 par l'accord de Charm el-Cheikh sur l'application dudit mémorandum. Enfin, en juillet 2000, le président Clinton réunit, de nouveau à Camp David, Arafat et le Premier ministre israélien du moment, Ehud Barak.

Au sujet de cette dernière conférence de Camp David – qui requit et immobilisa le président des États-Unis pendant quinze jours ! – est née une polémique tournant autour de l'« intransigeance » d'Arafat, qui aurait refusé les « généreuses propositions » d'Ehud Barak et fait dérailler ainsi le processus de paix, rendant par là même inévitable la victoire ultérieure de Sharon aux élections et encourageant hypocritement le terrorisme palestinien. Arafat n'est certes pas sans responsabilité dans le naufrage du processus de paix. Mais l'histoire de ce qui s'est vraiment passé durant cet été de l'an 2000 à Camp David semble en réalité plus complexe[1]. Je m'abstiendrai ici de tenter de la tirer au

---

1. On se reportera au très long et très détaillé article de Robert Malley et Hussein Agha, « Camp David : the Tragedy of Errors », *The New York Review of Books*, 9 août 2001.

clair, mon propos étant non pas, pour l'heure, d'apporter des réponses à la question proche-orientale, mais de dépeindre les réactions européennes à la diplomatie américaine face à cette question. Le moins qu'on puisse dire est qu'elles sont à la fois injustifiées et incohérentes. Tout aussi injustifié est le grief rituel et obsessionnel selon lequel les États-Unis, dans cette crise, auraient agi de façon « unilatérale » sans consulter les Européens. Tout à l'opposé, le secrétaire d'État Colin Powell fit précéder sa mission proche-orientale d'avril 2002 par un arrêt à Madrid, le 10 avril (l'Espagne exerçant alors la présidence de l'Union européenne). Il y vint consulter les ministres des Affaires étrangères des quinze membres de l'Union, celui de cette Union même, Javier Solana, *et celui de la Russie*, également invité. On peut difficilement taxer ce comportement d'unilatéralisme. Le secrétaire général des Nations unies, Kofi Annan, accentuait encore par sa présence le caractère multilatéral de ces pourparlers. Néanmoins, les Européens, à Madrid, ne parvinrent à mettre sur le tapis aucune proposition concrète, aucun plan d'action réaliste. Non seulement ils ne purent pas s'entendre avec les États-Unis, ce qui va presque de soi, mais ils ne purent pas s'entendre entre eux ! La discussion, il est vrai, fut compliquée par l'évocation du problème irakien, que Powell estimait indissociable du conflit israélo-palestinien et de la lutte antiterroriste, mais devant lequel les Européens se voilent depuis toujours peureusement la face. Or on ne peut prétendre fixer une politique de paix au Proche-Orient sans examiner le problème Saddam Hussein.

Quelques jours après Madrid, il s'avéra que la navette de Colin Powell entre Sharon et Arafat n'avait donné aucun résultat, ni l'un ni l'autre n'étant apparemment disposé à la moindre concession, encore que, une semaine plus tard, les Israéliens eussent retiré leurs troupes de plusieurs villes palestiniennes. Cet échec relatif dans l'immédiat ne signifiait pas que le voyage eût été entièrement inutile à long terme, pour préparer une action future. Néanmoins, il y avait échec dans l'immédiat et la presse américaine ne se priva pas de le clamer la toute première. Mais le plus comique, dans cette conjoncture tragique, ce fut le chœur des commentateurs européens qui, du haut de notre stérilité intellectuelle et diplomatique, daubèrent sur le fiasco de Powell et de Bush avec leur coutumière condescendance satisfaite[1].

La suite des événements n'allait pas tarder à retourner contre eux le ridicule qu'ils croyaient réservé aux dirigeants américains. En effet, le 22 avril 2002, sous la pression accrue de George W. Bush, le gouvernement d'Ariel Sharon se résignait à lever le siège qui bloquait le quartier général de Yasser Arafat à Ramallah depuis la mi-décembre 2001. De plus, Bush insistait à nouveau pour obtenir une évacuation rapide et complète du territoire palestinien par l'armée israélienne, en vue de la mise en marche d'un *nouveau processus de paix*, dont il venait de dessiner les contours pendant plusieurs jours avec le prince héritier d'Arabie Saoudite, Abdallah, invité par lui aux États-Unis. On voit donc ce que valaient les trois affirmations favorites des Européens, à savoir : 1) les Américains sont totalement inactifs au Proche-Orient ; 2) quand ils agissent, c'est toujours

---

1. À l'heureuse exception, il faut s'en réjouir, du ministre français des Affaires étrangères, Hubert Védrine, qui, dans *Le Monde* du 18 avril 2002, porte un jugement équitable, intelligent et nuancé sur le bilan et l'extrême difficulté de la mission Powell, ainsi que sur les leçons intéressantes à en tirer pour l'avenir.

dans le sens voulu par Israël ; 3) leurs initiatives sont toutes des échecs.

Les faits, une fois de plus, ne détournent guère, pour autant, les perroquets de l'antiaméricanisme de leurs ritournelles immuables. Ainsi, à l'occasion du sommet annuel transatlantique qui, le 2 mai 2002, réunit à Washington les États-Unis, l'Union européenne et la Russie, le correspondant permanent de TF1, Ulysse Gosset, au journal de 20 heures, compare l'action de George W. Bush au Proche-Orient à la marche oscillante d'un « funambule », qui ne parvient à prendre aucune position ferme. C'est ainsi, ajoute-t-il, que le « shérif » déçoit au dernier point les Européens. On admirera la richesse du vocabulaire : quand on nous épargne le « cow-boy » c'est pour nous servir le « shérif ». Quel art ! Or, à ce moment précis, nous l'avons vu, Bush venait d'obtenir des Israéliens qu'ils lèvent le siège autour d'Arafat et qu'ils procèdent à un certain nombre d'évacuations de troupes occupant la Palestine. En troisième lieu – et cette nouveauté n'était pas la moins importante – le président venait d'adopter et de faire adopter le principe d'une conférence internationale sur le Proche-Orient dont l'ouverture était espérée pour le début de l'été. Elle devait réunir les États-Unis, l'Union européenne et la Russie. Autrement dit c'était exactement ce que ces pays demandaient depuis des mois, et ce qui, par parenthèse, faisait tomber le reproche d'unilatéralisme rituellement adressé aux Américains. À côté de ces progrès subsistaient certes des points sombres, mais ils étaient dus plus au Proche-Orient même qu'à une prétendue inertie américaine. Celle-ci, de toute manière, si elle existe, fait figure d'activisme, comparée à l'inertie européenne dans ce domaine – et dans bien d'autres.

L'hostilité que provoque la fascination pousse trop d'Européens à s'installer dans la conviction que les États-Unis se trompent toujours. Or, un gouvernement qui se tromperait toujours est aussi mythique qu'un gouvernement qui ne se tromperait jamais. Le gouvernement américain se trompe quelquefois et même souvent, comme tous les gouvernements. Les journaux et le Congrès ne le ménagent guère quand ils jugent que c'est le cas. Ils le font en général avec plus de compétence que les étrangers. Les hésitations de l'administration Bush face à la crise proche-orientale de 2001-2002, ses « zigzags » semblant favoriser tantôt les Palestiniens tantôt les Israéliens, puis les désaccords perceptibles au sommet de l'équipe dirigeante, ces obstacles à une diplomatie efficace furent, tout au long de la période, cruellement montrés du doigt aussi bien par un Zbigniew Brzezinski, l'éminent historien et politologue, ancien conseiller à la Sécurité de Carter, que par les principaux éditorialistes de la presse écrite, hebdomadaire ou quotidienne[1]. De plus, dans les quotidiens américains, les pages réservées aux éditoriaux et aux tribunes présentent normalement des points de vue différents ou opposés, et elles ne sont pas, contrairement à une habitude française en pareil cas, surtitrées « Polémique », comme si le lecteur n'était pas assez grand pour confronter et apprécier lui-même les arguments exposés et pour se faire son opinion à leur sujet en pesant le pour et le contre. Les débats télévisés aussi, sur les thèmes les plus variés de politique intérieure et extérieure, mettent régulièrement face à face des interlocuteurs – acteurs ou experts – qui pré-

---

1. Voir par exemple Fareed Zakaria, « Colin Powell's Humiliation », *Newsweek*, 29 avril 2002.

sentent, en général avec courtoisie et calme, des analyses divergentes. Les Américains comprennent donc
d'autant mieux qu'on critique leur politique et leur
société qu'ils sont les premiers à se charger de le faire,
et souvent avec férocité. Mais il y a un abîme entre
l'analyse critique, nourrie de la comparaison des opinions, et l'espèce d'automatisme dans la condamnation qui pousse fréquemment les Européens à décréter
que la diplomatie américaine est une permanente faillite, à l'image de la société américaine tout entière
d'ailleurs.

Ainsi, après le premier tour de son élection présidentielle d'avril 2002, la France découvre l'humiliation
de voir un démagogue populiste d'extrême droite
devancer le candidat socialiste, prendre la deuxième
place après Jacques Chirac et donc être seul à même
de s'opposer au président sortant pour le deuxième
tour. Que trouve alors à écrire un commentateur des
plus éminents, Olivier Duhamel, professeur à l'Institut
d'études politiques et député socialiste européen ?
Cette perle que « nous rejoignons les démocraties
dégénérées, du type États-Unis, Autriche et Italie [1] ».
En d'autres termes, c'est nous, les Français, qui, avec
nos voix, propulsons Jean-Marie Le Pen à une hauteur
qu'il n'aurait jamais dû atteindre dans une démocratie
en bonne santé, mais c'est la démocratie américaine
qui est dégénérée. Après le résultat honteux du
21 avril, nous la rejoignons un peu, certes, dans cette
dégénérescence, mais elle nous y avait précédés depuis
des temps immémoriaux. L'Amérique n'est-elle pas
« structurellement fasciste » ? Chose étrange, c'est toujours en Europe que surgissent les dictatures et les

---

1. *Le Monde*, 4 avril 2002.

régimes totalitaires, mais c'est toujours l'Amérique qui est fasciste ! Pourtant, si l'on ajoute aux suffrages recueillis par Le Pen lors de cette consultation ceux des trois candidats trotskistes, du parti communiste et des Verts (qui, en France, sont plutôt gauchistes et maoïstes qu'écologistes), on constate qu'un tiers des électeurs ont suivi des candidats qui, à l'extrême droite comme à l'extrême gauche, rejettent ce qu'ils appellent la « mondialisation ultralibérale » c'est-à-dire la liberté économique, mère de la liberté politique, et souhaitent revenir au dirigisme protectionniste le plus périmé, à connotation indiscutablement totalitaire. La « dégénérescence » de la démocratie française semble donc beaucoup plus avérée que celle que nous attribuons à la démocratie américaine, avec notre habituelle commisération bouffonne. Que la France apprenne à se voir enfin telle qu'elle est, avec une Constitution impraticable et moribonde, un État incapable d'imposer le respect de la loi, et qui ne sait dire qu'une chose : « Je taxe et je distribue », une intelligentsia de plus en plus aveugle au monde et une population de moins en moins active, persuadée qu'elle peut gagner toujours davantage tout en étudiant et en travaillant toujours moins. Hélas ! la leçon de l'humiliation du 21 avril n'a guère été tirée. Certaines plumes, parmi les plus célèbres du journalisme français, attribuèrent même à Jacques Chirac la responsabilité de la montée de Le Pen sous prétexte qu'en insistant sur le fléau de l'insécurité le président sortant aurait « fait le jeu » du Front national. Il est curieux de voir des journalistes professionnels recommander la suppression de l'information en alléguant que la vérité pourrait profiter à l'adversaire. Vieux sophisme ! C'est oublier que, si la vérité peut profiter à l'adversaire, c'est que l'on a soi-même commis une erreur et qu'on voudrait la cacher ou qu'on a laissé s'installer une situation dont on redoute d'avoir à assumer la paternité. C'est le cas de tous les gouvernements qui se sont succédé en France durant les deux dernières décennies du XXe siècle en ce qui concerne l'insécurité et l'intégration des immigrés. Mais, au lieu d'analyser les données actuelles des problèmes, les Français ont la manie de les ramener à des événements passés, survenus jadis dans un contexte sans rapport avec celui d'aujourd'hui. Si bonnes soient les raisons – raisons différentes, d'ailleurs, dans les deux cas – de critiquer Jörg Haider en Autriche ou Silvio Berlusconi en Italie, comparer leur arrivée sur la scène politique d'aujourd'hui respectivement à l'Anschluss de 1938 et à la montée du fascisme en 1922 n'éclaire que l'insondable incompétence historique des auteurs de ces amalgames fantaisistes. Les très nombreux manifestants qui se répandirent dans les villes françaises après le 21 avril pour conspuer Le Pen en exhibant des croix gammées se trompaient d'époque. Ils rejouaient le cérémonial antifasciste d'avant guerre. Le Front national n'a heureusement pas les moyens qu'avait le parti nazi d'embrigader et de terroriser la société. Chaque pays du Vieux Continent est aujourd'hui encadré par la solide démocratie de l'Union européenne, qui diffère complètement de l'Europe rongée par les dictatures des années trente. Plutôt que de crier dans les rues en mimant des épisodes vieux de soixante-dix ans, les « jeunes » auraient mieux fait de tenter de comprendre la nature inédite et les origines véritables du phénomène du Front national, tel qu'il est, dans le présent. Les manifestants qu'Elisabeth Lévy appelle avec cruauté mais non sans fondement des « antifascistes d'opérette[1] » se donnaient en effet à eux-mêmes en spectacle plus qu'ils ne procédaient à une action adaptée aux circonstances.

Ces luttes reconstituées contre des dangers d'avant guerre expliquent l'inefficacité de la lutte nécessaire contre les dangers actuels. Mais elles ont pour la gauche, dans son système de défense, une fonction bien précise, qui est, en quelque sorte, le « bénéfice secondaire » de sa névrose. Déshonorée par sa participation aux génocides communistes – ou par son indulgence complaisante et complice à leur égard – la gauche s'invente en permanence des dangers fascistes extraits des musées de l'histoire. Et tout d'abord, elle impose une version de cette histoire selon laquelle le seul totalitarisme qui aurait existé au XXe siècle serait le nazisme, et plus généralement le fascisme sous ses multiples formes. D'où ce martèlement incessant de Hitler, de l'Holocauste, de Mussolini, de Vichy, alors que la chronique des crimes du communisme, qui ont en outre continué et continuent, eux, d'être perpétrés bien après 1945, fait toujours l'objet d'une vigilante censure. Tout livre qui leur est consacré déclenche une contre-offensive contre son ou ses auteurs, sur lesquels on déverse des tombereaux d'interprétations mensongères, de calomnies visant à les déconsidérer pour éviter d'avoir à leur répondre, et en premier lieu l'accusation de faire indirectement le « jeu » du nazisme et de l'antisémitisme[2]. C'est de la

1. Elisabeth Lévy, « L'antifascisme ne passera pas », *Le Figaro*, 24 avril 2002. Voir le livre du même auteur, *Les Maîtres censeurs,* J.-C. Lattès, 2002.

2. Pour une description détaillée de cette tactique, je me permets de renvoyer à deux de mes livres *La Grande Parade* (Plon, 2000 ; Pocket, 2001) et *La Nouvelle Censure* (Robert Laffont, 1977). Dans le premier de ces livres, je résume en particulier l'ignoble traitement diffamatoire infligé par la gauche au *Livre noir du communisme* (1997).

gauche qu'on pourrait se demander à quoi elle « joue ». Il n'est donc pas étonnant que les étudiants, dans leurs prises de position et manifestations publiques, se réfèrent à une histoire tronquée : c'est cette histoire expurgée qui prévaut dans l'enseignement secondaire et universitaire. Jacques Marseille, lui-même historien « hors caste », raconte : « Quand je siégeais au jury de HEC, j'interrogeais souvent les étudiants sur le stalinisme. La plupart d'entre eux, très sérieusement, me répondaient que l'erreur du Petit Père des peuples était d'avoir privilégié le secteur des biens de production sur le secteur des biens de consommation. Je leur demandais alors s'ils ne voyaient rien de plus grave, le goulag par exemple... Stupeur[1] ! »

On saisit donc le rôle fondamental de l'antiaméricanisme au centre de ce dispositif. L'Europe en général et sa gauche en particulier s'absolvent de leurs propres fautes morales et de leurs grotesques erreurs intellectuelles en les déversant sur le bouc émissaire de taille qu'est l'Amérique. Pour que la sottise et le sang disparaissent d'Europe il faut que les États-Unis, à contre-courant de tous les enseignements de l'histoire vraie, deviennent l'unique danger qui menace la démocratie. Même du temps de la guerre froide, l'Union soviétique ou la Chine avaient beau annexer l'Europe centrale ou le Tibet, attaquer la Corée du Sud, asservir les trois pays d'Indochine, satelliser plusieurs pays africains ou envahir l'Afghanistan, il en ressortait pour les Européens, de la Suède à la Sicile, et d'Athènes à Paris, que le seul « impérialisme » qui existât était l'impérialisme américain.

---

1. *Le Figaro*, 26 avril 2002.

Pour des motifs en partie différents de ceux de la gauche, la droite européenne partage largement cette vision accusatrice de l'Amérique. Ainsi, en avril 2002, l'hebdomadaire britannique conservateur *The Spectator*, sous la plume d'Andrew Alexander, éditorialiste du quotidien également conservateur le *Daily Mail,* nous expose doctement que la guerre froide fut... un complot américain. Il n'y a donc pas eu, contrairement à ce qu'avaient cru voir et vivre certains témoins naïfs dont je suis, annexion *de facto* par Moscou de la plus grande partie de l'Europe centrale et balkanique, pas eu non plus de coup de Prague ni de blocus de Berlin en 1948, ni de grèves insurrectionnelles en Italie et en France, signes de sinistres convoitises staliniennes, ni de guerre en Corée ou de guerre civile en Grèce. Comment avons-nous pu être aussi crédules ! Tous ces événements, à la consternation d'un Staline notoirement dénué de toute agressivité, étaient en cachette fomentés par une Amérique se fabriquant ainsi un prétexte pour dominer la planète. En suivant cette logique, on pourrait soutenir que la guerre de Cent Ans a été fabriquée de toutes pièces par Jeanne d'Arc, désireuse de se mettre en vedette dans une pseudo-résistance à des Anglais qui étaient, eux, d'humeur on ne peut plus conciliante. Ou encore que c'est le tsar Alexandre Ier qui a lancé le bobard de la Grande Armée menée par Napoléon à la conquête de la Russie. En prétendant l'avoir vaincue, le tsar justifiait par avance l'occupation de Paris par sa propre armée. Au demeurant, le général de Gaulle n'a-t-il pas machiavéliquement instillé dans l'esprit des Français le cauchemar qu'ils avaient été occupés par l'armée allemande en 1940, afin de trouver dans cette catastrophe imaginaire un bon tremplin pour accéder au pouvoir en

1944 ? Cette manière de réécrire l'histoire à l'envers paraîtrait à tous délirante et comique dans les cas que je viens de citer. En revanche, dans le cas des États-Unis, elle passe pour digne de considération et presque plausible. Dans *Le Monde* du 25 avril 2002, Patrice de Beer, commentant l'élucubration d'Andrew Alexander, juge que « son argumentation paraît convaincante[1] ». Rappelons que par contre celle du *Livre noir du communisme* ne l'était pas !

La droite européenne fait aux États-Unis un procès pour ne pas avoir à expliquer par ses propres bévues l'émergence de leur superpuissance. Aux yeux de la gauche, l'antiaméricanisme possède en outre la vertu de lui permettre de poursuivre son combat contre le libéralisme. Ainsi, *L'Humanité* du 27 avril 2002, nullement découragé par la « chute finale » du parti communiste à l'élection du 21 avril, écrit que la bataille contre le Front national, c'est la bataille contre « le fascisme, le racisme et l'ultralibéralisme ». Le thème est par conséquent inchangé : il s'agit d'assimiler le libéralisme au fascisme. Et les États-Unis sont, bien entendu, la citadelle du libéralisme, donc du fascisme. Notons, de plus, en passant, que même moribond, avec ses 3,4 % de voix, le parti communiste a le mensonge tellement chevillé au corps qu'il ne peut s'empêcher de lui rester fidèle même à l'heure du trépas : en effet, Le Pen n'est pas du tout libéral, il est antilibéral bien que d'extrême droite ou *parce que* d'extrême droite. Et il est tout aussi antiaméricain que l'est la gauche. Mussolini et Hitler étaient d'ailleurs violemment hostiles au libé-

---

1. Envoyé spécial du *Monde* au Cambodge en 1975, M. Patrice de Beer, on s'en souvient, s'est illustré alors à tout jamais en faisant l'éloge des Khmers rouges, au moment de l'invasion de Phnom Penh par ces notoires philanthropes.

ralisme, autant que l'était Staline. Et pour la même raison : ils connaissaient le lien intime qui unit le libéralisme à la démocratie. À leur époque, c'était principalement la démocratie britannique qui était la cible de leur exécration. Pour les totalitaires d'aujourd'hui, qu'ils s'appellent Laguiller ou Le Pen, c'est l'Amérique qui fait fonction de tête de Turc.

Convenons toutefois que, par un retour intermittent du bon sens, les Européens prennent souvent conscience de la futilité des outrances de l'antiaméricanisme obsessionnel et sont les premiers à les dénoncer. Présentant le sondage que j'ai commenté plus haut, *Le Monde*[1] énumère ces outrances : « Crétinisme puritain, arrogance barbare, capitalisme déchaîné et pulsion hégémonique : on connaît les thèmes privilégiés dont se nourrit l'exécration de l'Amérique. » Le grief de « crétinisme puritain » fut notamment ravivé en Europe au moment des ennuis qui perturbèrent la présidence de Bill Clinton à cause de sa liaison avec Monica Lewinsky, une stagiaire de la Maison-Blanche. Nous autres Européens, et surtout nous autres Français, allions-nous répétant dans la presse et sur les ondes, sommes trop civilisés pour nous mêler de la vie privée de nos dirigeants et pour entreprendre de les écarter du pouvoir quand il leur arrive d'avoir une aventure extra-conjugale Outre l'hypocrisie du puritanisme prêté aux Américains, l'Europe invoquait pour expliquer cette offensive contre Clinton une autre mauvaise pensée : les républicains auraient orchestré la campagne visant à la déposition du président parce qu'ils se considéraient comme en quelque sorte propriétaires de la Maison-Blanche et ne se résignaient pas à y avoir été supplantés par un démocrate.

---

1. 25-26 novembre 2001.

Comme la plupart des ritournelles antiaméricaines, ces deux prétendues explications reposaient sur un réjouissant mépris des faits, et des plus faciles à vérifier. Concernant le puritanisme en général, on sait fort bien que le mouvement de libération sexuelle qui s'est propagé en Europe à la fin de la décennie 1960-1970 a pris tout d'abord son essor aux États-Unis avant de gagner plus tard l'Europe. La conquête par les femmes d'une liberté personnelle égale au dévergondage légendaire des hommes, l'affirmation par les homosexuels masculins et féminins de leur droit à se revendiquer comme tels et à sortir d'une humiliante clandestinité, toutes ces révolutions dans les mœurs sont parties des États-Unis. S'il y a eu puritanisme, ce sont eux qui y ont mis fin et ont influencé l'Europe, qui a bougé à leur suite aussi dans ce domaine. Quant à la vie privée des dirigeants, elle est tout aussi respectée en Amérique qu'elle est censée l'être en Europe. Tout le monde savait, au moins parmi les journalistes et dans les milieux politiques, que Franklin D. Roosevelt avait une maîtresse et que sa femme Eleanor Roosevelt avait un amant : nul n'a jamais commis d'indiscrétion sur ces liaisons, pas plus qu'en 1961 sur la vie sexuelle plutôt débordante de John F. Kennedy quand celui-ci devint président. Ce que l'on reprochera en réalité à Clinton ce n'est pas son aventure elle-même, c'est de s'être livré à ses ébats en compagnie de Monica Lewinsky presque en public, dans le bureau présidentiel même, ce qui constituait au moins une faute de goût ; et c'est surtout d'avoir nié sous serment l'existence de cette liaison. Que le président des États-Unis, garant du bon fonctionnement de l'État de droit, commette un parjure, est sans conteste un motif possible de déposition (*impeachment*).

Aucun besoin, pour le comprendre, d'imaginer une rancœur des républicains, furieux, paraît-il, d'avoir été dépossédés d'une magistrature suprême qu'ils se seraient habitués à occuper en permanence. Derechef, ce prétendu abonnement des républicains à la Maison-Blanche est un mythe européen destiné à inventer un « complot » réactionnaire contre Clinton. Il suffit de rappeler quelques dates pour voir s'effondrer ce mythe. Sans raconter toute l'histoire des États-Unis, bornons-nous à remonter jusqu'au premier mandat de Franklin Roosevelt. Un rapide calcul permet de constater que les démocrates ont occupé la Maison-Blanche de 1933 au début de 1953 (Roosevelt puis Truman), de 1961 jusqu'au début de 1969 (Kennedy puis Johnson), de 1977 au début de 1981 (Carter), enfin de 1993 au début de 2001 (Clinton) : soit, en tout, pendant quarante ans. Les républicains, pour leur part, l'ont occupée, si l'on considère la même période, de 1953 au début de 1961 (Eisenhower), de 1969 au début de 1993 (Nixon puis Ford), de 1981 au début de 1993 (Reagan puis Bush le père) : soit, en tout, pendant vingt-huit ans. Quarante contre vingt-huit ! On ne voit vraiment pas sur quoi aurait pu se fonder une amertume du Parti républicain d'avoir été indûment expulsé d'une Maison-Blanche qu'il aurait depuis toujours « monopolisée ». Établir l'ineptie de telles billevesées ne demande pourtant pas un bien grand effort de calcul. Mais la volonté de le faire en demande peut-être un surhumain.

L'idéologie est une machine à rejeter les faits lorsque ceux-ci risqueraient de la contraindre à se modifier. Elle sert aussi à les inventer quand ces inventions lui sont nécessaires pour persévérer dans l'erreur. Dans le domaine de l'histoire économique, par exemple, il a été indispensable à l'idéologie socialiste ou sous influence socialiste de croire et de faire croire que l'« ultralibéralisme » de Ronald Reagan avait appauvri le peuple américain, tout en enrichissant davantage une minorité de riches. Il avait, paraît-il, quasiment supprimé toute protection sociale, aggravé les inégalités, réformé la fiscalité au seul avantage des mieux nantis. Une fois ce dogme posé, la plupart des commentateurs se sont une fois pour toutes considérés comme dispensés d'étudier de plus près l'histoire économique des États-Unis telle qu'elle s'est déroulée de 1980 à 2000.

Bien entendu, les Européens ne pouvaient pas être totalement inconscients de la croissance économique américaine des deux dernières décennies du XXᵉ siècle (interrompue seulement par une brève récession au début des années quatre-vingt-dix) ni de l'élévation du niveau de vie qu'elle entraîna et des dizaines de millions d'emplois nouveaux qu'elle a créés. Notre imagination restait cependant féconde en fables ingénues ou en mensonges protecteurs, destinés à nous épargner l'épreuve d'avoir à prendre acte de la réussite américaine et du concomitant échec relatif de l'Europe continentale. Dans cette Europe si imbue de sa supériorité, pour la première fois depuis la fin de la Deuxième Guerre mondiale, réapparaissait le chômage de masse, engendrant une « nouvelle pauvreté », qui étalait une honteuse mendicité de plus en plus visible dans les rues de nos grandes villes. Les mythes auxquels s'abreuvaient notre aveuglement et notre hypocrisie étaient notamment que la croissance américaine ne profitait qu'aux riches, que les emplois créés par elle n'étaient que de « petits boulots » mal payés, tandis que le chômage et l'exclusion en Europe étaient pétris des bienfaits de nos préoccupations sociales et de notre « lutte contre les inégalités ».

Un léger effort d'information aurait pourtant suffi à montrer l'inanité de ces faux-fuyants. En effet, la politique du républicain Reagan, prolongée et non pas corrigée par celle du démocrate Clinton, a réduit et non pas aggravé les inégalités, en particulier dans le domaine fiscal. *The Economist*, dans son numéro daté du 15 avril 2002, intitule une copieuse étude sur la fiscalité reaganienne « L'âge du socialisme fiscal[1] ». Titre évidemment ironique, tant les vérités mises en lumière dans le dossier vont douloureusement à l'encontre des préjugés les plus chers aux Européens continentaux (je précise « continentaux », car la Grande-Bretagne de Margaret Thatcher y échappa et fut, de ce fait, précipitée dans le même opprobre que l'Amérique reaganienne, bien qu'elle eût atteint, à la fin des années quatre-vingt, un taux de chômage inférieur de moitié à celui de la France).

Par sa loi de 1986, Reagan a certes ramené le taux marginal de l'impôt fédéral sur le revenu de 50 % à 39,6 %. Mais il a également supprimé de nombreuses exonérations et introduit un crédit d'impôt pour les ménages aux revenus les plus modestes. À l'usage, commente Erik Izraelewicz[2], le prélèvement sur les bas revenus s'est réduit et celui sur les plus élevés a augmenté. Les 20 % de la tranche des revenus les plus élevés donnaient au fisc en moyenne 28,5 % de ces mêmes revenus en 1979 : ils en versent vingt ans plus

---

1. *The Economist* s'appuie entre autres sur un rapport du Congressional Budget Office, rendu public en avril 2002.
2. Erik Izraelewicz, « Reagan fut un vrai socialiste ! », *Les Échos*, 5-6 mai 2000. E. Izraelewicz est rédacteur en chef et éditorialiste au quotidien économique *Les Échos*.

tard près de 30 %, soit une légère augmentation. En sens contraire, la pression fiscale sur les 20 % constituant la tranche la plus basse est tombée de 8,4 % de leurs revenus en 1979 à 4,6 % aujourd'hui, soit une diminution sensible. Quant aux classes moyennes, moteur de la consommation parce que les plus nombreuses, leur impôt est retombé à son niveau de... 1966.

À propos du même rapport du CBO (Congressional Budget Office), le célèbre éditorialiste économique américain Robert J. Samuelson fait observer que, s'il était exact que les riches en Amérique fussent tellement puissants et eussent une si grande influence politique, leur fardeau fiscal aurait baissé. Or, note-t-il lui aussi, c'est le contraire qui s'est produit, tandis que s'accroissaient les dépenses en faveur des classes moyennes, des classes pauvres et des personnes âgées. « Les Américains, conclut Samuelson, vivent en démocratie. C'est le peuple qui vote, pas l'argent. Les dirigeants politiques tendent à satisfaire les électeurs les plus nombreux, souvent aux dépens de la minorité[1]. » (M. Samuelson, il n'est pas inutile de le souligner, est éditorialiste du quotidien *The Washington Post* et de l'hebdomadaire du même groupe *Newsweek*, que l'on situe en général à gauche et qui, c'est le moins qu'on puisse dire, ne passent pas pour avoir soutenu ardemment l'Administration Reagan.)

D'où vient que les Européens, sauf dans quelques publications spécialisées et dans des livres lus par un public restreint, ne tiennent pas compte de ces informations ?

---

1. Robert J. Samuelson, « Think again : Rich special interests don't rule in America » (« Révisez votre point de vue : ce ne sont pas les intérêts particuliers des riches qui prévalent en Amérique. »), *International Herald Tribune*, 19 avril 2000.

On peut alléguer à bon droit que l'immense majorité des citoyens européens n'a pas le temps de se spécialiser en économie et a autre chose à faire que de se plonger dans les rapports du CBO, voire dans les journaux qui les résument. Mais nos politiques ? Mais le tout-venant de nos médias ? Leur silence est d'autant moins excusable que l'un des lieux communs de la vulgate antiaméricaine en Europe est le reproche d'incuriosité pour les affaires européennes – et internationales en général – lancé aux médias des États-Unis. Reproche d'ailleurs manifestement infondé mais qui pourrait nous inspirer au moins le souci de ne pas le mériter nous-mêmes en sens inverse. Si j'ai employé l'expression « tout-venant de nos médias », c'est parce que nous avons en Europe une presse économique en général bien informée et impartiale, ainsi que, sur les ondes, surtout radiophoniques, souvent des éditorialistes économiques compétents, qui rendent fort bien compte des réalités américaines comme des autres. Pourquoi les informations que tous peuvent avoir grâce à eux semblent-elles s'évaporer avant d'atteindre nos cerveaux et parviennent-elles rarement à franchir la sorte de cloison étanche qui les sépare de la presse de large diffusion et des journaux télévisés des chaînes et des heures de grande écoute ?

À mieux y réfléchir, la curiosité européenne pour l'outre-Atlantique est parfois des plus vives, mais elle est aussi des plus sélectives. Lorsque les nouvelles de l'économie américaine sont mauvaises, alors notre curiosité se met soudain à galoper dans nos médias, qui redeviennent miraculeusement réceptifs à l'information. Le 2 mai 2002, les chiffres rendus publics à Washington affichent une augmentation du chômage, qui est passé en avril de 5,2 % à 6 % de la population active. Aggravation d'autant moins compréhensible, selon le Département du Trésor, que la croissance aux États-Unis, durant le premier trimestre, a au contraire atteint le niveau exceptionnellement élevé de 5,5 % en rythme annuel, au moment où la croissance européenne stagnait autour de 2 %. Aussitôt les médias européens se précipitent goulûment sur cette brusque flambée du chômage américain. Les radios et les télévisions françaises proclament la divine surprise à chaque émission durant les deux jours qui en suivent l'annonce. Ils étaient beaucoup moins loquaces, l'année précédente, quand le chômage américain stationnait à 4 %, chiffre considéré par les économistes comme définissant le plein emploi et dont la France a perdu le souvenir depuis le milieu des années soixante.

On songe aux cris de triomphe qu'aurait poussés notre gouvernement si, au cours de ce mois d'avril 2002, le chômage français était tombé à 6 % ! Il avait au contraire remonté de 9 % à 9,3 % – au moins, car nos chiffres sont toujours quelque peu embellis dans les salons de maquillage officiels. De même se gardait-on en 2001 de situer dans son contexte international le recul du chômage français dont s'enorgueillissaient les socialistes. Ce recul était certes réel. Mais de 1998 à 2001, le chômage avait baissé dans toute l'Europe, grâce à la reprise économique mondiale, et la France se trouvait être l'un des pays où il avait le moins baissé et qui avait donc le moins su profiter de cette reprise. Avec 9 % de chômeurs (officiellement) nous arrivions, en matière d'emploi, loin derrière le Royaume-Uni (5,1), l'Autriche (3,9), le Danemark (5,1), la Suède (4) ou la Suisse (2,6), pour ne mentionner que des pays européens. Or, ces comparaisons internationales, voire simplement intra-européennes, qui auraient « relativisé » (pour employer le jargon politicien) le prétendu succès socialiste, je ne les ai jamais entendu tracer par nos médias audiovisuels de masse, eux qui se révèlent si alertes dès qu'il s'agit de claironner un échec de l'économie américaine.

L'image qu'ont de l'Amérique beaucoup d'Européens, quand ils voient en elle la forteresse de l'« ultralibéralisme » est plus que sommaire. Comme tant d'autres idées reçues, elle provient d'une insuffisance d'information, souvent soigneusement entretenue par les moyens improprement dits... d'information. En réalité le gouvernement américain est à bien des égards logé à la même enseigne que les gouvernements européens. Il est assailli lui aussi par les offensives d'une infinité de groupes de pression qui visent et, en général, parviennent à lui extorquer subventions, exemptions et protections de toutes sortes, avantages qui, comme en Europe, se révèlent ensuite être en pratique irréversibles. Quand on leur parle de ces lobbies, les Européens tendent à n'imaginer derrière eux que la main du « grand capital yankee ». Or, on l'a vu avec Robert Samuelson, les lobbies américains les plus puissants ne sont pas ceux des grandes entreprises. Exercent une influence beaucoup plus forte sur le pouvoir fédéral le lobby des personnes retraitées [1], ou celui des agriculteurs, redoutable dans tous les pays développés, ou celui de l'Association américaine des employés des États, des comtés et des municipalités, ou celui de l'Association des hôtels et villégiatures et de centaines d'autres groupes, représentant des millions d'électeurs. D'après une étude statistique établie en 1990 par l'Association des dirigeants d'associations [2] – il fallait l'in-

---

1. American Association of Retired Persons (AARP).
2. American Society of Associations' Executives.

venter – sept Américains sur dix appartiennent au moins à une association et un quart d'entre eux à quatre associations ou davantage. Il y a longtemps que « groupe de pression » et lobby ont cessé de désigner exclusivement une poignée de capitalistes supposés omnipotents. « En revanche, aujourd'hui aux États-Unis tout le monde est organisé et tout le monde fait partie d'un groupe d'intérêts », écrit Jonathan Rauch dans un livre dont le titre dit bien ce que l'auteur veut dire : *La fin du gouvernement ou pourquoi Washington a cessé de fonctionner*[1]. On observe dans toutes les démocraties développées cet encerclement de l'État par des intérêts catégoriels, dont certains se sont d'ailleurs immiscés dans l'État même ou dans ses services dits « publics ». C'est que, dit Rauch en une formule qui évoque le style lapidaire de Frédéric Bastiat : « Il y a deux manières de devenir plus riche. L'une est de produire plus. L'autre est de s'emparer d'une plus grande part de ce que les autres produisent. » Les lobbies se sont créés et se sont multipliés à cet effet, tout en perfectionnant l'art de présenter les avantages exorbitants du droit commun qu'ils soutirent à leurs concitoyens comme justifiés par l'intérêt général ou la solidarité sociale. Ce qui est du reste parfois le cas, mais rarement : la plupart du temps, il s'agit d'une économie parasitaire qui se greffe sur l'économie productive. C'est ainsi que les sociétés se transforment peu à peu en collections d'intérêts spéciaux qui étouffent l'État et gonflent les impôts. Les États-Unis n'échappent guère plus que les autres sociétés à cet emmaillotement de la chose publique, contrairement à ce que

---

1. *Governments' End, why Washington stopped working*, New York, Public affairs, 1994.

se figurent les visionnaires européens, qui croient ce pays tout entier envahi par la « jungle » d'un néolibéralisme « sauvage » et débridé. Mais Jonathan Rauch verse à mon avis dans un pessimisme excessif lorsqu'il qualifie de totalement et à jamais irréversibles les avantages particuliers, en d'autres termes les privilèges extorqués par les groupes catégoriels. Cette quasi-impossibilité de la réforme existe en effet dans certaines nations, telle la France. Du moins la résistance au changement y perdure-t-elle pendant de très longues périodes. Mais d'autres nations sont capables de davantage d'adaptation. Les gouvernements y ont de temps à autre assez d'énergie pour desserrer le carcan des corporatismes. On l'a vu en Grande-Bretagne, en Suède, en Nouvelle-Zélande et même en Italie, au cours des dernières années du XXᵉ siècle. Les États-Unis, malgré le poids écrasant et l'ingénieuse efficacité de leurs lobbies, font partie des pays où s'accomplissent périodiquement des réformes qui permettent à la collectivité de recommencer à respirer, en particulier par l'allégement de certains impôts ou par l'éradication de certains gaspillages, ce qui revient au même

Paradoxalement, les censeurs européens excommunient souvent comme « réactionnaires » ceux des dirigeants ou des élus américains qui ont le courage de tenter de faire adopter des réformes. Par exemple Newt Gringrich, qui devint président de la Chambre des représentants (Speaker of the House) lorsque le Parti républicain y reconquit la majorité, lors des élections dites intermédiaires (*midterm elections*) de novembre 1994, fut sans ménagements dépeint en Europe comme un affreux droitier, voire un « fasciste ». Pourquoi ? Entre autres procès d'intention parce qu'il voulait, après bien d'autres qui s'y étaient cassé le nez, réformer l'État providence, le Welfare. Or il était depuis longtemps proverbial, y compris parmi les démocrates, que le Welfare était à la fois trop coûteux et insuffisamment efficace, qu'il échappait à tout contrôle. L'expression « The mess of the Welfare », « La pagaille du Welfare », fleurissait à point nommé depuis trente ans dans l'éloquence politique du dimanche. Gringrich projetait donc de s'attaquer non pas aux dépenses sociales justifiées, mais aux gaspillages. Or, en Amérique comme ailleurs, ce sont précisément les gaspillages qui nourrissent la classe parasitaire le plus grassement. L'objectif est par conséquent de les faire passer pour « progressistes ». D'où la levée en masse contre les réformes qui les élimineraient.

Autre projet de réforme de Gringrich qui échoua : la suppression ou au moins la forte réduction des subventions à l'agriculture. Ici on comprend encore moins les vociférations françaises contre « l'affreux petit bonhomme » (qualificatifs que j'ai à l'époque entendus sur les ondes d'une de nos principales radios). Il faut tout l'illogisme dû à la haine aveugle pour à la fois récriminer perpétuellement, comme le fait l'Union européenne, contre les subventions américaines à l'agriculture et traîner dans le fumier l'homme qui chercha justement à en faire voter la diminution.

Le mur réputé hermétique et infranchissable qui séparerait la gauche et la droite est le fruit d'une conception ancrée dans l'histoire idéologique européenne. Aux États-Unis, les partis « font le mur » assez facilement, comme le montrent les fréquentes propositions de loi élaborées conjointement par un représentant démocrate et un représentant républicain ou bien encore les glissements de plusieurs projets de loi d'une administration à une autre de bord opposé. C'est Bill

Clinton le démocrate qui fit ratifier en fin de compte l'accord de libre-échange nord-américain entre les États-Unis, le Canada et le Mexique, accord négocié par son prédécesseur républicain. C'est Clinton encore qui fit adopter – quand même ! – certaines réformes du Welfare conçues initialement par Ronald Reagan. Plus loin dans le passé, c'est Richard Nixon qui lança un programme d'écologie, à une époque où le thème de l'environnement était ressenti par la gauche comme un piège destiné à détourner l'attention de la guerre du Vietnam. C'est sous et par Nixon également que fut promu le plan d'« Affirmative Action » (discrimination positive) destiné à favoriser l'entrée dans les universités des minorités défavorisées, notamment les Noirs[1].

D'où vient la difficulté qu'ont les Européens à comprendre la façon dont se réalisent les réformes et le progrès social aux États-Unis ? De cette spécificité culturelle qu'en Europe, depuis le début du XXe siècle, le cadre d'interprétation de l'histoire est forgé par l'idéologie socialiste, même, en sourdine, chez ceux qui ne sont pas socialistes. Il repose, pour parler sommairement (mais les opinions politiques sont pour la plupart très sommaires), sur la notion de lutte des classes comme seul moteur du progrès social. Le capitalisme n'apporterait la richesse à une minorité qu'en accroissant toujours davantage la pauvreté d'une masse toujours plus large de travailleurs, qu'il dépouille. L'objectif du socialisme ne peut donc être que l'abolition du capitalisme, avec l'appropriation collective des moyens de production et d'échange, et l'objectif du libéralisme que d'empêcher cette appropriation, en

---

1. Voir sur ce va-et-vient le livre de Steven F. Hayward, *The Age of Reagan, the fall of the old liberal order*, « L'Âge de Reagan, la chute du vieil ordre progressiste », Forum-Prima, 2002.

défendant l'entreprise privée. Certes, parallèlement au socialisme révolutionnaire, préconisant la voie insurrectionnelle comme pouvant seule mener à la « dictature du prolétariat », surgit dès la fin du XIXᵉ siècle un socialisme dit révisionniste ou réformiste. Mais il différait de l'autre par les moyens qu'il recommandait, non par les fins qu'il recherchait. Celles-ci restaient les mêmes pour les deux. Cependant, les marxistes et pas seulement les communistes ont toujours vu dans la social-démocratie une forme de trahison du vrai socialisme. Encore en 1981, François Mitterrand reprochait aux socialistes suédois de n'avoir pas « frappé le capitalisme au cœur » et, tout à la fin du XXᵉ siècle, dans le Parti socialiste français, on jugeait avec sévérité le New Labour de Tony Blair, version « dégénérée » de la doctrine. Au premier tour de l'élection présidentielle française, en 2002, près de 25 % des suffrages exprimés vont à des candidats extrémistes de gauche, trotskistes ou pseudo-écologistes, qui rejettent le marché auquel sont tout aussi hostiles les électeurs de l'extrême droite protectionniste du Front national (16,86 %). Indubitablement au moins la moitié des électeurs du Parti socialiste (soit environ 8 %) eux aussi réprouvent le libre-échange, la mondialisation, c'est-à-dire le capitalisme et la liberté économique.

Cette conception de la société partagée entre deux pôles irréductiblement antagonistes est étrangère à la pensée collective américaine. Très tôt, les analystes européens se sont donc posé la question qui sert de titre en 1906 au livre classique du célèbre sociologue allemand Werner Sombart : *Pourquoi le socialisme n'existe-t-il pas aux États-Unis*[1] *?* Les réponses de Som-

---

1. Récente traduction en français de Pierre Weiss, avec une introduction du même, PUF, 1992.

bart à cette question sont, tout d'abord, que le suffrage universel a été instauré aux États-Unis dès le début du XIXe siècle. Contrairement à ce qui se passait à la même époque en Europe, la classe ouvrière américaine put donc participer très tôt à la vie politique, s'intégrer d'emblée activement à des associations et à des partis, bref échapper au sentiment d'exclusion qui, dans le prolétariat européen, accompagna le développement de la société industrielle. Ensuite, une autre raison de l'absence de socialisme aux États-Unis est que les classes laborieuses s'y composaient majoritairement d'immigrés venus d'Europe, qui pouvaient donc comparer ce qu'ils avaient laissé derrière eux à ce qu'ils trouvaient en Amérique, c'est-à-dire une société qui, malgré ses inégalités économiques ou autres et ses conflits souvent violents, était beaucoup moins figée que celle de l'ancien monde et beaucoup plus flexible, propice à la mobilité et à l'ascension sociales. Cette mobilité a fait, depuis Sombart, l'objet de nombreux travaux sociologiques américains. Parmi les plus connus et les plus influents figurent ceux de Seymour Martin Lipset[1]. Cette mobilité est souvent niée comme mythique par les Européens qui la tournent volontiers en dérision, estimant que le « rêve américain » n'est qu'un leurre. Pourtant, comme l'écrit Pierre Weiss dans son Introduction à Sombart, « l'ouvrier américain fait et se veut partie d'un système socio-économique qui lui assure un degré satisfaisant d'intégration » et parallèlement, dès le début du XIXe siècle, « sa vie civique fait de lui un citoyen actif ». Économiquement, le rêve américain, ce n'est pas seulement celui du

---

1. Voir en particulier *Social Mobility in Industrial Society*, University of California Press, 1959 (nombreuses rééditions depuis).

manœuvre qui pense pouvoir devenir millionnaire, c'est celui, beaucoup plus tôt et plus complètement réalisé qu'en Europe, de l'osmose entre le prolétariat et la moyenne bourgeoisie.

Ainsi, Sombart avait raison de voir dès 1906 dans le statut économique, politique et moral du monde ouvrier américain une préfiguration de ce qu'allaient devenir beaucoup plus tard, après 1950, les salariés européens. Car si l'Amérique n'a jamais été socialiste « révolutionnaire » au sens bolchevique du terme (le parti communiste y a toujours été microscopique et composé principalement d'intellectuels et d'agents du KGB), elle a été en revanche sociale-démocrate sur une vaste échelle. Qu'est-ce que le New Deal de Franklin Roosevelt, en effet, sinon une ample politique sociale-démocrate, perpétuée ultérieurement par Kennedy et Johnson, et ensuite même par des présidents républicains, nous l'avons vu ? Remarquons qu'à cet égard les Américains ont devancé l'Europe, où, après la Deuxième Guerre mondiale, et surtout durant les deux dernières décennies du XXᵉ siècle, les divers partis socialistes européens ont peu ou prou et bon gré mal gré délaissé la rhétorique révolutionnaire et se sont ralliés les uns après les autres, plus ou moins ouvertement, à la social-démocratie, rejoignant ainsi le réformisme rooseveltien du New Deal.

De la sorte s'effondre l'un des chefs d'accusation favoris de la gauche européenne contre les États-Unis. À savoir que, selon les Européens, la « gauche américaine », comme on disait avec mépris, y compris pour flétrir des « social-traîtres » de chez nous, n'était pas une authentique gauche parce qu'elle ne voulait pas changer *de* société, mais seulement changer *la* société, se contentant de quelques retouches apportées au système capitaliste existant[1]. À bien considérer l'histoire des deux siècles écoulés, la société américaine a, sur le long terme, connu un changement beaucoup plus précoce, continu, constant et réaliste que les sociétés européennes, dont certaines convulsions, qui n'avaient de révolutionnaire que l'apparence, ont engendré plus souvent des régressions que des progrès. Dans les ordres politique, économique, social et culturel aussi, notre arrogance condescendante et notre conformisme répétitif renseignent plus sur nos propres faiblesses que sur les lacunes que nous attribuons aux Américains. On voit bien là ce à quoi les États-Unis nous servent : à nous consoler de nos propres échecs en entretenant la fable qu'eux font encore plus mal que nous – et que ce qui va mal chez nous vient de chez eux. Ils sont donc responsables de tout ce qui va mal en ce monde, et les Européens ne sont pas seuls au monde à les voir sous ce jour.

---

1. Voir à ce sujet l'article de Seymour Martin Lipset, « L'américanisation de la gauche européenne » dans *Commentaire*, n° 95, automne 2001.

L'ANTIAMÉRICANISME, PRINCIPAL FAUTEUR DE LA SUPERPUISSANCE

L'obsession antiaméricaine a pour conséquence d'aggraver, voire de susciter, le mal ou l'inconvénient qu'elle voudrait abattre et qu'elle prétend combattre, à savoir l'« unilatéralisme » prêté aux États-Unis. En effet, à force de critiquer les Américains quoi qu'ils fassent et en toute occasion, même quand ils ont raison, nous autres Européens (nous ne sommes pas les seuls, tout en menant le bal) les poussons à ignorer nos objections, même quand elles sont fondées. Le réflexe des Américains, forgé par l'avalanche ininterrompue des anathèmes qu'ils reçoivent sur la tête, les incite de plus en plus à penser : « De toute façon, les autres nous donnent toujours tort ; alors à quoi bon les consulter ? Nous savons d'avance qu'ils vont nous vouer aux gémonies. »

Exemple : l'augmentation des subventions aux agriculteurs américains intervenue au printemps de 2002. Elle mérite indubitablement une sévère condamnation Exprimée par les Européens, cependant, cette condamnation est quelque peu suspecte, compte tenu de deux données notoires. La première est que l'Union européenne avec sa Politique agricole commune (Pac), distribue en cinq ans à ses agriculteurs le double des subventions que les États-Unis distribuent aux leurs en dix ans. Dans le budget de l'Union européenne, le soutien aux agriculteurs est le premier poste de dépense. Les Européens et surtout les Français ne sont donc pas les mieux placés pour reprocher à d'autres pays d'aider leur agriculture, si répréhensible soit cette entrave au libre-échange. La deuxième donnée est que, depuis l'ouverture accrue des marchés internationaux, avec la mondialisation, on a vu et entendu, sur divers continents, des manifestants, des intellectuels, des syndicalistes, plusieurs gouvernements dénoncer la libéralisation des échanges comme néfaste, en particulier pour les plus pauvres : facteur de chômage, asservissement des travailleurs au profit capitaliste et, en fin de compte, moyen pour les États-Unis de subordonner l'économie mondiale à la leur. Donc, si les Européens ne voient dans le libéralisme que le masque derrière lequel s'avance l'unilatéralisme américain, ils ne devraient pas être défavorables au moins à une dose correctrice de protectionnisme. Pourquoi, malgré cela, blâment-ils ce même protectionnisme avec autant de virulence que le libéralisme dès lors que l'un ou l'autre sont américains ? D'une telle incohérence, un Américain ne peut tirer qu'une seule conclusion : que ce n'est ni le libéralisme ni le protectionnisme que les Européens honnissent, mais l'Amérique. Conclusion d'autant plus légitime, à ses yeux, que, même après leur augmentation, les subventions agricoles en Amérique restent inférieures à ce qu'elles sont en Europe, où les Français en sont parmi les premiers bénéficiaires. Cela éclaire le propos du commissaire européen Franz Fishler : tout en annonçant son intention fort opportune et justifiée de mettre les États-Unis en accusation devant l'Organisation mondiale du commerce, il ajoutait : « Mais que les Français ne rêvent pas. En aucun cas nous n'en profiterons pour conserver une Pac trop dispendieuse[1]. » Les Français en effet s'opposent à toute réforme de la Pac. La leçon à retenir reste que, s'il y a une tendance des États-Unis à l'unilatéralisme, elle ne peut que sortir renforcée d'un tel imbroglio. Ils voient nos gouvernements leur adresser sans relâche des reproches qu'ils ne s'adressent jamais à eux-mêmes, et, de surcroît, des reproches qui se contredisent misérablement entre eux. Avec des interlocuteurs aussi cafouilleux, comment ne seraient-ils pas tentés d'agir seuls !

Si l'obsession antiaméricaine engendre l'incohérence même quand les États-Unis ont un mauvais dossier, elle se surpasse dans la confusion intellectuelle quand ils en ont un qui est plaidable. Durant toute l'année 2001, George W. Bush fut l'objet d'attaques venues de Chine, de Russie, de l'Union européenne parce qu'il avait remis à l'ordre du jour le projet de bouclier antimissiles. En réalité, la polémique avait précédé Bush et remontait à l'année 1999. Le Congrès, par un vote bipartisan, avait alors donné mandat au président Clinton de reprendre les expériences de missiles intercepteurs de missiles. Les réactions avaient été vives, aux États-Unis d'abord, où le programme de « guerre des étoiles » avait toujours compté des adversaires résolus, à commencer par le *New York Times* ; puis en France particulièrement, où le ministre des Affaires étrangères socialiste, Hubert Védrine, écrivit aussitôt à Madeleine Albright, secrétaire d'État, pour lui expri-

---

1. *Figaro Économie*, 14 mai 2002.

mer les inquiétudes de son gouvernement au sujet de l'« effet déstabilisant » d'un système de défense balistique. Le président de la République, Jacques Chirac, quoique politiquement opposé au gouvernement Jospin, adopta la même position et affirma, en « pleine convergence » avec les présidents russe et chinois, que le projet américain risquait de « relancer la course aux armements ».

Cette charge au grand galop contre le bouclier antimissiles relançait des critiques déjà anciennes, entendues à l'époque de la présidence Reagan, au moment de sa première mise en œuvre, sous le nom de Initiative de défense stratégique (IDS). Ces critiques, alors comme quinze ans plus tard, se réduisent à deux arguments principaux :

– Le bouclier antimissiles est irréalisable. C'est une imposture, inventée par la propagande du Pentagone. Il ne fonctionnera jamais. C'est une « fumisterie », m'a dit à la lettre un ministre du gouvernement Jospin ; c'est du « bluff », m'a précisé un autre ministre fort important du même gouvernement.

– Le bouclier constitue une menace pour la parité nucléaire entre les grandes puissances, telle qu'elle a été définie en 1972 par le traité ABM (antibalistique) Il va jeter bas tout l'édifice de l'équilibre des forces garant de la sécurité internationale.

On aperçoit, sans effort cérébral surhumain, que la juxtaposition de ces deux énoncés incompatibles est une absurdité logique. Ou bien la stratégie de défense antimissiles est une mystification dérisoire et vouée à une éternelle inefficacité, ce que les services de renseignement des divers pays concernés et les experts qualifiés ne peuvent manquer de confirmer, ou bien au contraire elle permet effectivement aux États-Unis de neutraliser l'armement nucléaire des autres grandes puissances et par là incite ces dernières à reprendre la « course aux armements », dans l'intention de se remettre au niveau de l'ennemi potentiel.

Le manque de sérieux des dirigeants et des médias qui profèrent simultanément ces deux affirmations incompatibles suffit déjà à les disqualifier dans le débat géopolitique. Il se double d'un refus délibéré de prendre en considération les changements fondamentaux intervenus à la fin du XXᵉ siècle dans le jeu stratégique international. La doctrine de la « destruction mutuelle assurée » sur laquelle reposait le traité ABM était, de toute évidence, liée à la guerre froide. Elle se trouve être, au XXIᵉ siècle, entièrement périmée. Le risque d'une attaque par fusées intercontinentales de la Russie contre l'Amérique ou inversement a tout simplement disparu et les traités destinés à y parer sont caducs. En revanche, de nouvelles menaces ont surgi. Elles émanent de dictatures qui ont acquis et continuent d'accumuler des arsenaux chimiques, biologiques et même nucléaires. Ces dictatures ne respectent aucun traité et n'acceptent aucun contrôle. Enfin, le terrorisme international, par son ampleur et son organisation, représente lui aussi une menace inédite appelant des ripostes inédites. La cécité volontaire des Européens devant ces modifications radicales rend stérile pour l'Amérique toute tentative de dialogue avec eux sur ces sujets et la pousse naturellement à davantage d'unilatéralisme. Comment discuter d'un problème avec des gens qui en nient l'existence ? Que peut penser le président des États-Unis lorsque, en visite officielle à Berlin puis à Paris, à la fin du mois de mai 2002, il voit dans les deux capitales des milliers de manifestants portant des pancartes où ils ont inscrit : « Non à la guerre » ? Comment tant de milliers d'Européens ont-ils le front de proclamer ainsi clairement que, selon eux, la guerre d'Afghanistan a eu pour responsables les seuls États-Unis sans qu'ils eussent été eux-mêmes victimes d'aucune agression préalable ? Et comment ces Européens peuvent-ils, non seulement contre les États-Unis mais contre leur propre intérêt, contre celui de la démocratie dans le monde et contre la libération des peuples opprimés hurler que, quoi que fasse Saddam Hussein, il ne faudra jamais chercher à le renverser ? Décidément la « gauche » européenne n'a rien compris à l'histoire du XXᵉ siècle. Elle reste fanatique avec les modérés et modérée avec les fanatiques.

Telle est la ligne de conduite que suivirent à leur tour les manifestants français qui, le 26 mai 2002, conspuèrent la présence de George W. Bush à Paris, en vilipendant l'Amérique, « sa logique de guerre et de domination ». Quant à la logique de sectarisme et de malhonnêteté de ces manifestants, elle se mesurait au cynisme avec lequel ils escamotaient, eux aussi, la réalité de l'hyperterrorisme islamique, afin de pouvoir attribuer l'intervention des États-Unis en Afghanistan à la seule soif de « domination ».

Cette interversion des responsabilités eut d'éloquents avocats dès le lendemain des attentats d'Al Qaeda contre New York et Washington. Trois jours après les attaques du 11 septembre 2001, Fidel Furtado, célèbre économiste brésilien, publia dans un des plus importants journaux de son pays un article où il proposait son explication de l'hypothétique désastre. Selon lui, la destruction des tours du World Trade Center était due à un complot de l'extrême droite américaine. Elle comptait profiter de cette provocation ourdie par elle pour « prendre le pouvoir ». À noter qu'aucun processus putschiste de ce genre n'a jamais été enregistré dans l'histoire des États-Unis, alors que dans celle du Brésil... Passons. Et projetons sur l'Amérique nos propres fautes. afin de nous en absoudre nous-mêmes. Le grand intellectuel brésilien comparait donc les opérations suicides contre les tours jumelles et le Pentagone à l'incendie du Reichstag en 1933 incendie perpétré par les nazis et attribué par eux à la gauche dans l'intention de fournir un prétexte à l'instauration du régime totalitaire. Le 11 novembre 2001, le théologien également brésilien Leonardo Boff déclara au quotidien *O Globo* qu'il était désolé qu'un seul avion se fût écrasé sur le Pentagone : il aurait souhaité en voir vingt-cinq. Charité chrétienne... Car ces explications aberrantes, ces appels au meurtre sont lancés dans un pays qui n'a rien à voir avec l'Islam et où aucun mollah ne prêche la guerre sainte à des foules qui seraient fanatisées par une version hystérique du Coran.

On conçoit, dans ces conditions, que les États-Unis se soient retirés du traité fondateur de la Cour pénale internationale, traité signé à Rome en 1998 et en vigueur le 1er juillet 2002. Bien des amis des États-Unis ont déploré cette décision. Mais, étant donné les mensonges grossiers, les fables ridicules, les accusations imaginaires qui défigurent chaque jour la politique américaine, on peut prévoir que des milliers de procureurs sur toute la planète se seraient aussitôt levés pour exiger la comparution devant la Cour pénale de la totalité des dirigeants américains et des membres du Congrès, pour crimes contre l'humanité. Le fonctionnement équitable d'une instance aussi délicate qu'un tribunal international suppose, chez toutes les nations signataires d'un tel traité, un minimum de bonne foi les unes envers les autres. L'Amérique est fondée à penser que la bonne foi n'est pas ce qui prévaut à son égard, dans le monde actuel.

Cette « bonne foi » se manifeste dans les commentaires à propos de certains détails de la politique intérieure américaine aussi bien qu'à propos d'évolutions capitales dans la diplomatie et la stratégie.

Petit exemple du premier cas : le 8 mai 2001, le Département de l'Éducation américain annonce qu'il *autorisera* désormais (sans les y obliger) les écoles *publiques* à ne pas appliquer la mixité, obligatoire depuis 1972, quand le Congrès interdit qu'il y eût des écoles uniquement pour filles et d'autres uniquement pour garçons. La raison donnée de cette autorisation est la constatation, dans l'enseignement *privé*, où la mixité n'était pas devenue obligatoire, que les écoles séparées obtenaient de meilleurs résultats et pour les filles et pour les garçons. De plus en plus, les parents retiraient donc leurs enfants des écoles publiques, toutes mixtes, pour les envoyer dans le privé où une partie seulement pratiquait la mixité. C'est pour parer à ce déséquilibre que le Département de l'Éducation *permettait* à l'enseignement public d'introduire dans ce domaine une certaine flexibilité, sans obligation ni sanction. À ces motivations purement pédagogiques, la presse européenne a substitué pour sa part une motivation réactionnaire et idéologique émanant de George W. Bush. Le président aurait désiré par ce règlement, du reste facultatif, donner satisfaction aux associations de la droite chrétienne, qui veulent veiller à la chasteté de leurs enfants. À quel point cette théorie est bouffonne ressort, entre autres faits, de l'approbation accordée à la nouvelle directive par une des plus intransigeantes militantes féministes des États-Unis : rien de moins que le sénateur démocrate de New York, Madame Hillary Rodham Clinton.

Au chapitre de la diplomatie et de la stratégie, le procès en « unilatéralisme » aurait dû, en bonne logique, être suspendu, au moins provisoirement, lorsque George W. Bush entreprit, en mai 2002, la tournée des capitales européennes pour consulter ses alliés. Et l'accusation qu'il se refusait à toute réduction des armements aurait dû s'atténuer elle aussi lorsque, le 24 mai, les États-Unis eurent signé à Moscou un accord avec la Russie, par lequel chaque partie s'engageait à réduire son arsenal nucléaire à un chiffre compris entre 1 700 et 2 200 ogives d'ici à 2010, comparé aux 6 000 et 7 300 déployés de part et d'autre en 2002. Là encore les commentateurs européens, officiels ou journalistiques, firent la moue, jugeant que ces deux initiatives des Américains ne prouvaient ni leur volonté de concertation ni leur renoncement à la « course aux armements ». Bush, selon eux, restait obsédé par sa « croisade » antiterroriste, inspirée par des craintes fantaisistes, sans doute, comme venaient de le vérifier à leurs dépens les Européens, puisque à Djerba, en Tunisie, et à Karachi, au Pakistan, les terroristes venaient de tuer quelques dizaines d'Allemands et de Français. Donner tort aux États-Unis quoi qu'ils fassent et quoi qu'il nous arrive conduit nos élites à passer par profits et pertes nos propres cadavres. Si Bush insiste sur le danger terroriste, c'est, selon nous, la preuve que ce danger n'existe pas et que nos concitoyens n'ont pas été assassinés – ou si peu.

Il est certain – et je l'ai répété maintes fois dans les pages qui précèdent – que la nécessité de contenir les débordements réels ou éventuels de la superpuissance américaine appelle, de la part du reste du monde, une vigilance critique et l'exigence de participer à l'élaboration de décisions qui concernent tous les pays. Mais cette vigilance et cette exigence n'ont aucune chance d'être prises en considération par les États-Unis si les critiques et les revendications qui leur sont adressées ne sont pas pertinentes et rationnelles[1].

Les outrances souvent délirantes de la haine antiaméricaine, les imputations des médias, relevant tantôt de l'incompétence tantôt de la mythomanie, la malveillance opiniâtre qui retourne la signification de tout événement de manière à l'interpréter sans exception de manière défavorable aux États-Unis ne peuvent que convaincre ceux-ci de l'inutilité de toute consultation. Le résultat est l'opposé de celui qui était prétendument recherché. Ce sont les mensonges de la partialité antiaméricaine qui fabriquent l'unilatéralisme américain. L'aveuglement tendancieux et l'hostilité systématique de la plupart des gouvernements qui ont affaire à l'Amérique n'aboutissent qu'à les affaiblir eux-mêmes en les éloignant toujours davantage de la compréhension des réalités. Ce sont ces gouvernements mêmes, ennemis et alliés confondus, qui, remplaçant l'action par l'animosité et l'analyse par la passion, se condamnent à l'impuissance et, par effet de contrepoids, nourrissent la superpuissance américaine.

---

1. Prenons le discours prononcé par George W. Bush le 24 juin 2002 au sujet du Proche-Orient. On blâma le président de vouloir écarter Arafat et « imposer » aux Palestiniens d'autres dirigeants. Or il parlait non d'*imposer* qui que ce fût mais de procéder à des *élections*, en souhaitant que « le peuple palestinien élise de nouveaux dirigeants qui ne soient pas compromis avec le terrorisme ». Qu'a de scandaleux un tel souhait ? Surtout quand Bush, dans le même discours, déclare qu'une fois instauré un véritable État palestinien, les Israéliens devront revenir à leurs frontières de 1967 et accepter l'existence d'une partie palestinienne de Jérusalem, ce qui revient à contrer totalement les desseins de Sharon.

TABLE

Cet ouvrage a été composé par
Nord Compo (Villeneuve-d'Ascq)
et imprimé sur presse Cameron
par **Bussière Camedan Imprimeries**
à Saint-Amand-Montrond (Cher)
pour le compte des Éditions Plon

Achevé d'imprimer en septembre 2002.

N° d'édition : 13540. — N° d'impression : 024175/1.
Dépôt légal : août 2002.

Imprimé en France